U0089906

中國學術思想 研究輯刊

二七編

林慶彰 主編

第5冊

《春秋》義法模式考述（上）

張厚齊 著

花木蘭文化事業有限公司

國家圖書館出版品預行編目資料

《春秋》義法模式考述（上）／張厚齊 著 — 初版 — 新北市：
花木蘭文化事業有限公司，2018〔民107〕
目 4+170 面；19×26 公分
（中國學術思想研究輯刊 二七編：第 5 冊）
ISBN 978-986-485-375-5（精裝）
1. 春秋（經書）2. 研究考訂
030.8   107001864

ISBN-978-986-485-375-5

9 789864 853755

中國學術思想研究輯刊
二七編　第　五　冊　　　　　　ISBN：978-986-485-375-5

《春秋》義法模式考述（上）

作　　者　張厚齊
主　　編　林慶彰
總 編 輯　杜潔祥
副總編輯　楊嘉樂
編　　輯　許郁翎、王　筑　美術編輯　陳逸婷
出　　版　花木蘭文化事業有限公司
發 行 人　高小娟
聯絡地址　235 新北市中和區中安街七二號十三樓
　　　　　電話：02-2923-1455 ／傳眞：02-2923-1452
網　　址　http://www.huamulan.tw 信箱 hml 810518@gmail.com
印　　刷　普羅文化出版廣告事業
封面設計　劉開工作室
初　　版　2018 年 3 月
全書字數　470557 字
定　　價　二七編 25 冊（精裝）新台幣 48,000 元
版權所有・請勿翻印

《春秋》義法模式考述（上）

張厚齊　著

作者簡介

張厚齊，男，籍貫四川（重慶），現住新北市，私立東吳大學中國文學研究所博士，專長：中國經學史、《春秋》三傳。

提　要

　　所謂「義法」，是指義理與法則。歷代諸儒闡釋《春秋》義法，所運用各種不同的解經模式，本文稱之爲義法模式。

　　首先，本文探討《春秋》義法有四個來源：一是「聖人口耳相傳」，二是「史官據事直書」，三是「君子微言大義」，四是「孔子述而不作」。以上證明《春秋》義法的來源是多元的，是眾多聖人、史官、君子與孔子的共同智慧結晶。

　　其次，本文歸納歷代諸儒闡釋《春秋》義法有七種模式（二十三類）：一是義例模式，主張聖人先設置義例，再據以修作《春秋》；二是寓言模式，假藉《春秋》的人物故事，以寄寓儒者自己的論點，甚至將孔子化作《春秋》寓言中的人物，爲儒者自己的理想發言；三是屬比模式，聯屬上下相關的文辭（屬辭），排比前後相關的事件（比事）以解經；四是比例模式，藉由屬辭比事而得經例以解經；五是義理模式，以宋儒程頤、朱熹之學爲宗，主張《春秋》爲明道正誼之書，只要義理明，則皆可遍通；六是說辨模式，依據儒者對於三傳的支持態度不同而形成，或加以申述，或予以駁斥，或斷以己意，或參以他說；七是緯史模式，以經學爲主、史學爲輔，將構成歷史的因素分門別類，以輔助經學。以上證明兩千多年來《春秋》學術領域的發展亦是多元的，人人都有解經的權利，沒有「解經專屬權」的觀念。

　　最後，本文說明《春秋》義法七種模式出自四個來源，亦即多元化的義法來源產生多元化的義法模式，但二者並無直接的對應關係，必須藉由《春秋》爲中介。易言之，四個來源融合而成《春秋》義法，再由《春秋》義法發展而成七種模式，而《春秋》居於關鍵的地位，使二者得以相互依存。並參酌知識經濟時代的知識管理法則，期望以整理、歸納《春秋》義法七種模式爲起始，使《春秋》「被通盤暸解」，再「通盤暸解」當前各種最新的專門知識，進而擴及其他諸經，建立以經學統合各種專門知識的交流平台，重新發揚經學。

目
次

第一章　緒　論

第一節　研究動機與目的

　　儒家的經學長期居於中國學術的正統，而「經」字更是具有不可撼動的崇高地位，但諸儒治經各守師法、家法，皆自我標榜深得聖人之旨，莫不認爲己是而人非，甚至相互攻訐詆譭，歷二千餘年之後猶未休止，而遺留下來的沉重包袱，造成今日後學們多望而卻步，視經學爲畏途。

　　諸儒治經以《易》與《春秋》居多，而其中學說最爲紛亂者則非《春秋》莫屬。例如公認剖析《春秋》最具權威者，首推孟子，孟子曰：

> 世衰道微，邪說暴行有作，臣弒其君者有之，子弒其父者有之。孔子懼，作《春秋》。《春秋》，天子之事也。是故孔子曰：「知我者，其惟《春秋》乎；罪我者，其惟《春秋》乎。」……昔者禹抑洪水，而天下平；周公兼夷狄，驅猛獸，而百姓寧；孔子成《春秋》，而亂臣賊子懼。〔註1〕

這一段文字的重點有三：一是說明孔子作《春秋》的時代背景，二是說明孔子的社會責任感，三是說明《春秋》具有杜絕亂源的作用。然而所謂「《春秋》，天子之事也」，是指作《春秋》是天子的職權，孔子作《春秋》是代天子以行賞罰之權；或指作《春秋》是史官的職責，孔子作《春秋》是代史官記錄天子的行事；或指作《春秋》是尊宗國，孔子作《春秋》是以魯爲列國之宗而尊之，有王魯之意？孟子又曰：

〔註1〕見《孟子・滕文公下》。〔宋〕孫奭：《孟子注疏》（臺北：大化書局，1982 年10 月，《十三經注疏》本），卷 6 下，頁 50～51。

> 王者之跡熄，而詩亡，詩亡然後《春秋》作。晉之《乘》，楚之《檮
> 杌》，魯之《春秋》，一也。其事則齊桓、晉文，其文則史。孔子曰：
> 「其義則丘竊取之矣。」〔註2〕

這一段文字的重點亦有三：一是說明從「《詩》亡」到「《春秋》作」的時勢
演變，二是說明史書具有事、文、義三要素，三是說明孔子作《春秋》的由
來。然而問題更多：

1. 文中的「詩」，是指《史記·孔子世家》所說的古詩三千餘篇，或是後
來孔子「去其重，取可施於禮義」的「三百五篇」？

2. 第一個「《春秋》」，是指各諸侯國的「百國春秋」，或是同第二個魯史
《春秋》，或是指後來孔子「竊取其義」所作的《春秋》？

3. 所謂「一也」，是指晉《乘》、楚《檮杌》和魯《春秋》一樣作於《詩》
亡之後，或是一樣記載齊桓公、晉文公的霸業？

4. 既有「其事」云云、「其文」云云，卻無「其義」云云，是傳抄脫漏，
或是蒙後孔子「竊取其義」云云而省略？

5. 所謂「竊」，是因為孔子未奉君命擅作《春秋》，僭越了史官的職責，
所以有「罪我」之說；或是解為「私下」的謙辭，所以有「述而不作」之說？

6. 所謂「取」，是指孔子原封不動承襲魯史《春秋》之義，或是研治魯史
《春秋》之後而闡發其義？

以上的問題迄今仍眾說紛紜，莫衷一是。如此看來，孟子剖析《春秋》
的權威，並不能使諸儒凝聚共識，無助於解決問題。誠如宋儒朱熹（1130～1200
年）云：「某所以都不敢信諸家解，除非是得孔子還魂親說出，不知如何。」
〔註3〕

然而問題還不止於此，若孔子真的還魂親自說明，對於孟子的意見是不
是同意呢？甚至孔子會不會否認自己曾修作《春秋》呢？因為在現存典籍中，
確實未見孔子說過自己修作《春秋》。反而是諸儒紛紛自扮孔子，搶著擔任孔
子的代言人，演出了無數各說各話的《春秋》「羅生門」，究竟是誰深得聖人
之旨已不得而知矣。值得稱許的是，諸儒自編、自導、自演的孔子角色，縱使
未必皆屬佳作，卻是在傳承道統的強烈使命感之下賣力演出，精神值得敬佩。

〔註2〕 見《孟子·離婁下》。〔宋〕孫奭：《孟子注疏》，卷8上，頁63～64。
〔註3〕 〔宋〕黎靖德：《朱子語類》（臺北：漢京文化事業，1980年7月），卷83，
　　　　頁10。

　　因此，本文的目的不在調停紛爭，亦不在評論諸儒誰深得聖人之旨，更不在自扮孔子演出另一齣《春秋》「羅生門」，而在：一、探究諸儒解經義法，揭舉其苦心孤詣，裨澄清各家各派的誤會；二、歸納諸儒解經義法的模式與類別，代為打開交流的大門，以增進各家各派良性互動的機會，使《春秋》在日後的學術領域內能開創出更寬闊的發展空間。

第二節　文獻探討

　　歷代諸儒闡釋《春秋》義法，累積的著作繁富，所運用各種不同的解經模式，本文稱之為義法模式。何謂「義法」？有二說，其一見於《荀子‧王霸》：

> 之所以為布陳於國家刑法者，則舉義法也。〔註4〕

此「義法」是指合於義的法律。其二見於《史記‧十二諸侯年表》序：

> 是以孔子明王道，干七十餘君，莫能用，故西觀周室，論史記舊聞，
> 興於魯，而次《春秋》，上記隱，下至哀之獲麟，約其辭文，去其煩
> 重，以制義法，王道備，人事浹。〔註5〕

此「義法」是指義理與法則。前後相較，當以後者為是。太史公指出，孔子以魯史為材料，經由「約其辭文，去其煩重」的程序來制訂《春秋》的義理與法則；然而孔子制訂義法的內涵為何，則是留待後人發明的千古課題。至於清代桐城派創始人方苞（1668～1749年）大力提倡文章義法，云：

> 《春秋》之制義法，自太史公發之，而後之深於文者亦具焉。義即
> 《易》之所謂「言有物」也，法即《易》之所謂「言有序」也。義
> 以為經，而法緯之，然後為成體之文。〔註6〕

其所謂義，是指文章的內容須「言有物」；所謂法，是指文章的形式須「言有序」。方苞針對一般人為文只講求形式上的工夫，而忽略實質內容的重要性，主張亦應仿照《春秋》制訂文章的義法，使文章兼顧內容與形式，其實是假藉太史公之說以表達己見，並非為《春秋》義法下定義。部分學者將方苞文章義法的定義移作《春秋》義法的定義，並不妥當。

〔註4〕　〔清〕王先謙：《荀子集解》（臺北：藝文印書館，1988年6月），卷7，頁1。

〔註5〕　〔漢〕司馬遷、〔宋〕裴駰集解：《史記》（臺北：藝文印書館，2005年2月），
　　　　卷14，頁2。

〔註6〕　〔清〕方苞：〈又書貨殖傳後〉，《望溪先生文集》（臺北：臺灣中華書局，1965
　　　　年11月，《四部備要》本），卷2，頁14。

　　本文以考述《春秋》各種義法模式爲旨，歷來探討有關《春秋》義法模式的著作篇章不可勝數，而其中以探討單一模式者爲數最多，略舉如下（本文第二章至第九章已列舉者不再重複）：

　　有以單一儒者或著作爲題者，如葉政欣先生《春秋左氏傳杜注釋例》（嘉新水泥公司文化基金會 1966 年）、王熙元先生《穀梁范注發微》（嘉新水泥公司文化基金會 1972 年）、葉政欣先生《杜預及其春秋左氏學》（興業圖書公司 1984 年）、周桂鈿《董學探微》（北京師範大學出版社 1989 年）、陳槃先生《左氏春秋義例辨》（中央研究院歷史語言研究所 1993 年）、張高評先生《春秋書法與左傳學史》（五南出版社 2002 年）、許雪濤先生《公羊學解經方法：從"公羊傳"到董仲舒春秋學》（廣東人民出版社 2006 年）、李審用先生《春秋左氏傳凡例探源》（國家圖書館出版社 2009 年）、平飛先生《經典解釋與文化創新：公羊傳「以義解經」探微》（人民出版社 2009 年）、葉政欣先生《賈逵春秋左傳遺說探究》（國立臺灣師範大學國文研究所 1978 年博士論文）、張素卿先生《敘事與解釋：左傳經解研究》（國立臺灣大學中國文學研究所 1997 年博士論文）、楊濟襄先生《董仲舒春秋學義法思想研究》（國立臺灣師範大學國文研究所 2001 年博士論文）、劉德明先生《孫覺春秋經解解經方法探究》（國立中央大學中國文學研究所博士論文 2004 年）、陳逢源先生《毛西河及其春秋學之研究》（國立政治大學中國文學研究所 1991 年碩士論文）、林秀富先生《論春秋的屬辭比事》（輔仁大學中國文學研究所 1993 年碩士論文）、陳柾治先生《春秋戰事屬辭研究》（東吳大學中國文學研究所 1993 年碩士論文）、王淑蕙先生《董仲舒春秋解經方法探究》（國立中央大學中國文學研究所 1995 年碩士論文）、李紹陽先生《春秋穀梁傳時月日例研究》（國立臺灣師範大學國文研究所 1995 年碩士論文）、歐修梅先生《春秋公羊傳解經方法研究》（淡江大學中國文學研究所 2001 年碩士論文）、黃智群先生《張洽春秋集註研究》（國立成功大學中國文學研究所 2001 年碩士論文）、簡逸光先生《穀梁傳解經方法研究》（中國文化大學中國文學研究所 2003 年碩士論文）、簡翠貞先生〈春秋比事與左氏占驗〉（《孔孟學報》1970 年 9 月）、葉政欣先生〈釋春秋義例二則〉（《成功大學學報（人文篇）》1982 年 3 月）、趙雅博先生〈董仲舒對春秋微言大義的詮釋〉（《大陸雜誌》1992 年 9 月）、陳旻志先生〈「春秋繁露」中的歷史哲學與書法問題〉（《鵝湖》1997 年 10 月）、張素卿先生〈左傳研究：敘事與紀事本末〉（《行政院國家科學委員會專題研究計畫成果報告》1999

年）、宋惠如先生〈從「左氏春秋義例辨序」論「春秋」與「左傳」的關係〉（《復興學報》1999 年 12 月）、張高評先生〈《左傳》據事直書與以史傳經〉（《成大中文學報》2001 年 8 月）、趙生群先生〈論春秋大義存乎事實〉（《孔孟學報》2001 年 9 月）、李綉玲先生〈論「春秋」筆法與大義——以「左傳」經解為據〉（《玄奘人文學報》2004 年 7 月）、陳明恩先生〈董仲舒春秋學之義法理論——端、科、指條例之學的建構及其內涵〉（《中國學術年刊》2005 年 3 月）、鄭卜五先生〈劉逢祿《春秋公羊經何氏釋例》其「義例」之見解研究〉（《經學研究集刊》2006 年 10 月）、王敏芳先生〈趙汸《春秋屬辭》「屬辭比事」法探析〉（《孔孟月刊》2007 年 6 月）、楊濟襄先生〈孔廣森《公羊通義》的解經路線與關鍵主張〉（《文與哲》2008 年 12 月）、張曉生先生〈郝敬《春秋直解》中「《春秋》直其事而是非自見」說探析〉（私立銘傳大學應用中國文學系《中華文化的傳承與拓新—經學的流衍與應用國際學術研討會論文集》2009 年 4 月）、汪惠娟先生〈劉逢祿對公羊義理的闡發——以《春秋公羊經何氏釋例》之「三科九旨」義例為論〉（《哲學論集》2009 年 7 月）、胡凱閔先生〈趙汸《春秋》學研究——看「屬辭比事」對趙澤探究《春秋》的影響〉（《輔大中研所學刊》2010 年 4 月）、邱詩雯先生〈義法與書法——方苞《春秋直解》之解經方法及其《左》學傾向〉（《雲漢學刊》2011 年 8 月）。

有以單一事類為題者，如周何先生《穀梁會盟釋例》（國立高雄師範學院國文研究所《高仲華先生八秩榮慶論文集》1988 年）、朱冠華先生《「春秋」弒君史實與書法之研究》（香港珠海大學中國文學研究所 1992 年博士論文）、張永伯先生《春秋書卒研究》（國立臺灣師範大學國文研究所 1986 年碩士論文）、成玲先生《春秋公羊傳稱謂例釋》（國立臺灣師範大學國文研究所 1990 年碩士論文）、林倫安先生《春秋公羊傳會盟析例》（國立臺灣師範大學國文研究所 1995 年碩士論文）、陳傳芳先生《春秋有關戰伐書例研究》（國立臺灣師範大學國文研究所 1995 年碩士論文）、張惠淑先生《公羊傳稱謂七等研究》（國立臺灣師範大學國文研究所 1996 年碩士論文）、黃漢昌先生〈左傳「弒君」凡例試論〉（《孔孟月刊》1982 年 8 月）、劉又銘先生〈左傳天火人火義例辨〉（《研究生》1982 年 9 月）、季旭昇先生〈春秋「赴告」研究〉（《孔孟月刊》1982 年 10 月）、盧心懋先生〈左傳「弒君凡例」淺析〉（《孔孟月刊》1986 年 1 月）、孫劍秋先生〈從左傳第貳拾條凡例：「凡諸侯薨於朝會加一等，死王事加二等，於是有以衰斂」看春秋凡例及其相關問題〉（《孔孟月刊》1986 年 3

月）、謝德瑩先生〈春秋「公即位」書例〉（《孔孟月刊》1986 年 10 月）、簡宗
梧先生〈左傳屬辭比事的成就：以記晉惠公與晉文公爲例〉（《東方雜誌》1988
年 4 月）、奚敏芳先生〈春秋三傳諱例異同研究〉（《孔孟學報》1989 年 9 月）、
奚敏芳先生〈春秋三傳譏刺例異同初探〉（《孔孟學報》1990 年 3 月）、奚敏芳
先生〈春秋三傳災異例異同研究〉（《中正嶺學術研究集刊》1992 年 6 月）、成
玲先生〈春秋公羊傳稱謂例釋——以魯國夫人爲例〉（《景文專校學報》1992
年 9 月）、許秀霞先生〈「春秋」三傳「執諸侯」例試論〉（《中華學苑》1994
年 4 月）、張惠淑先生〈「公羊傳」稱謂七等研究〉（《國立臺灣師範大學國文
研究所集刊》1997 年 6 月）、王玉華先生〈清代春秋公羊學異內外義例與大一
統思想（上）（下）〉（《哲學與文化》2002 年 3～4 月）、藍麗春先生〈《春秋經》
「晉趙盾弒其君夷皋」書法探究〉（《嘉南學報（人文類）》2003 年 12 月）。

另有並論《春秋》三傳者，如趙友林先生《春秋三傳書法義例研究》（人
民出版社 2010 年）、陳銘煌先生《春秋三傳性質之研究及其義例方法之商榷》
（國立臺灣大學中國文學研究所 1991 年碩士論文）、戴君仁先生〈春秋時月
日例辨正總論〉（《東海學報》1961 年 6 月）、戴君仁先生〈春秋公羊傳時月日
例辨正〉（《春秋三傳論文集》黎明文化事業 1981 年 1 月）、戴君仁先生〈春
秋穀梁傳時月日例辨正〉（《春秋三傳論文集》黎明文化事業 1981 年 1 月）、
戴君仁先生〈春秋左氏傳時月日例辨正〉（《春秋三傳論文集》黎明文化事業
1981 年 1 月），以上實際只是探討義例一種模式。

標榜兼論二種模式者，僅見楊濟襄先生〈《春秋》書法的常與變——論董
仲舒、何休二種解經途徑所代表的學術史意義〉（《經學研究集刊》2005 年 10
月）一文認爲，董仲舒對《春秋》書法的主張是「《春秋》有常辭，無達辭」，
何休對《春秋》書法的主張是「『文例』依『三世』而變化」〔註 7〕，模式不
同。

尚有泛論《春秋》義法者，如張毅先生〈論《春秋》筆法〉一文認爲，
「《春秋》筆法乃合書法和義例而言，既可作爲修史的凡例，又被當作文章
典範」〔註 8〕，實際只涉及義例一種模式。蕭鋒先生〈百年春秋筆法研究述評〉

〔註 7〕 楊濟襄先生：〈《春秋》書法的常與變——論董仲舒、何休二種解經途徑所代
表的學術史意義〉，《經學研究集刊》第 1 期（2005 年 10 月），頁 132、144。
〔註 8〕 張毅：〈論《春秋》筆法〉，《中國文藝思想史論集：張毅自選集》（天津：南
開大學出版社，2004 年 10 月），頁 37。

一文區分五個階段論述：一是「傳統經學解體下今古文經學的"春秋筆法"研究」，在西學觀念的影響之下，從基本義例的探討逐漸過渡到史學；二是「古史辨思潮下的"春秋筆法"研究」，開始呈現出向現今諸多科學滲透的傾向；三是「建國後到 1980 年前的"春秋筆法"研究」，逐漸走出義例本質上探索的局限，已經從經學、史學走向文學、新聞學等多重的研究領域；四是「新時期以來的"春秋筆法"研究」，史學領域著重在義例對後世史學的影響，經學領域由三傳義例延伸至文化、學術史等範圍；五是「臺灣地區"春秋筆法"研究」，主要探討的重點在義例〔註 9〕；至於百年內五個階段各領域除了義例之外，學術界曾否探討過其他模式，文內並未涉及。王基倫先生〈「《春秋》筆法」的詮釋與接受〉一文除了詮釋「《春秋》筆法」的意義之外，並探討後世學者如何延伸「《春秋》筆法」的意義，從經學到史學、文學思考轉化接受、再接受的主軸意義〔註10〕，亦未涉及任何解經模式的問題。

綜上所述，目前學術界探討《春秋》義法模式的成果固然相當可觀，然而除了「義例」、「屬辭比事」、「據事直書」、「以史傳經」等較爲耳熟能詳之外，歷代諸儒尚有其他不同的解經路徑，迄今乏人進行全面性地檢視與系統性地整理，實爲一大缺憾。本文即以彌補此一缺憾爲志，期能以宏觀的視野獲得較爲完整的研究成果，並藉收拋磚引玉的效果。

第三節　各章概述

按本文計分爲十章，除第一章緒論與第十章結論之外，第二章爲《春秋》義法探源，第三至九章依序爲《春秋》義法義例、寓言、屬比、比例、義理、說辨、緯史七種模式，概述如下：

第二章《春秋》義法探源。探討《春秋》義法的四個來源：一是「聖人口耳相傳」，二是「史官據事直書」，三是「君子微言大義」，四是「孔子述而不作」。《春秋》義法的來源本是多元的，是眾多聖人、史官、君子與孔子的共同智慧結晶，未必成於孔子一人之手。《春秋》的價值亦不在於孔子曾否修作，而在於其本身具有撥亂反正的功能，使亂臣賊子懼，足爲萬世之法。

〔註 9〕 蕭鋒：〈百年春秋筆法研究述評〉，《文學評論》2006 年第 2 期，頁 178～186。
〔註10〕 王基倫：〈「《春秋》筆法」的詮釋與接受〉，《國文學報》第 39 期（2006 年 6 月），頁 1～33。

　　第三章《春秋》義法之義例模式。此模式主張聖人先設置義例，再據以修作《春秋》，始於《公羊傳》與《穀梁傳》，西漢劉歆、賈徽、賈逵、許淑、穎容諸儒及東晉杜預則仿《公羊傳》、《穀梁傳》爲《左傳》設置義例，是屬原創類。唐代啖助學派及宋儒劉敞、崔子方不滿於三傳義例，而取舍三傳義例另爲發明，是爲取舍三傳類。由於三傳以義例解經的合理性歷來遭受強烈批判，本文於小結中附論「例是否《春秋》之法」、「時月日是否爲經例」、「《左傳》凡例是否出自《周禮》」、「《左傳》「凡」與「不凡」有無新舊例之分」四個問題，給予必要的澄清。

　　第四章《春秋》義法之寓言模式。此模式有二類，一是隱語類，原創者爲漢儒董仲舒、何休二人，主張《春秋》王魯說，以孔子假藉《春秋》寄寓對新王改制的政治理想；二是起興類，原創者爲宋儒孫復等人，奉行《春秋》經世說，強調經世之義，非徒飾以空言。此模式亦遭到歷代諸儒大肆撻伐，尤以隱語類爲甚，紛紛指責何休爲公羊罪人，必須承擔公羊學一蹶不振的責任，本文給予適當的平反。至於起興類藉經起興，多與《春秋》本旨不合；尤其孫復主張《春秋》有貶無褒，胡安國主張《春秋》以夏時冠周月，本文均給予合理的解說。

　　第五章《春秋》義法之屬比模式。此模式是將《春秋》相關的文辭聯屬起來，相關的事件排比起來，以屬辭比事闡釋《春秋》義法，分爲紀事本末、經傳比事、禮儀制度三類，歷來較無爭議。

　　第六章《春秋》義法之比例模式。此模式是藉由屬辭比事而得經例，以例解經；反對三傳設置義例，以例拘義。分爲公羊新義、五禮會要、即經類事、筆削示義、以史爲法、采輯傳說六類，分類雖多，而相關著作不多，其中較具爭議者爲公羊新義類的清儒孔廣森，公羊家多斥其不守公羊家法，本文則探究其用心與貢獻而給予肯定。

　　第七章《春秋》義法之義理模式。此模式以宋儒程頤、朱熹之學爲宗，主張《春秋》爲明道正誼之書，只要「義理明，則皆可遍通矣」。按歷來學者多以程、朱合稱，少有比較其異同者，本文將宗程頤與宗朱熹者分屬考信類與如史類，折衷者則屬折衷類，以示其同中有異，未可一概而論。

　　第八章《春秋》義法之說辨模式。此模式依據儒者對於三傳的支持態度不同，而分爲不同的類別，其中廣納三傳及諸儒見解者爲會通類，依據《左傳》史事以治經者爲據史類，各據一傳申述義例者爲申例類，盡棄三傳回歸

本經者爲直解類，由於彼此的認知差異甚大，頗爲紛雜。對於立說確有瑕疵者，如宋儒蘇轍只問史實而不問是否合於道，清儒劉逢祿藉何休之說推求義例有欠完善，劉師培先生發明義例時出現邏輯上的疑慮，本文皆據理直陳，不涉詆譭。

第九章《春秋》義法之緯史模式。此模式是以經學爲主、史學爲輔的研究方法，將構成歷史的因素（如曆數、地理、人物、世族、軍事、政治、禮樂等）分門別類，以輔助經學，分爲分爲圖表譜曆、人物傳記、諸國統紀三類，雖非經學主流，卻具有實用價值。

上述七種模式皆分類列舉相關儒者及其著作以資說明，由於體制龐大，每類列舉三人（組）爲原則，必要時列舉四人（組）爲上限；若各該類不足三人（組），則列舉二人（組）以成類。

本文所引《春秋》與三傳文字，悉以清儒阮元（1764～1849 年）校勘《十三經注疏》本（臺北大化書局 1982 年 10 月印行）爲據，爲避免冗繁，不一一作註；惟每條皆標示《春秋》年月日，以利檢閱，併予敘明。

第二章 《春秋》義法探源

中國史書的起源甚早。墨子云：「吾見百國《春秋》。」〔註1〕這句話不僅表示《春秋》是當時各國史書的通稱，亦可知在春秋時期各國即已普遍編撰史書，所以有「周之《春秋》」、「燕之《春秋》」、「宋之《春秋》」、「齊之《春秋》」〔註2〕等說法。然而各國史書亦別有專名，如孟子曰：「晉之《乘》，楚之《檮杌》，魯之《春秋》，一也。」〔註3〕因此，《春秋》亦是魯國史書的專名。

據《公羊傳》徐彥（生卒年不詳）疏引閔因敘云：「昔孔子受端門之命，制《春秋》之義，使子夏等十四人求周史記，得百二十國寶書。」〔註4〕子夏等人求得的一百二十國寶書，就是周代各國所編撰的史書。至於爲何稱各國的史書爲「寶書」呢？因爲「寶者，保也。以其可世世傳保以爲戒，故云『寶書』也。」〔註5〕而孔子在制《春秋》之義時，「但有極美可以訓世，極惡可以戒俗者，取之；若不可爲法者，皆棄而不錄。」〔註6〕以上是公羊家對於《春秋》義法來源的看法，認爲《春秋》義法來自於孔子，孔子依據周代各國史書，

〔註1〕 見《隋書·李德林列傳》引李德林語。〔唐〕魏徵：《隋書》（臺北：臺灣中華書局，1965年11月，《四部備要》本），卷42，頁3。

〔註2〕 見《墨子·明鬼下》。〔周〕墨翟：《墨子》（臺北：臺灣中華書局，1965年11月，《四部備要》本），卷8，頁2～4。

〔註3〕 見《孟子·離婁下》。〔宋〕孫奭：《孟子注疏》（臺北：大化書局，1982年10月，《十三經注疏》本），卷8上，頁63～64。

〔註4〕 〔唐〕徐彥：《春秋公羊傳注疏》（臺北：大化書局，1982年10月，《十三經注疏》本），卷1，頁1。

〔註5〕 〔唐〕徐彥：《春秋公羊傳注疏》，卷1，頁1。

〔註6〕 〔唐〕徐彥：《春秋公羊傳注疏》，卷1，頁1。

制定《春秋》義法，目的在「訓世」與「戒俗」，並希望能「世世傳保」。不論公羊家的說法是否與事實相符，《春秋》的原型就是史書，這是最基本的認知。

為了探討《春秋》的義法來源，以下謹將歷史推向上古，追溯源頭，以期獲得較為客觀而完善的論點。

第一節　聖人口耳相傳

人類的演化大約始於二百五十萬年前，而文字則大約出現於五千年前，沒有文字的歲月所占比例高達約 99.8%。文字的發明雖是人類進入文明世界的重要里程碑，但在文字發明以前，人類的活動情形、生活經驗、發生事件是否如船過水無痕般完全不留痕跡呢？答案當然不是，因為文字只是人類用來記事的工具之一。除了文字之外，人類還有其他的工具，例如圖畫、符號、刻木、結繩等。《周易·繫辭下》云：「上古結繩而治，後世聖人易之以書契，百官以治，萬民以察，蓋取諸夬。」〔註7〕可知結繩與書契都是人類用來記事的工具。結繩記事的方法，是「事大，大結其繩；事小，小結其繩」〔註8〕。書契記事的方法則是「以書書木邊，言其事，刻其木」〔註9〕，已是在文字發明以後。但並非每個民族都懂得使用圖畫、符號、刻木、結繩或文字記事，最早的記事工具也不是圖畫、符號、刻木、結繩或文字，而是人類頭腦的記憶能力，將發生過的事件「保存在人們的歷史記憶裡面，以神話與傳說的方式世代口耳相傳。」〔註10〕

《北史·魏本紀》對北魏鮮卑人的記事起源有一段活生生的記載：

> 魏之先出自黃帝軒轅氏，黃帝子曰昌意，昌意之少子受封北國，有大鮮卑山，因以為號。其後世為君長，統幽都之北，廣漠之野，畜牧遷徙，射獵為業，淳樸為俗，簡易為化，不為文字，刻木、結繩而已。時事遠近，人相傳授，如史官之紀錄焉。〔註11〕

〔註7〕〔唐〕孔穎達：《周易正義》（臺北：大化書局，1982年10月，《十三經注疏》本），卷8，頁75。

〔註8〕見孔穎達正義引鄭玄注。〔唐〕孔穎達：《周易正義》，卷8，頁75。

〔註9〕見唐儒陸德明（556～627年）《經典釋文·尚書音義上》引鄭玄云。〔唐〕陸德明：《經典釋文》（臺北：臺灣大通書局，1969年10月，《通志堂經解》，冊40），卷3，頁1。

〔註10〕晁福林：〈論古史重構〉，《史學集刊》2009年第4期（2009年7月），頁27。

〔註11〕〔唐〕李延壽：《北史》（臺北：臺灣中華書局，1965年11月，《四部備要》本），卷1，頁1。

當時鮮卑人沒有文字,記事的工具是刻木與結繩,再加上「人相傳授」。所謂「人相傳授」,當然就是靠著頭腦的記憶能力,將事件口耳相傳下去。而刻木與結繩的作用,顯然只是口耳相傳的輔助工具而已。

一、聖人乃是口耳相傳的眾人

何謂「聖」?先秦兩漢典籍大致有兩種不同面向的詮釋:第一種是道德面向的詮釋,表示具有崇高的道德修養。如《周禮・地官司徒》云:「以鄉三物教萬民,而賓興之。一曰六德:知、仁、聖、義、忠、和。……。」〔註12〕聖是君王教育萬民的六德之一。又如《論語・雍也》引孔子曰:「何事於仁,必也聖乎!」〔註13〕在孔子的心目中,聖的境界已經超越了仁,是至高無上的道德修養。其他諸子亦有相同或類似的詮釋,不一一列舉。第二種是學問面向的詮釋,表示具有廣博的學問與精通事理的能力。如《禮記・樂記》云:「知禮樂之情者能作,識禮樂之文者能述。作者之謂聖,述者之謂明。明聖者,述作之謂也。」〔註14〕凡對於禮樂有廣博而精深的研究,能由知禮樂進而作禮樂,即可稱為聖。《說文解字・耳部》云:「聖,通也。从耳,呈聲。」〔註15〕段玉裁(1735~1815年)注:「凡一事精通,亦得謂之聖。聖从耳者,謂其耳順。《風俗通》曰:『聖者,聲也。言聞聲知情。』按聲、聖字古相叚借。」〔註16〕由於《說文解字》是以詮釋文字的本義為主,所以採用第二種學問面向的詮釋。至於第一種道德面向的詮釋,只能當作引申義。

不過,上溯甲骨文「聖」字的結構,是一個「耳」旁邊加上一個或兩個「口」,與《說文解字》「从耳,呈聲」的結構不同。郭沫若先生(1892~1978年)云:

> 案古「聽」、「聲」、「聖」乃一字,其字即作「耴」,從口耳會意,言口有所言,耳得之而為聲,其得聲之動作則為聽。「聖」、「聲」、「聽」

〔註12〕 〔唐〕賈公彥:《周禮注疏》(臺北:大化書局,1982年10月,《十三經注疏》本),卷10,頁69。

〔註13〕 〔宋〕邢昺:《論語注疏》(臺北:大化書局,1982年10月,《十三經注疏》本),卷6,頁23。

〔註14〕 〔唐〕孔穎達:《禮記正義》(臺北:大化書局,1982年10月,《十三經注疏》本),卷37,頁302。

〔註15〕 〔清〕段玉裁:《說文解字注》(臺北:黎明文化事業,1984年2月),卷23,頁17。

〔註16〕 〔清〕段玉裁:《說文解字注》,卷23,頁17。

均後起之字也。「聖」从耶壬聲，僅於「耶」之初文附以聲符而已。
〔註17〕

于省吾先生（1896～1984 年）同意其說，並云：

金文「聖」字，早期作「耶」，晚期加「壬」爲聲符作「聖」。〔註18〕

就甲骨文的結構而言，「耳」與「口」結合並用，屬會意，既是「聽」、「聲」字，也是「聖」字；「聽」、「聲」、「聖」本是一字，就是表示透過聲音的傳達，耳聽口述、口耳相傳。進而言之，先民造字時，必然認爲將歷史記憶口耳相傳的人就是聖人，才會將「耳」與「口」結合成「聖」字；由於聖人口耳相傳具有崇高的貢獻，所以先秦兩漢將具有崇高道德或學問的人稱爲聖人，都是後來的引申義。

前引《周易·繫辭下》云：「上古結繩而治，後世聖人易之以書契，百官以治，萬民以察，蓋取諸夬。」〔註 19〕結繩記事或書契記事都是聖人口耳相傳的輔助工具，目的都是在於「治」，即與君王治理百官、決斷萬事有關。因此，孔穎達（574～648 年）將結繩記事稱爲「結繩之政」〔註20〕，是符合道理的。另《左傳》哀公十八年春引《志》曰：「聖人不煩卜筮。」東晉杜預（222～285 年）注：「不疑，故不卜也。」〔註21〕杜預之說似乎未盡其意。按聖人傳述的是歷史的經驗，巫祝傳述的是神的旨意，二者各有所司，遇到疑難的解決方法自有不同，聖人當然不會依賴巫祝所使用的卜筮，從這個角度來切入文意，應該更有助於認識聖人的本義。

此外，聖人尚隱含眾人之意。《左傳》成公六年冬，晉師侵蔡，楚師救之，晉師欲戰者眾。或謂欒武子曰：

聖人與眾同欲，是以濟事，子盍從眾？

所謂「聖人與眾同欲」，是說聖人尊重眾人的價值觀，與眾人的價值觀相同，即使是作戰之事，眾人的意見就是聖人的意見。又《墨子·尚同中》云：

〔註17〕 郭沫若：《卜辭通纂》（北京：北京圖書館出版社，2000 年），頁 137。
〔註18〕 于省吾：《甲骨文字詁林》（北京：中華書局，1999 年 12 月），頁 658。
〔註19〕 〔唐〕孔穎達：《周易正義》（北京：大化書局，1982 年 10 月，《十三經注疏》本），卷 8，頁 75。
〔註20〕 孔穎達〈尚書序〉云：「古者伏犧氏之王天下也，始畫八卦，造書契，以代結繩之政，由是文籍生焉。」〔唐〕孔穎達：《尚書正義》，卷 1，頁 1。
〔註21〕 〔唐〕孔穎達：《春秋左傳正義》（臺北：大化書局，1982 年 10 月，《十三經注疏》本），卷 60，頁 478。

助之視聽者眾，則其所聞見者遠矣；助之言談者眾，則其德音之所
撫循者博矣；助之思慮者眾，則其談謀度速得矣；助之動作者眾，
即舉其事速成矣。故古者聖人之所以濟事成功，垂名於後世者，無
他故異物焉，曰：唯能以尚同爲政者也。〔註22〕

這一段文字的意思，亦是說明聖人爲政成功的因素，在於獲得眾人的認同與
幫助。雖然從實際層面而言，聖人不等於眾人，但聖人能夠代表眾人的意見，
並獲得眾人的認同與幫助。因此，從意義層面而言，聖人就是眾人。上古時
代的歷史記憶，連同其中所蘊含的意義與價值，是非常龐大的文化遺產，不
可能只靠少數人就能傳承，正是透過眾多的聖人口耳相傳而保存下來的。

二、口耳相傳未必眞實卻具有重大的意義與價值

梁啓超先生（1873～1929年）對「初民演史」曾有一段描述：

當人類之漸進而形成一族屬或一部落也，其部族之長老，每當游獵
鬭戰之隙暇，或值佳辰令節，輒聚其子姓，三三五五，圍爐藉草，
縱談己身或其先代之恐怖，所演之武勇……等等，聽者則娓娓忘倦，
興會飆舉。其間有格外奇特之情節可歌可泣者，則蟠鏤於聽眾之腦
中，濟拔不去，展轉作談料，歷數代而未已，其事蹟遂取得史的性
質所謂「十口相傳爲古」也。史蹟之起原，罔不由是。〔註23〕

所謂「十口相傳爲古」，《說文解字・古部》云：「古，故也。從十口，識前言
者也。」〔註24〕段玉裁注：「識前言者，口也。至於十，則展轉因襲，是爲自
古在昔矣。」〔註25〕前人口述的事件經過世代口耳相傳輾轉流傳下來，成爲
人們的歷史記憶，這就是「古」字造字的本義。而梁啓超先生所謂「格外奇特
之情節可歌可泣者」，包括「己身或其先代之恐怖，所演之勇武」等，經過世代
口耳相傳，而保存在每個民族的神話與傳說中，形成了特定的意義與價值。

晁福林先生亦云：

透過時間的維冪，遠古人類的記憶中經過篩選所存留的印象，大致
可以分爲痛苦與歡樂兩類。前者如洪水、地陷、山崩等，後者則是

〔註22〕 〔周〕墨翟：《墨子》（臺北：臺灣中華書局，1965 年 11 月，《四部備要》本），
卷 3，頁 7～8。
〔註23〕 梁啓超：《中國歷史研究法》（臺北：臺灣商務印書館，2009 年），頁 12。
〔註24〕 〔清〕段玉裁：《說文解字注》，卷 5，頁 5。
〔註25〕 〔清〕段玉裁：《說文解字注》，卷 5，頁 5。

營窟穴以躲避寒暑、然薪柴以用火烹食等。這些長期實踐過程中……
在人們的記憶裡留下了痕迹。這些痕迹對於人類社會發展的作用不
可低估，它的積累和認識成為人們最初學習的基本內容，遠古人類
的學習實際上就是在記憶之光下進行的，旨在趨利避害的重複演
練。那個時代的歷史記憶内容，其特點是它能夠給人們留下巨大的
痛苦或歡樂這樣深刻的印象。〔註26〕

此說正可作為梁啓超先生的呼應與補充。晁福林先生認為人類的歷史記憶是
經過篩選的，存留下來的大致可以分為痛苦與歡樂兩類，並進一步明確指出
「旨在趨利避害的重複演練」。因此，每一個歷史記憶中的事件，不只是單純
的事件而已，對於事件中的痛苦經驗，人們會重複地演練以「避害」；對於事
件中的歡樂經驗，人們也會重複地演練以「趨利」。這正是事件流傳的意義與
價值。

口耳相傳最大的缺點是容易失真。如《呂氏春秋‧察傳》云：

夫得言不可以不察，數傳而白為黑，黑為白。故狗似玃，玃似母猴，
母猴似人，人之與狗則遠矣。〔註27〕

口傳失真是日常生活中極易發生的例子，尤其面對年代綿邈口耳相傳而來的
歷史記憶，更是真偽難辨。顧頡剛先生（1893～1980 年）在「五四運動」之
後曾提出「層累地造成的古史觀」，認為「時代愈後，傳說的古史期越長」，「時
代愈後，傳說中的中心人物愈放愈大」〔註28〕。此後信古與疑古展開了長達
十餘年的激烈爭辯，影響迄今。但誠如晁福林先生云：

口述史雖然因其失真舛誤之處甚多而不可盡信，但它畢竟是古代歷
史的集體記憶，不能因為其不可盡信而棄之不顧。後世載入史籍的
遠古歷史無一不是這種集體記憶被訴諸文字的結果。〔註29〕

口述史是古代歷史的集體記憶，集體記憶本身就代表著一項重大的意義與價
值，不能因為其不可盡信而棄之不顧。

〔註26〕 晁福林：〈試析上古時期的歷史記憶與歷史記載〉，《安徽史學》2007 年第 6
期，頁 22。

〔註27〕 〔秦〕呂不韋：《呂氏春秋》（北京：中華書局，1991 年），卷 22，頁 10。

〔註28〕 顧頡剛：〈與錢玄同先生論古史書〉，《古史辨》（臺北：明倫出版社，1970 年
3 月），冊 1，頁 60。

〔註29〕 晁福林：〈論古史重構〉，《史學集刊》2009 年第 4 期，頁 28。

在中國古代歷史的集體記憶中，有巢氏發明了構木爲巢，教人民躲避風雨與野獸的侵襲；燧人氏發明了鑽木取火，教人民熟食；伏羲氏發明了網罟，教人民飼養家畜，並制訂嫁娶，始畫八卦；神農氏發明了耒耜，教人民播種五穀，訂定日中爲市，以物易物；黃帝軒轅氏發明了衣裳、宮室、舟車、弓矢、指南車、曆法、音律等，正妃嫘祖教人民養蠶取絲，史官倉頡創造文字。雖然「百家言黃帝，其文不雅馴，薦紳先生難言之」，但在太史公考察各地風教、拜訪各地長老之後，仍然決定「擇其言尤雅者」〔註 30〕，著爲《史記・五帝本紀》之首。原因何在？正因爲黃帝甚至這些上古君王們的偉大貢獻，經過人們世代口耳相傳，早已成爲公認的中國文化起源，其意義與價值遠遠超過歷史的眞實；至於其文是否雅馴，事蹟可否盡信，概非所問，留待歷史學者或考古專家去發掘、考證。

三、《春秋》三傳保存聖人口耳相傳的意義與價值

清儒章學誠（1738～1801 年）《文史通義・詩教上》云：

> 古未嘗有著述之事也，官師守其典章，史臣錄其職載。……三代盛時，各守人官物曲之世氏，是以相傳以口耳，而孔、孟以前，未嘗得見其書也。至戰國而官守師傳之道廢，通其學者，述舊聞而著於竹帛焉。中或不能無得失，要其所自，不容遽昧也。〔註 31〕

三代以前口耳相傳一直扮演著重要的角色，即使有「官師守其典章，史臣錄其職載」，但皆屬於官方檔案的記錄，在知識的傳播上仍是口耳相傳。到了春秋戰國時代，部分貴族逐漸沒落，輾轉在民間興起私人講學風氣，師徒之間的知識傳授延續口耳相傳的傳統，後來才由「通其學者」將口耳相傳的內容著於竹帛，成爲私人著作。因此，初期的私人著作，具有非常大量而明顯的口耳相傳特徵。

章學誠《文史通義・言公上》又云：

> 古人先有口耳之授，而後著之竹帛焉。……商瞿受《易》於夫子，其後五傳而至田何。施、孟、梁邱皆田何之弟子也。然自田何而上，

〔註 30〕 〔漢〕司馬遷、〔宋〕裴駰集解：《史記》（臺北：藝文印書館，2005 年 2 月），卷 1，頁 31。

〔註 31〕 〔清〕章學誠：《文史通義》（臺北：臺灣中華書局，1966 年 3 月），卷 1，頁 21～22。

> 未嘗有書，則三家之《易》，著於〈藝文〉，皆悉本於田何以上口耳
> 之學也。是知古人不著書，其言未嘗不傳也。〔註32〕

田何爲漢初第一位易學家，其弟子王同、周王孫、丁寬、齊服生「皆著《易傳》數篇」〔註33〕，再傳弟子楊何（王同之弟子）著有《易傳》二篇〔註34〕，三傳弟子施讎、孟喜、梁丘賀三家（丁寬之再傳弟子）著有《易經》十二篇〔註35〕，惟未見田何以上的師傳著作，可見田何一系的易學是從其弟子才開始著於竹帛，田何以上仍是屬於口耳相傳。

唐儒陸淳（？～806年）《春秋啖趙集傳纂例・三傳得失議》引啖助（724～770年）曰：

> 古之解說悉是口傳，自漢以來乃爲章句。如《本草》皆後漢時郡國，
> 而題以神農；《山海經》廣說殷時，而云夏禹所記。自餘書籍，比比
> 甚多。是知三傳之義本皆口傳，後之學者乃著竹帛，而以祖師之目
> 題之。〔註36〕

《春秋》三傳在著於竹帛之前，確曾經歷口耳相傳的過程，保存了聖人口耳相傳的意義與價值，啖助之說可謂灼見。分別說明如下：

（一）《左傳》口耳相傳的事例

自從唐代啖助學派懷疑《左傳》作者不是《論語》中的左丘明以來，歷代持懷疑論者不乏其人，尤其清儒劉逢祿（1776～1829年）《左氏春秋考證》指斥劉歆（約前50～23年）將《左氏春秋》改竄爲今本《左傳》，康有爲（1858～1927年）《新學僞經考》更是強烈批駁《左傳》爲劉歆割裂《國語》所僞作。《左傳》是否爲劉歆僞作，涉及今學、古學之爭，歷來學者如錢穆先生（1895～1990年）〈劉向歆父子年譜〉〔註37〕、〈評顧頡剛五德終始說下的政治和歷史〉〔註38〕、楊向奎先生（1910～2000年）〈論左傳之性質及其與國語之關係〉

〔註32〕〔清〕章學誠：《文史通義》，卷2，頁24。

〔註33〕見《漢書・儒林傳》。另據《漢書・藝文志》著錄《易傳》有周王孫二篇、王同二篇、丁寬八篇。〔清〕王先謙：《漢書補注》（上海：上海古籍出版社，2002年3月，《續修四庫全書》，冊269），卷88，頁6；卷30，頁2～3。

〔註34〕見《漢書・藝文志》。〔清〕王先謙：《漢書補注》，卷30，頁2。

〔註35〕見《漢書・藝文志》。〔清〕王先謙：《漢書補注》，卷30，頁2。

〔註36〕〔唐〕陸淳：《春秋啖趙集傳纂例》（臺北：新文豐出版公司，1985年1月，《叢書集成新編》，冊108），卷1，頁3。

〔註37〕錢穆：《兩漢經學今古文平議》（臺北：東大圖書，1983年9月），頁1～163。

〔註38〕錢穆：〈評顧頡剛五德終始說下的政治和歷史〉，《古史辨》（臺北：明倫出版社，1970年3月），冊5，頁617～630。

〔註39〕、胡念貽先生（1924～2982年）〈左傳的眞偽和寫作時代問題考辨〉
〔註40〕、張以仁先生（1930～2009年）〈論國語與左傳的關係〉〔註41〕、〈從
文法、語彙的差異證國語、左傳二書非一人所作〉〔註42〕幾篇文章已多所辨
正，且證明《左傳》非由《國語》割裂，劉歆偽作的證據既不成立，雙方爭
議應可視爲告一段落。

至於《左傳》著於竹帛的年代，最主要的有二說，一是春秋末期，二是
戰國中期，迄今尚無定論。據孔穎達引劉向（前77～前6年）《別錄》云：

> 左丘明授曾申，申授吳起，起授其子期，期授楚人鐸椒，鐸椒作《抄
> 撮》八卷授虞卿，虞卿作《抄撮》九卷授荀卿，荀卿授張蒼。〔註43〕

鐸椒是戰國中期的人。鐸椒《抄撮》八卷與虞卿《抄撮》九卷的出現，必是
以《左傳》爲底本〔註44〕，表示當時《左傳》已經成書了。《左傳》的内容著
重於史事，因此在著於竹帛的過程中，應該有史官參與，才能將諸國的史料
與口說彙編成書。史官在口耳相傳的發展過程中，扮演著重要的角色，徐中
舒先生（1898～1991年）云：

> 人類歷史最初皆以口語傳誦爲主，而以結繩刻木幫助記憶。春秋時代
> 我國學術文化雖有高度發展，但有關歷史的傳習也還未能脫離這種原
> 始方式。當時有兩種史官，即太史與瞽矇，他們所傳述的歷史，原以
> 瞽矇傳誦爲主，而以太史的記錄幫助記誦，因而就稱爲瞽史。〔註45〕

〔註39〕 楊向奎：〈論左傳之性質及其與國語之關係〉，《繹史齋學術文集》（上海：上
海人民出版社，1983年5月），頁174～214。
〔註40〕 胡念貽：〈左傳的眞偽和寫作時代問題考辨〉，《文史》第十一輯（北京：中華
書局，1981年3月），頁1～33。
〔註41〕 張以仁：《國語左傳論集》（臺北：東昇出版事業，1980年9月），頁19～108。
〔註42〕 張以仁：《國語左傳論集》，頁109～162。
〔註43〕 見杜預〈春秋序〉孔穎達疏引。〔唐〕孔穎達：《春秋左傳正義》，卷1，頁1。
〔註44〕 學者或主張鐸椒《抄撮》八卷與虞卿《抄撮》九卷皆是《左傳》的節本，如
沈玉成、劉寧先生云：「鐸椒和虞卿的《抄撮》，可以使我們更明確《漢志》
所錄《鐸氏微》、《虞氏微傳》乃至和二者列在一起的《左氏微》、《張氏微》
都是《左傳》的節本，可能類似於馬王堆出土帛書中的《春秋事語》。《史記·
十二諸侯年表序》也提到《鐸氏微》、《虞氏春秋》、《呂氏春秋》，但其爲《左
傳》的節本還是個人的著作，行文敘述有點含混，不像劉向說得那樣明白。
顏師古注：『微，謂釋其微指。』《左氏微》等唐初已經亡佚，顏氏的解釋顯
然沒有注意劉向這一段文字而從微言大義望文生發，疑不可從。」沈玉成、
劉寧：《春秋左傳學史稿》（南京：江蘇古籍出版社，1992年6月），頁77。
〔註45〕 徐中舒：〈《左傳》的作者及其成書年代〉，《左傳選》（北京：中華書局，1963
年），頁357。

這一段文字指出，春秋時代的史官有太史與瞽矇兩種，合稱瞽史；瞽矇以傳誦爲主，而太史以記錄幫助記誦，將聖人口耳相傳的意義與價值延續發展下去。

例一，《左傳》莊公十年春正月：

> 齊師伐我，公將戰。曹劌請見，其鄉人曰：「肉食者謀之，又何間焉？」劌曰：「肉食者鄙，未能遠謀。」乃入見。問何以戰，公曰：「衣食所安，弗敢專也，必以分人。」對曰：「小惠未遍，民弗從也。」公曰：「犧牲玉帛，弗敢加也，必以信。」對曰：「小信未孚，神弗福也。」公曰：「小大之獄，雖不能察，必以情。」對曰：「忠之屬也，可以一戰，戰則請從。」公與之乘，戰于長勺。公將鼓之，劌曰：「未可。」齊人三鼓，劌曰：「可矣。」齊師敗績，公將馳之，劌曰：「未可。」下視其轍，登軾而望之，曰：「可矣。」遂逐齊師。既克，公問其故，對曰：「夫戰，勇氣也，一鼓作氣，再而衰，三而竭，彼竭我盈，故克之。夫大國難測也，懼有伏焉，吾視其轍亂，望其旗靡，故逐之。」

這一段史事是敘述魯、齊二國長勺之戰，曹劌爲魯莊公提出謀略的經過，在曹劌認爲「可以一戰」之前，兩人曾有三問三答。錢鍾書先生（1910～1998年）曾將這一段故事三問三答的現象，與《國語》、《韓非子》的故事作比較，云：

> 「可以一戰，戰則請從。」按曹劌與莊公三問三答；《國語・吳語》越王句踐以伐吳問申包胥，五問五對；又〈越語下〉勾踐以伐吳問范蠡，六問六對；《韓非子・外儲說右上》晉文公以「其足以戰」問狐偃，七問七對。三人始皆曰「未可以戰也」、「未可也」、「不足」。機杼與《左傳》此篇劌類，唯收梢各異。事之相類歟？抑紀事之相仿耶？〔註46〕

錢鍾書先生對於《左傳》、《國語》、《韓非子》的史事中有三問三答、五問五對、六問六對、七問七對與「三人始皆曰云云」的公式化現象提出疑問，不知是因爲「事之相類」還是「記事之相仿」所造成。按春秋時代的史事是由瞽矇與太史負責傳誦與記錄，據《周禮・春官宗伯》記載，瞽矇爲禮官，隸屬於一個龐大的樂舞機構，下有「上瞽四十人、中瞽百人、下瞽百有六十人」

〔註46〕 錢鍾書：《管錐編》（北京：中華書局，1979 年 8 月），冊 1，頁 178。

〔註47〕，「掌播鼗、柷、敔、塤、簫、管、弦、歌，諷誦詩、《世》、《奠》、《繫》，鼓琴瑟，掌九德、六詩之歌。」〔註48〕瞽矇諷誦《世》、《奠》、《繫》的目的在「戒勸人君」〔註49〕，所謂《世》、《奠》、《繫》，乃指「《帝繫》、諸侯卿大夫《世本》之屬」〔註50〕，都是國族的史事。而所謂「諷誦」，鄭玄（127～200年）注：「倍文曰諷，以聲節之曰誦。」〔註51〕瞽矇要配合節奏將許多史事背誦出來，是一件不容易的事，最有利於背誦的方式，就是將史事公式化。《左傳》、《國語》、《韓非子》的史事出現公式化的現象，其實正是瞽史延續口耳相傳的事例。

例二，《左傳》襄公三十一年冬：

> 鄭人游于鄉校，以論執政。然明謂子產曰：「毀鄉校何如？」子產曰：「何爲？夫人朝夕退而游焉，以議執政之善否，其所善者，吾則行之，其所惡者，吾則改之，是吾師也，若之何毀之！我聞忠善以損怨，不聞作威以防怨，豈不遽止。然猶防川，大決所犯，傷人必多，吾不克救也；不如小決，使道不如，吾聞而藥之也。」然明曰：「蔑也今而後知吾子之信可事也，小人實不才，若果行此，其鄭國實賴之，豈唯二三臣。」仲尼聞是語也，曰：「以是觀之，人謂子產不仁，吾不信也。」

這一段史事是記錄鄭國大夫子產執政期間保留鄉校，接受國人批評執政的氣度。其中子產「我聞云云」、仲尼「聞云云」，已明白標示子產與孔子的話語來自於口耳相傳。杜預注：「仲尼以二十二年生，於是十歲，長而後聞之。」〔註52〕雖然孔子十歲亦可聞之，未必「長而後聞之」，但杜預注意到，孔子得知這一段史事是經過口耳相傳的，等到史官將這些話語記錄下來的時候也是經過口耳相傳。《國語·楚語上》記載楚莊王向申叔時詢問如何教育太子，申叔時曰：「教之《語》，使明其德，而知先王之務用明德於民也。」〔註53〕《語》

〔註47〕〔唐〕賈公彥：《周禮注疏》，卷17，頁116。
〔註48〕〔唐〕賈公彥：《周禮注疏》，卷23，頁159。
〔註49〕見鄭玄注引杜子春云。〔唐〕賈公彥：《周禮注疏》，卷23，頁159。
〔註50〕見鄭玄注引杜子春云。〔唐〕賈公彥：《周禮注疏》，卷23，頁159。
〔註51〕見《周禮·春官宗伯》大司樂「以樂語教國子：興、道、諷、誦、言、語」句下。〔唐〕賈公彥：《周禮注疏》，卷22，頁149。
〔註52〕〔唐〕孔穎達：《春秋左傳正義》，卷40，頁314。
〔註53〕〔三國吳〕韋昭：《國語注》（臺北：漢京文化事業，1983年12月），卷17，頁528。

是「治國之善語」〔註54〕，可見早在春秋之前，人們對於口耳相傳的治國話語就已經非常重視，等到書寫工具較爲發達時再以文字記錄下來。

例三，《左傳》昭公八年冬十一月壬午：

> 滅陳。……晉侯問於史趙，曰：「陳其遂亡乎？」對曰：「未也。」
> 公曰：「何故？」對曰：「陳，顓頊之族也，歲在鶉火，是以卒滅，
> 陳將如之。今在析木之津，猶將復由。且陳氏得政于齊，而後陳卒
> 亡。自幕至于瞽瞍，無違命，舜重之以明德，寘德于遂，遂世守之。
> 及胡公不淫，故周賜之姓，使祀虞帝。臣聞盛德必百世祀，虞之世
> 數未也，繼守將在齊，其兆既存矣。」

楚師滅陳，晉君詢問陳國是否就此亡國，史趙回答了一段顓頊以來的傳說，經歷幕至瞽瞍「無違命」，加上舜至胡公盛德未衰，據以推論陳國後世將在齊國復興。按儒家的經典中，舜是一位孝悌楷模，但其父瞽瞍則稱不上「無違命」，如《尚書·堯典》記載：舜「瞽子，父頑，母嚚，象傲，克諧以孝，烝烝乂，不格姦。」〔註55〕若查閱其他典籍，舜的形象則大有不同，例如《竹書紀年》云：

> 堯之末年，德衰，爲舜所囚。〔註56〕
> 舜囚堯，復偃塞丹朱，使不與父相見也。〔註57〕
> 舜篡堯位，立丹朱城，俄又奪之。〔註58〕

儒家推崇備至的堯舜禪讓政治，在《竹書紀年》中卻是一場險惡的政治鬥爭。又如《莊子》以「舜流母弟」爲不孝〔註59〕，《韓非子》以舜「放父殺弟」爲

〔註54〕見韋昭注。〔三國吳〕韋昭：《國語注》，卷17，頁529。

〔註55〕〔唐〕孔穎達：《尚書正義》，卷2，頁11。

〔註56〕見《路史發揮·辨帝堯冢》男苹注引。〔宋〕羅泌：《路史發揮》（臺北：中華書局，年月份不詳），卷5，頁10。

〔註57〕見《史記·五帝本紀》「舜讓辟丹朱於南河之南」句下張守節正義引。〔漢〕司馬遷、〔宋〕裴駰集解：《史記》，卷1，頁20。

〔註58〕見蘇鶚《蘇氏演義》卷上引。〔唐〕蘇鶚：《蘇氏演義》（臺北：臺灣商務印書館，1966年3月），頁3。

〔註59〕《莊子·盜跖》引盜跖云：「世之所高，莫若黃帝，黃帝尚不能全德，而戰涿鹿之野，流血百里。堯不慈，舜不孝，禹偏枯，湯放其主，武王伐紂，文王拘羑里。此六子者，世之所高也。孰論之，皆以利惑其真而強反其情性，其行乃甚可羞也。」又引滿苟得云：「堯殺長子，舜流母弟，疏戚有倫乎？」〔清〕郭慶藩：《莊子集釋》（臺北：華正書局，1987年8月），卷9下，頁997、1005。

不仁、「妻帝二女而取天下」為不義〔註60〕，而《山海經》則奉舜為神明〔註61〕。可見有關舜與其父瞽瞍的傳說，因為歷時久遠且傳述者眾，所以出現很多種版本，真偽並存是口耳相傳的正常現象，我們無法判斷亦無須判斷何者為真、何者為偽，甚至全部為偽。為了證明陳國「盛德必百世祀」，史趙回答晉君的版本只是眾多傳說中的一種，可能是經過史趙的選擇，也可能是故事傳述者或《左傳》作者的刻意安排，應作如是觀。

（二）《公羊傳》口耳相傳的事例

據徐彥引戴宏序，《公羊傳》是漢景帝時由公羊壽與弟子胡毋子都著於竹帛〔註62〕。易言之，在公羊壽與胡毋子都著於竹帛之前，即是一段口耳相傳的過程。《公羊傳》採用問答體解經，刻意重現師徒口耳相傳的形式，並徵引親師七人（子公羊子、子沈子、子司馬子、子女子、子北宮子、魯子、高子）的口述。此外，又三度藉由《春秋》記載的事件，提出「所見異辭，所聞異辭，所傳聞異辭」，積極標榜《公羊傳》傳授的《春秋》義法與聖人口耳相傳的關係密切：

第一個事件，《春秋》隱公元年冬十二月「公子益師卒。」《公羊傳》云：

> 何以不日？遠也。所見異辭，所聞異辭，所傳聞異辭。

「公子益師卒」這件事，《春秋》不書詳細日期，為什麼呢？《公羊傳》認為，因為事件發生的年代久遠，所見到的典籍記載不一，所聽到的直接傳聞不一，所聽到的間接傳聞也不一，無法判定何者正確，所以闕疑不書。

第二個事件，《春秋》桓公二年三月「公會齊侯、陳侯、鄭伯于稷，以成宋亂。」《公羊傳》云：

〔註60〕《韓非子·忠孝》云：「瞽瞍為舜父而舜放之，象為舜弟而殺之。放父殺弟，不可謂仁；妻帝二女而取天下，不可謂義。仁義無有，不可謂明。《詩》云：『普天之下，莫非王土。率土之濱，莫非王臣。』信若《詩》之言也，是舜出則臣其君，入則臣其父，妾其母、妻其主女也。……故人臣毋稱堯、舜之賢，毋譽湯、武之伐，毋言烈士之高，盡力守法，專心於事主者為忠臣。」〔清〕王先慎：《韓非子集解》（北京：中華書局，2007年10月），卷20，頁467～468。

〔註61〕《山海經·大荒東經》云：「大荒之中，……有中容之國，帝俊生中容。」郭璞傳：「『俊』亦『舜』字，假借音也。」又《山海經·大荒南經》云：「大荒之中，有不庭之山，……有人三身，帝俊妻娥皇，生此三身之國，姚姓。」〔清〕郝懿行：《山海經箋疏》（北京：中國書店，1991年6月），卷14，頁3；卷15，頁2。

〔註62〕見《春秋公羊傳》何休序「傳《春秋》者非一」句下徐彥疏。〔唐〕徐彥：《春秋公羊傳注疏》，卷首，頁1。

> 內大惡諱，此其目言之何？遠也。所見異辭，所聞異辭，所傳聞異
> 辭。隱亦遠矣，曷為為隱諱？隱賢而桓賤也。

宋華督殺孔父而娶其妻，怕宋君治罪而弒君，宋國大亂；魯、齊、陳、鄭四位國君為平定宋國內亂而相會于稷，卻接受華督賄賂，不但不治罪，反而支持華督為宋國之相。《春秋》對於魯國發生可恥的事，一向避諱；魯桓公受賂，行為可恥，《春秋》卻違反常例，直書不諱，為什麼呢？《公羊傳》認為，因為事件發生的年代久遠，所見到的典籍記載不一，所聽到的直接傳聞不一，所聽到的間接傳聞也不一，但為了闡述大義，所以直書不諱。至於隱公的年代比桓公更久遠，為什麼《春秋》對於隱公時期可恥的事予以避諱呢？《公羊傳》認為，因為桓公的人格低賤，隱公的人格賢於桓公，所以予以避諱。

第三個事件，《春秋》哀公十有四年春「西狩獲麟。」《公羊傳》云：

> 《春秋》何以始乎隱？祖之所逮聞也。所見異辭，所聞異辭，所傳
> 聞異辭。

《春秋》記事，始於隱公，止於獲麟。為什麼始於隱公呢？《公羊傳》認為，因為隱公時期的史事是先人所聽來的。雖然所見到的典籍記載不一，所聽到的直接傳聞不一，所聽到的間接傳聞也不一，但《春秋》採用的是先人的說法。

綜據上述，可知《公羊傳》提出的「所見異辭，所聞異辭，所傳聞異辭」，是對於《春秋》記載事件的說明，雖然所見到的典籍記載不一，所聽到的直接傳聞不一，所聽到的間接傳聞也不一，真實如何已非所問，目的只在保存聖人口耳相傳的意義與價值。

（三）《穀梁傳》口耳相傳的事例

《穀梁傳》從口耳相傳到著於竹帛是一個複雜的過程。徐彥云：

> 至漢景帝時，公羊壽共弟子胡毋生乃著竹帛，胡毋生題親師，故曰
> 《公羊》，……。《穀梁》者，亦是著竹帛者題其親師，故曰《穀梁》
> 也。〔註63〕

徐彥只表示《穀梁傳》的名稱是「著竹帛者題其親師」，亦即《穀梁傳》著於竹帛的內容是由親師口耳相傳而來，但著於竹帛的時間與作者則是迷霧一片，未見交代。後世提出的說法大致有六：一、西漢末年劉歆偽造；二、成

〔註63〕 〔唐〕徐彥：《春秋公羊傳注疏》，卷1，頁1。

書於周代；三、作於戰國末期，寫定於西漢昭、宣二帝之間；四、寫定於西漢景帝之後，昭、宣二帝之間；五、作於荀子之後、秦漢之際，成書於西漢景、武二帝之間；六、成書於戰國中期之後，並屢經後人增補。以上諸說經謝金良先生「依據模糊的史料和各家的考證成果，在假定孔子有祕傳『微言大義』的前提下」，作一「總體設想」，認爲：

> 穀梁子把《穀梁傳》刪定成書後，由於當時書寫工具落後，也爲了免遭非難，主要還是以口說師徒相授；後來（約到了戰國末期）因生徒增多而逐漸以口說流行於世，與《公羊傳》、《鄒氏傳》、《夾氏傳》並行。到了秦始皇『焚書坑儒』之時，《穀梁傳》既是宣傳孔子的思想，怎麼也逃不過秦始皇的眼睛！於是，爲數不多的古文本《穀梁傳》全被燒光了，有關前代傳經者的生平情況也在火光中散失了，《穀梁》傳文只能靠口傳再次殘存於世；在秦漢之際的口耳相傳過程中，又被傳經者加以種種要素。至漢惠帝廢挾書令後不久，其傳人便又偷偷地把它用今文著於竹帛，所以後人只能隱約知道它有口耳相傳之事，而不知它是被誰刪定和寫錄成書的。〔註64〕

此說配合時代環境變遷的背景，將諸說歸納貫串起來，推測《穀梁傳》將親師口傳著於竹帛有兩次，第一次在戰國中期以前由穀梁子寫定，後歷經秦火，第二次在漢惠帝廢挾書令之後由姓名不詳的傳人重新寫定。如此《穀梁傳》自親師口傳至著於竹帛的脈絡大略可見，亦頗合情理。

由於《穀梁傳》口耳相傳「不是一綫單傳，以致能有諸『子』和『傳曰』等解釋經義的言論存世」〔註65〕。周何先生（1932～2003 年）亦云：

> 是以書中有引「尸子」者，尸子爲商鞅之師尸佼，蓋其言有合於《春秋》之恉者，亦兼采而不遺也。有云「傳曰」若「曰」者，則當是歷來經師之傳說有不同者，並錄之以備參考焉。〔註66〕

《穀梁傳》在兩度著於竹帛之前的口耳相傳過程中，兼采了別家的說法，以致崔適《春秋復始》認爲《穀梁傳》屬劉歆僞作。後張西堂先生（1901～1960 年）《穀梁眞僞攷》統計《穀梁傳》「或曰」、「傳曰」取之於《公羊

〔註64〕 謝金良：《穀梁傳漫談》（臺北：頂淵文化事業，1997 年 8 月），頁 73。
〔註65〕 謝金良：《穀梁傳漫談》，頁 83。
〔註66〕 周何：《春秋穀梁傳傳授源流考：兼論張西堂穀梁眞僞考》（臺北：國立編譯館，2002 年 7 月），頁 21。

傳》者七處，並承襲崔適之說，論證《穀梁傳》不傳《春秋》，甚至指責陸賈《新語》、《漢書》作僞，《禮記》、《毛詩》爲非常怪異之論，株連甚廣，惟未成定論，有周何先生〈論張西堂之穀梁眞僞攷〉〔註67〕一文駁斥之，可供參考。

《穀梁傳》亦是採用問答體解經，並徵引及兼采穀梁子、沈子、尸子、子貢、蘧伯玉等人的口述；又加入「或曰」、「傳曰」、「一曰」等不同的解經形式，這些形式不論是第一次或第二次著於竹帛時形成的，均可以肯定與聖人口耳相傳的過程有關。

例一，《春秋》隱公二年冬「紀子伯莒子，盟于密。」《穀梁傳》云：

> 或曰：「紀子伯莒子，而與之盟。」或曰：「年同，爵同，故紀子以伯先也。」

《春秋》記載紀、莒兩國國君於密立盟，但原文「紀子」之下有一「伯」字，意思不明。《穀梁傳》列舉兩說：第一說認爲紀子推尊莒子爲伯，而與之盟；第二說認爲紀子與莒子年爵皆同，但紀子自以爲伯而先盟。第一說以莒子爲伯，第二說以紀子爲伯，完全不同。《穀梁傳》將兩說並列的意義有三：一是兩說皆來自親師口耳相傳，無法取捨；二是兩說至少其中一說失眞，或皆失眞，這是口耳相傳容易發生的情形；三是藉以彰顯《春秋》「信以傳信，疑以傳疑」〔註68〕的義法。

例二，《春秋》隱公四年春二月「莒人伐杞，取牟婁。」《穀梁傳》云：

> 傳曰：「言伐、言取，所惡也。諸侯相伐，取地於是始，故謹而志之也。」

《穀梁傳》引「傳曰」，認爲《春秋》將此事記錄下來，是因爲痛惡莒人無端伐杞國又取其地。范甯（339～401年）注：「稱『傳曰』者，穀梁子不親受于師，而聞之於傳者。」〔註69〕亦即《穀梁傳》著於竹帛的範圍，不僅親師之說而已，尚包括親師以外的傳述者，並對於這些傳述者的口耳相傳標示「傳曰」二字，以示與親師之說有所區別。

〔註67〕周何：《春秋穀梁傳傳授源流考：兼論張西堂穀梁眞僞考》，頁53～248。

〔註68〕見《穀梁傳》桓公五年春正月甲戌、己丑：「《春秋》之義，信以傳信，疑以傳疑。」又莊公七年夏四月辛卯：「《春秋》著以傳著，疑以傳疑。」

〔註69〕〔唐〕楊士勛：《春秋穀梁傳注疏》（臺北：大化書局，1982年10月，《十三經注疏》本），卷2，頁5。

例三，《春秋》莊公二年夏「公子慶父帥師，伐於餘丘。」《穀梁傳》云：

> 國而曰伐於餘丘，邾之邑也，其曰伐，何也？公子貴矣，師重矣，
> 而敵人之邑，公子病矣。病公子，所以譏乎公也。其一曰：「君在而
> 重之也。」

餘丘是邾國的城邑，堂堂魯國公子率領大軍，竟然只是爲了討伐一個小小的城邑，所以《穀梁傳》認爲《春秋》不僅是爲公子慶父感到羞愧，也是在譏刺魯莊公。但《穀梁傳》又引「一曰」，認爲公子慶父討伐餘丘，是因爲邾君在餘丘，所以餘丘的重要性已經不只是個城邑而已；亦即《春秋》並無病公子或譏莊公之意。

綜據上述，可知《穀梁傳》「或曰」、「傳曰」、「一曰」，原是異於親師之說的，但後師將這些異說納爲己說，甚至著於竹帛，便融合成新的親師之說，成爲一種新的解經形式，在保存聖人口耳相傳的意義與價值上別有貢獻。

第二節 史官據事直書

清儒姜炳璋（1736～1813年）《詩序補義》云：「《春秋》何以直書其事？據事直書者，史官之職也。」〔註70〕誠然，據事直書是史官職責所在。史官的出現，代表記事工具開始發達與史學觀念開始進步。《禮記·玉藻》云：「天子……玄端而居，動則左史書之，言則右史書之。」〔註71〕《漢書·藝文志》云：「古之王者，世有史官，君舉必書，所以慎言行、昭法式也。左史記言，右史記事，事爲《春秋》，言爲《尙書》，帝王靡不同之。」〔註72〕無論是左史記言、右史記事，或是左史記事、右史記言，都表示古人已經注意到兩件事：一是君王本身必須謹言慎行、以身作則，二是史官對於君王的言行與國家的大事必須忠實記錄、據事直書。

一、據事直書是「仿眞」而非「眞實」

史官據事直書，目的在記錄保存事件的內容。事件依照發生的時間來區分，不外乎兩種：一是過去發生的史事，二是現在發生的時事。史官對於過

〔註70〕 〔清〕姜炳璋：《詩序補義》（臺北：臺灣商務印書館，1986年7月，《景印文淵閣四庫全書》，冊89），卷8，頁18～19。

〔註71〕 〔唐〕孔穎達：《禮記正義》，卷29，頁245～246。

〔註72〕 〔清〕王先謙：《漢書補注》，卷30，頁18。

去發生的史事，只能憑藉前人傳述的口頭或文本資料來記錄；但即使是現在
發生的時事，也因為受到時間與空間條件的局限，不可能事事參與、事事親
見、事事親聞，大部分仍然必須依賴他人傳述的口頭或文本資料來記錄。

　　但經由傳述而來的口頭資料與文本資料之間的關係，是相當複雜的。董
乃斌、程薔二位先生云：

> 經典化不是民間敘事運行的終止。文本化了，經典化了，那被記載、
> 被經典化的原生態民間敘事照樣存在，照樣流傳並發生種種演變，
> 活態傳說與固態文本同時存在。從《春秋》三傳到《史記》、《漢書》、
> 《三國志》，直到此後的一切官方正史，使若干民間敘事固定下來，
> 但更多的相關傳說仍在民間流傳，並發生新的演變。例如，陳壽《三
> 國志》及裴松之的注文，就不但沒讓民間關於曹操、諸葛亮以及劉、
> 關、張等人的傳說故事停止發展，反而有力地促進了這類故事的衍
> 生和延伸。文本，包括被視為經典的文本，又可以成為民間敘事的
> 新源頭，借助於文本的流傳，反過來又成為新的民間敘事的依據——
> ——這就是反哺現象。〔註73〕

這一段文字是由敘事學的角度來說明。口傳資料經由史官記錄並保存，只能
代表某一種或某幾種傳說被固定下來，並不意味著其他各種傳說從此也停止
發展；相反的，各種傳說會借助文本的流傳，繼續發生更多更新的演變。這
種由傳說到文本再到傳說的演變現象，敘事學中稱為「反哺」現象。

　　眾所周知，任何事件的真實只有一個。但在「反哺」現象下的口頭或文
本資料可能不只一種，而且各種說法更未必一致，何者才是真實呢？誠如晁
福林先生云：

> 歷史的真實是不可再現的，在任何情況下，重現歷史，都只能是一個
> 美好的願望。真實的歷史只能存在於人們的認識和理解當中。〔註74〕

任何事件發生之後，時空環境已經變遷，真實不可能再現，口頭資料或文本
資料只是事後的記誦與記錄，已經不等於真實，只能透過人們的認識與理解
將真實保存於記憶當中，人們亦希望將認識與理解的真實重現出來。但每個
人對於真實的認識與理解互異，如果能夠將記憶中的真實重現出來，並與實

〔註73〕 董乃斌、程薔：〈民間敘事論綱（上）〉，《中國古代、近代文學研究》2004 年
　　　　第 4 期（2004 年 4 月），頁 12。
〔註74〕 晁福林：〈論古史重構〉，《史學集刊》2009 年第 4 期，頁 26。

際發生的眞實作一比較，亦可評斷誰的認識與理解最爲接近實際發生的眞實。弔詭的是如果實際發生的眞實仍然存在，就沒有如何重現眞實的問題了。既然實際發生的眞實在客觀上已經不存在，沒有一個可供比較的客體，到底誰的認識與理解最爲接近實際發生的眞實呢？恐怕永遠沒有答案了。

由於事件發生之後，眞實已經不存在，所以史官記錄保存的事件，只是「仿眞」，而非「眞實」。而「仿眞」與「眞實」之間，亦必然有落差。至於史官如何仿眞？當然是基於本身對於眞實的主觀認識與理解，將所見與所聞，加上蒐集而來的口頭與文本資料，進行抉擇與增飾。說明如下：

（一）史官仿真的抉擇

張以仁先生爲證明《左傳》與《國語》非一書劃分，曾經比較發現二書雖同述一事，而在史實方面往往大有差異，包括時的差異計 24 條，地名（國名）的差異計 14 條，人的差異計 37 條，事的差異計 116 條，合計多達 191 條〔註75〕。茲就事的差異部分，將其中第 83 條「晉殺太子申生事」迻錄如下：

　　——〈晉語〉有卜伐驪戎事，《左傳》無。

　　—— 獻公將黜申生，〈晉語〉有里克、丕鄭、荀息聚議一事，《左傳》
　　　　無。

　　——〈晉語〉有獻公稱疾而使奚齊主持祭祀事，《左傳》無。

　　——〈晉語〉有優施獻計，驪姬夜泣及中立里克諸事，《左傳》皆無。
　　　　蓋《左傳》無優施其人，故有關優施之事俱無。

　　——〈晉語〉有杜原款勸申生死孝一節，《左傳》無。

　　——〈晉語〉述申生將下軍以伐霍一節，有士蔿諫獻公一事，《左傳》
　　　　無。

　　——《左傳》有卜立驪姬爲夫人一事，〈晉語〉所無。〔註76〕

以上所列差異，顯示《左傳》與《國語》作者蒐集到的口頭或文本資料至少有兩種以上，當他們在進行編撰時，必然面臨相同的問題：究竟哪一筆資料是可採用的？身爲史官必須據事直書，卻不可能將兩筆以上不同的資料同時採編直書，只能透過自己對於眞實的主觀認識與理解而抉擇其一。

〔註75〕 張以仁：〈論國語與左傳的關係〉，《國語左傳論集》（臺北：東昇出版事業，
　　　　1980 年 9 月），頁 41～76。
〔註76〕 張以仁：〈論國語與左傳的關係〉，《國語左傳論集》，頁 69。

　　《左傳》與《國語》作者對於「晉殺太子申生事」的主觀認識與理解不盡相同，經過抉擇的結果，《左傳》中的驪姬「顯得沉著而有計謀」；《國語》中的驪姬「私通優施，處處仰仗他的策劃，而且話多、動作多，自然就顯得淫亂而潑辣，基本上是一個只憑本能行事的婦道人家。」而申生「從二本書中都可以看到他善良與謹守孝道的一面，但《國語》裡的他沒有《左傳》裡的他那麼剛烈，反而顯得軟弱、優柔寡斷、容易受人擺布。」〔註77〕不同史官的仿真，由於抉擇不同，造成人物個性出現了明顯的差異。

（二）史官仿真的增飾

　　唐代劉知幾（661～721年）《史通・史官建置》云：

> 古者人君，外朝則有國史，內朝則有女史。內之與外，其任皆同。

> 故晉獻惑亂，驪姬夜泣，床笫之私，房中之事，不得掩焉。〔註78〕

劉知幾依據《孔叢子・答問》引博士之說，謂外朝有國史，應該就是左史、右史；但又謂內朝有女史，竟然有權直接侵犯君王的隱私，連不能公開的陰謀勾當都可以毫無顧忌地旁觀、旁聽及記錄，對於史官據事直書的職責恐怕過於誇張。所以錢鍾書先生認為，「晉獻惑亂，驪姬夜泣」不是記言，而是代言。錢鍾書先生云：

> 吾國史籍工於記言者，莫先乎《左傳》，公言私語，蓋無不有。雖云左史記言，右史記事，大事書策，小事書簡，亦祇謂君廷公府爾。初未聞私家置左右史，燕居退食，有珥筆者鬼瞰狐聽於傍也。上古既無錄音之具，又乏速記之方，駟不及舌，而何其口角親切，如聆謦欬歟？或為密勿之談，或乃心口相語，屬垣燭隱，何所據依？……蓋非記言也，乃代言也，如後世小說、劇本中之對話獨白也。左氏設身處地，依傍性格身分，假之喉舌，想當然耳。……《孔叢子・答問》篇記陳涉讀《國語》驪姬夜泣事，顧博士曰：「人之夫婦，夜處幽室之中，莫能知其私焉，雖黔首猶然，況國君乎？余以是知其不信，乃好事者為之詞。」博士對曰：「人君外朝則有國史，內朝則有女史，……故凡若晉侯、驪姬床笫之私、房中之事，不可掩焉。」

〔註77〕　王靖宇：〈從敘事文學角度看《左傳》與《國語》的關係〉，《中國早期敘事文論集》（臺北：中央研究院中國文哲研究所籌備處，2001年2月），頁164。

〔註78〕　〔清〕浦起龍：《史通通釋》（臺北：臺灣中華書局，1970年6月），卷11，頁14。

學究曲儒以此塞夥涉之問耳，不謂劉知幾陰拾唾餘，《史通·史官建置》篇言古置內朝女史，「故晉獻惑亂，驪姬夜泣，牀笫之私，不得掩焉。」有是哉？盡信書之迂也。……驪姬泣訴，即俗語「枕邊告狀」，正《國語》作者擬想得之，陳涉所謂「好事者爲之詞」耳。……史家追敍眞人眞事，每須遙體人情，懸想事勢，設身局中，潛心腔內，忖之度之，以揣以摩，庶幾入情合理。蓋與小說、院本之臆造人物、虛構境地，不盡同而可相通，記言特其一端。〔註79〕

驪姬譖害太子申生及諸公子是一段故事，但史官手上的資料不足，無法明確交代事發始末，於是在宮中製造一個場景，將譖害的情節安排爲「牀笫之私、房中之事」，並設計生動的對話內容，增飾成篇；雖是出自《國語》作者的憑空想像，卻是爲了模仿驪姬譖害太子申生及諸公子的眞實。

史官爲了仿眞而代言增飾，即是錢鍾書先生所謂「設身處地，依傍性格身分，假之喉舌，想當然耳」，類似後世小說「臆造人物、虛構境地，不盡同而可相通。」陳涉讀到這一段對話情節時，認爲是「好事者爲之詞」，不可信；其博士卻強爲之解，聲稱對話情節來自內朝女史的記錄。到了唐代劉知幾誤信博士之說，於是強化了「內朝有女史」之說。女史之說，應屬對史官仿眞增飾情節的誤解，並不可信。

綜而言之，仿眞不是眞實，而是經過史官主觀的抉擇與增飾，代表史官本身對於眞實的認識與理解。仿眞度高，則爲信史；仿眞度低，則爲演義、小說、野史之流。

二、良史書法不隱係以道德論事

劉知幾《史通·直書》云：

夫爲於可爲之時，則從。爲於不可爲之時，則凶。如董狐之書法不隱，趙盾之爲法受屈，彼我無忤，行之不疑。然後能成其良直，擅名今古。至若齊史之書崔弒，馬遷之述漢非。韋昭仗正於吳朝，崔浩犯諱於魏國。或身膏斧鉞，取笑當時。或書塡坑窖，無聞後代。夫世事如此，而責史臣不能申其強項之風，勵其匪躬之節，蓋亦難矣。〔註80〕

〔註79〕 錢鍾書：《管錐編》，冊1，頁164～166。
〔註80〕 〔清〕浦起龍：《史通通釋》，卷7，頁6。

據事直書是史官的重要職責，卻也是不易追求的理想。因為事件有善有不善，史官直書其善，固然為當事人所樂見；但若直書其不善，恐將得罪當事人。據事直書與曲筆徇私之間如何抉擇，全憑史官的道德良知。尤其史官身處朝中，隨時可能遭受政治惡勢力的脅迫，要求曲筆屈從，若仍本於道德良知，堅持直書其惡，恐怕必須付出人格屈辱甚至身家性命作為代價，所以「修史惟不隱惡為最難」〔註81〕。

所謂書法不隱，即據事直書，無論善惡皆無所隱諱，原本是指史官就事論事的處理態度。但《左傳》中「良史書法不隱」的意涵，則是將史官就事論事的處理態度，提升為以道德論事；當史官對道德的認知高於對事實的認知，即為良史〔註82〕。

《春秋》有兩個良史書法不隱的典型例子，一在晉國，一在許國。

（一）晉趙盾弒其君

《春秋》宣公二年秋九月乙丑：「晉趙盾弒其君夷皋。」晉靈公夷皋無道，大夫趙盾屢諫不聽，靈公反而用計殺趙盾未果，趙盾逃亡，族人趙穿攻殺靈公，趙盾於出境前聞訊返朝，太史董狐書曰：「趙盾弒其君。」理由是：「子為正卿，亡不越竟，反不討賊，非子而誰？」《左傳》引孔子曰：

> 董狐，古之良史也，書法不隱。趙宣子，古之良大夫也，為法受惡，
>
> 惜也，越竟乃免。

孔子認為趙盾必須逃亡出境，才能免除為法受惡，因為「越竟則君臣之義絕，可以不討賊」〔註83〕。趙盾沒有弒君，卻承擔弒君的罪名，確實受到了委屈，所以獲得孔子肯定為古之良大夫。而董狐書法不隱，則獲得孔子讚許為古之良史。

《公羊傳》只引了《春秋》經文：「晉趙盾弒其君夷獔。」「獔」字與《左傳》、《穀梁傳》所引「皋」字不同，其餘隻字未提。

〔註81〕 見張舜徽《史學三書平議·史通平議》卷4。張舜徽：《史學三書平議》（臺北：弘文館出版社，1986年9月），頁78。

〔註82〕 《左傳》中提到的「良史」有二：一是晉國史官董狐，見宣公二年秋九月，詳如下文；二是楚國左史倚相，據昭公十二年冬記載，楚國左史倚相能讀三墳、五典、八索、九丘，楚靈王稱之為良史，但鄭國大夫子革頗不以為然，因為「問其詩而不知也，若問遠焉，其焉能知之」，靈王接受子革的看法。

〔註83〕 見范甯注。〔唐〕孔穎達：《春秋左傳正義》，卷21，頁165。

　　《穀梁傳》記載此事，文字、情節均與《左傳》大致相同，並以問答方式云：

> 穿弒也，盾不弒，而曰盾弒，何也？以罪盾也。

《穀梁傳》道出了讀者的疑惑，弒君的是趙穿，不是趙盾，董狐怎可寫成趙盾弒君呢？但《穀梁傳》只記錄了董狐的說詞：

> 子爲正卿，入諫不聽，出亡不遠，君弒，反不討賊，則志同，志同
> 則書重，非子而誰？

《穀梁傳》並曰：

> 於盾也，見忠臣之至。

若就事論事，弒君的是趙穿，不討賊的是趙盾，弒君與不討賊是兩個不同的行爲。但在董狐的認知中，趙盾不討賊不只是外在的行爲問題，而且涉及內在的道德問題，趙盾的內在與趙穿「志同」，都有弒君之志，於是將弒君的罪名加在趙盾身上；並闕載趙穿弒君，不僅凸顯趙盾不討賊的可議性，亦產生了道德的震懾威力與警惕效果。易言之，董狐對於趙盾不討賊的處理態度，其實並非就事論事，而是提升爲以道德論事；至於晉靈公是否趙盾所弒，已非所問。又《穀梁傳》所謂「見忠臣之至」，則是從反面來說明趙盾不是忠臣；因爲「忠」是一種道德認知，而趙盾「亡不出竟，反不討賊，受弒君之罪，忠不至故也。」[註84] 董狐書法不隱，且以道德論事，成爲後世史官的典範，至今傳誦不已。

（二）許世子弒其君

　　《春秋》昭公十九年夏五月戊辰：「許世子止弒其君買。」《左傳》云：

> 夏，許悼公瘧。五月戊辰，飲大子止之藥，卒。

許悼公罹患瘧疾，世子（名止）侍奉湯藥，不料悼公一飲而亡，世子於是逃亡晉國。又引君子曰：

> 盡心力以事君，舍藥物可也。

杜預注：

> 藥物有毒當由醫，非凡人所知。譏止不舍藥物，所以加弒君之名。

[註85]

〔註84〕　見范甯注引范邵曰。〔唐〕楊士勛：《春秋穀梁傳注疏》，卷 12，頁 48。
〔註85〕　〔唐〕孔穎達：《春秋左傳正義》，卷 48，頁 385。

《左傳》前謂「飲大子止之藥」，乍看語意曖昧，似乎暗示藥物是由世子（太子）親自調製的。若加上君子與杜預的見解，謂世子只要盡心力以事君即可，調製藥物不是世子該做的事，應交由醫師負責，因為一般人不知道藥物有沒有毒，只有醫師才知道，而世子未交由醫師負責，以致悼公藥物中毒死亡。又孔穎達疏：

> 此君子論止之罪也。言為人臣子盡心盡力以事君父，如《禮記·文王世子》之為即自足矣，如此則舍去藥物，己不干之，於禮可也。此許世子不舍藥物，致令君死，是違人子之道，故《春秋》書其弒君，解經書弒君之意也。〔註86〕

孔穎達更進一步指出，世子若不去干預藥物之事，是合於禮法的，而悼公藥物中毒死亡正是世子不懂藥物造成的，違反了人子之道，即使世子無弒君之意，卻是真正的兇手，所以史官書曰「弒其君」。但此說忽略了悼公與世子不僅是君臣關係，而且是父子關係，世子侍奉湯藥完全因為悼公是其父親；此說將君臣關係與父子關係混為一談，且將世子為父親侍奉湯藥的孝心闡釋得頗為迂拙，竟然推演出「是違人子之道」的結論，恐怕有失《春秋》原意。

《公羊傳》只引了《春秋》經文，其餘隻字未提。

《穀梁傳》記載此事較詳，云：

> 日弒，正卒也。正卒，則止不弒也。不弒而日弒，責止也。止曰：『我與夫弒者，不立乎其位。』以與其弟虺。哭泣歠飦粥，嗌不容粒。未踰年而死。故君子即止自責而責之也。

《穀梁傳》認為《春秋》書日，是將許悼公定位為非被弒而死，亦即《春秋》並不追究許世子弒君及弒父之罪。但經文為何書弒呢？范甯注：

> 責止不嘗藥。〔註87〕

書弒是責備世子在進藥之前沒有嘗藥。世子事後相當自責，不但讓位其弟，甚至不到一年亦死去。所謂「君子即止自責而責之」，元儒程端學（1278～1334年）《三傳辨疑》云：

> 天下豈有不論其事之虛實，因其自責而遂誣之之理哉！〔註88〕

〔註86〕〔唐〕孔穎達：《春秋左傳正義》，卷48，頁385。
〔註87〕〔唐〕楊士勛：《春秋穀梁傳注疏》，卷18，頁74。
〔註88〕〔元〕程端學：《三傳辨疑》（臺北：臺灣商務印書館，1986年7月，《景印文淵閣四庫全書》，冊161），卷18，頁13。

其實君子引世子自責以爲借鏡，是希望避免天下爲人子女重蹈覆轍，用意甚佳，並非「因其自責而遂誣之」，程端學似乎言之太過。若就事論事，世子的罪名不是弒君或弒父，而是不嘗藥，弒君或弒父與不嘗藥是兩個不同的行爲。但在世子的認知中，不嘗藥不只是外在的行爲問題，而是涉及內在的道德問題，所以以弒君、弒父的罪名自責，在君不君、臣不臣、父不父、子不子的春秋時代裡，必然具有道德的震懾威力與警惕效果。許國史官對於世子不嘗藥的處理態度，亦非就事論事，而是提升爲以道德論事，誠如《穀梁傳》曰：

> 於許世子止，見孝子之至。

《穀梁傳》拋開君臣倫理關係，而是站在父子倫理關係的立場，從反面來說明世子不是孝子，實際卻是肯定了世子自責所樹立的道德規範，而「孝」就是一種道德認知；至於悼公是否世子所弒，已非所問。許國史官書法不隱，且以道德論事，雖不詳其姓名，亦未見孔子讚許，卻與董狐一樣皆爲古之良史。

西漢董仲舒（前 179～前 104 年）《春秋繁露・玉英》云：

> 臣之宜爲君討賊也，猶子之宜爲父嘗藥也。子不嘗藥，故加之弒父；
> 臣不討賊，故加之弒君，其義一也。所以示天下廢臣子之節，其惡
> 之大若此也。故盾之不討賊爲弒君也，與止之不嘗藥爲弒父無以異。
> 〔註89〕

董仲舒強調，臣不討賊與子不嘗藥的行爲本質都是「廢臣子之節」。但晉、許兩國史官爲何分別加上弒君與弒父的罪名？因爲「其義一也」。「義」就是一種道德規範了，所以史官不是單純地就事論事而已，而是提高到從道德規範來討論臣不討賊與子不嘗藥的行爲了。宋儒蘇轍（1039～1112 年）《春秋集解》亦云：

> 故曰：於晉趙盾見忠臣之至，於許世子止見孝子之至。此二者所以
> 爲教也，非以爲法也。〔註90〕

「法」是就事而論事，而「教」則是以道德而論事。所謂「於晉趙盾見忠臣之至」與「於許世子止見孝子之至」，忠與孝都是一種道德認知，所以對於這兩件事，蘇轍亦認爲是以道德而論事，正合史官書法不隱的眞正意涵。

〔註89〕 〔漢〕董仲舒、〔清〕盧文弨校：《春秋繁露》（臺北：臺灣中華書局，1984
年 5 月，《四部備要》本），卷 1，頁 10。

〔註90〕 〔宋〕蘇轍：《春秋集解》（臺北：新文豐出版公司，1985 年 1 月，《叢書集成
新編》，冊 108），卷 7，頁 80。

三、魯史《春秋》直書其事以見其義

《春秋》本是魯史，如何將其中史官據事直書所寓含的義法闡發出來，是一個非常重要的課題。明儒羅欽順（1465～1547 年）云：

> 《春秋》事迹莫詳於《左傳》。……後之學《春秋》者，得其事迹爲據，而聖經意義所在因可測識，其功亦不少矣。〔註91〕

雖然《左傳》考據史事詳於《公羊傳》與《穀梁傳》，但《公羊傳》與《穀梁傳》解經仍須依違於《春秋》史事，而且三傳對於魯史《春秋》據事直書都相當推崇與重視，並不因解經立場不同而有差別。

（一）《左傳》：魯史《春秋》盡而不汙

《左傳》成公十四年秋九月引君子曰：

> 《春秋》之稱，微而顯，志而晦，婉而成章，盡而不汙，懲惡而勸善。

其中所謂「盡而不汙」，杜預以爲「直書其事，具文見意。」〔註92〕又注：「謂直言其事，盡其事實，無所汙曲。」〔註93〕汙曲，即紆曲〔註94〕。至所謂「懲惡而勸善」，杜預以爲「求名而亡，欲蓋而章。」〔註95〕又注：「善名必書，惡名不滅，所以爲懲勸。」〔註96〕杜預的見解十分簡潔精當，善則直書其善，惡則直書其惡，正是據事直書的眞義。茲依據〈春秋序〉所舉「丹楹刻桷」、「天王求車」、「齊侯獻捷」三例說明如下。

例一，「丹楹刻桷」。《春秋》莊公二十三年秋「丹桓宮楹。」又莊公二十四年春三月「刻桓宮桷。」《左傳》云：

> 丹桓宮之楹。
>
> 刻其桷，皆非禮也。御孫諫曰：「臣聞之：『儉，德之共也。侈，惡之大也。』先君有共德，而君納諸大惡，無乃不可乎！」

〔註91〕 〔明〕羅欽順：《困知記》（臺北：中國子學名著集成編印基金會，1978 年 12 月），卷下，頁 11。

〔註92〕 〔唐〕孔穎達：《春秋左傳正義》，卷1，頁 4。

〔註93〕 〔唐〕孔穎達：《春秋左傳正義》，卷27，頁 211。

〔註94〕 朱駿聲《說文通訓定聲·豫部》云：「汙，……又爲紆。《左》成十四年傳：『盡而不汙。』釋文：『曲也。』又《漢書·鄒陽傳》：『回面汙行。』注：『曲也。』」〔清〕朱駿聲：《說文通訓定聲》（上海：上海古籍出版社，2002 年 3 月，《續修四庫全書》，冊 220），卷 9，頁 65。

〔註95〕 〔唐〕孔穎達：《春秋左傳正義》，卷1，頁 5。

〔註96〕 〔唐〕孔穎達：《春秋左傳正義》，卷27，頁 211。

桓宮是指魯桓公廟，楹、桷皆為屋柱。桓公廟丹楹、刻桷，是因為莊公「將逆夫人，故為盛飾」〔註97〕，《左傳》認為「皆非禮也」。《穀梁傳》有更詳盡的說明：

> 禮：天子、諸侯黝堊，大夫倉，士黈。丹楹，非禮也。
> 禮：天子之桷，斲之礱之，加密石焉；諸侯之桷，斲之礱之；大夫斲之；士斲本。刻桷，非正也。夫人，所以崇宗廟也。取非禮與非正，而加之於宗廟，以飾夫人，非正也。刻桓宮桷，丹桓宮楹，斥言桓宮，以惡莊也。

依據禮制，諸侯宮廟之楹應該是以黝土塗飾，而非以丹土塗飾；諸侯宮廟之桷應該是「斲之礱之」，而不加刻飾。所以魯史《春秋》直書桓公廟丹楹、刻桷之事，《左傳》認為「皆非禮也」，《穀梁傳》亦認為「非禮與非正」，彰顯盡而不汙的義法。

例二，「天王求車」。《春秋》桓公十五年春二月「天王使家父來求車。」《左傳》云：

> 天王使家父來求車，非禮也。諸侯不貢車服，天子不私求財。

杜預注：

> 車服，上之所以賜下。諸侯有常職貢。〔註98〕

依據禮法，車服是周天子賞賜給諸侯的財物。車輛本非諸侯應貢獻的財物，且如今周天子反而向諸侯徵求車輛，魯史《春秋》直書其事，凸顯周天子的行為是不合禮法的。《穀梁傳》亦云：

> 古者諸侯時獻于天子，以其國之所有。故有辭讓，而無徵求。求車，非禮也。

鍾文烝（1818～1877年）注：

> 辭，以文辭告曉之。讓，譴責也。此《國語》所謂威讓之令、文告之辭，所以懲不貢獻者。〔註99〕

天子對於諸侯應貢獻而不貢獻的財物，可以下達文告予以譴責，而非予以徵求；何況車輛不是諸侯應貢獻的財物，天子既不可予以譴責，亦不可予以徵求。所以魯史《春秋》以盡而不汙的義法，直書周天子向魯國徵求車輛為非禮。

〔註97〕　見杜預注。〔唐〕孔穎達：《春秋左傳正義》，卷10，頁77。
〔註98〕　〔唐〕孔穎達：《春秋左傳正義》，卷7，頁56。
〔註99〕　〔清〕鍾文烝：《春秋穀梁傳注疏》（北京：中華書局，2009年5月），卷4，頁122。

例三，「齊侯獻捷」。《春秋》莊公三十一年夏六月「齊侯來獻戎捷。」《左傳》云：

> 齊侯來獻戎捷，非禮也。凡諸侯有四夷之功，則獻于王，王以警于夷。中國則否，諸侯不相遺俘。

齊伐山戎見《春秋》莊公三十年冬。山戎是夷狄之邦，非中國之諸侯。依據禮法，諸侯伐夷狄有功，當獻捷於周天子；齊伐山戎有功，未獻捷於周天子，卻獻捷於魯，與禮法不合。《公羊傳》則認為齊是假獻捷之名，行威嚇魯國之實〔註100〕。經由魯史《春秋》直書其事、無所隱諱的記載方式，已使世人瞭解無論齊國真獻捷或假獻捷，都是非禮。

（二）《公羊傳》：魯史《春秋》信史也

信史的價值，來自於史官據事直書的文字可信度。《春秋》昭公十二年春：「齊高偃帥師，納北燕伯于陽。」《公羊傳》云：

> 伯于陽者何？公子陽生也。子曰：「我乃知之矣。」在側者曰：「子苟知之，何以不革？」曰：「如爾所不知何。《春秋》之信史也，其序則齊桓、晉文，其會則主會者為之也，其詞則丘有罪焉耳。」

何休（129～182年）注：

> 時孔子年二十三，具知其事，後作《春秋》，案史記，知「公」誤為「伯」，「子」誤為「于」，「陽」在，「生」刊滅闕。……其貶絕譏刺之辭有所失者，是丘之罪。〔註101〕

按照何休的見解，《春秋》這一段原文應該是：「齊高偃帥師，納北燕公子陽生。」為何文字會有這麼大的差異？完全是抄寫造成的錯誤，奈何「在側者」不知道，其實孔子早已知道，只是未告知他人而已。既然孔子早已知道，為何不改正呢？因為孔子認為魯史《春秋》是一部信史，不宜妄改。誠如徐彥疏：

> 孔子脩《春秋》大有改之處，而特此文不改之者，欲示後人重其舊事，……不欲令人妄擬度，不欲令人妄置意於言矣。……若億措而妄者，正得學者不思之義也，則學而不思則罔之類是也。〔註102〕

〔註100〕《公羊傳》云：「齊，大國也，曷為親來獻戎捷？威我也。其威我奈何？旗獲而過我也。」
〔註101〕〔唐〕徐彥：《春秋公羊傳注疏》，卷22，頁126。
〔註102〕〔唐〕徐彥：《春秋公羊傳注疏》，卷22，頁126。

因爲魯史《春秋》是據事直書的信史，如果每個人發現有疑問的地方，都隨便臆度，自己想怎麼改就怎麼改，恐怕整部《春秋》將會面目全非了。尤其公羊家闡發的《春秋》義法，經常在一句一字之間，若是隨意更動，則孔子貶絕譏刺之辭將會發生差失，反而成了《春秋》的罪人。所以孔子特地不予改正，旨在告訴後人要重視舊事，不要在文字上妄加揣測更動，以免影響舊事的內容，破壞了《春秋》信史的可信度。

　　然而劉知幾《史通・惑經》不明此理，誤以爲「夫如是，夫子之修《春秋》，皆遵彼乖僻，習其訛謬，凡所編次，不加刊改者矣。」〔註103〕按南宋朱熹（1130～1200 年）與張南軒（1133～1180 年）論二程遺書有云：

> 大抵熹之愚意，止是不欲專輒改易前賢文字，稍存謙退敬讓之心耳。
> 若聖賢成書，稍有不愜己意處，便率情奮筆恣行塗改，恐此氣象亦
> 自不佳，蓋雖所改盡善，猶啓末流輕肆自大之弊，況未必盡善乎！
> 〔註104〕

朱熹亦是從尊重前賢文字的立場，說明後人必須「稍存謙退敬讓之心」；否則人人自作聰明、自以爲是，妄改前賢文字，恐將「啓末流輕肆自大之弊」。即使是孔子，亦不宜作不良示範。又云：

> 大抵古書有未安處，隨事論著，使人知之可矣。若遽改之以沒其實，
> 則安知其果無未盡之意耶？漢儒釋經，有欲改易處，但云「某當作
> 某」，後世猶或非之，況遽改乎！且非特漢儒而已，孔子刪《書》，「血
> 流漂杵」之文因而不改；孟子繼之，亦曰：「吾于〈武成〉，取二三
> 策而已。」終不刊去此文，以從己意之便也。〔註105〕

這一段文字是舉例證明孔子、孟子以至漢儒釋經，僅指出其中錯誤，而不隨意改動文字，態度都非常愼重。朱熹的談話雖非針對劉知幾而發，卻切中其要。

　　《春秋》三傳中，《公羊傳》特別強調《春秋》不隨意更動文字，即使有更動，亦會加以說明，例如《春秋》莊公七年夏四月辛卯：「夜，恆星不見。夜中，星霣如雨。」《公羊傳》云：「不脩《春秋》曰：『雨星不及地尺而復。』

〔註103〕　〔清〕浦起龍：《史通通釋》，卷 14，頁 7。
〔註104〕　〔宋〕朱熹：〈與張欽夫論程集改字〉，《晦庵先生朱文公文集》（臺北：臺灣中華書局，1965 年 11 月，《四部備要》本），卷 30，頁 23。
〔註105〕　〔宋〕朱熹：〈與張欽夫論程集改字〉，《晦庵先生朱文公文集》，卷 30，頁 24～25。

君子脩之曰：『星霣如雨。』」「不脩《春秋》」是指原貌的《春秋》，亦即魯史
《春秋》，而今本《春秋》的文字是經過君子修改過的。《公羊傳》是在尊重
魯史《春秋》每一個文字的前提下，闡述《春秋》義法。

（三）《穀梁傳》：魯史《春秋》信以傳信疑以傳疑

例一，《春秋》桓公五年春正月甲戌、己丑「陳侯鮑卒。」《穀梁傳》云：

> 鮑卒何爲以二日卒之？《春秋》之義，信以傳信，疑以傳疑。陳侯
> 以甲戌之日出，己丑之日得，不知死之日，故舉二日以包也。

陳侯鮑因爲得到狂病而祕密出行〔註106〕，死在國外。魯史《春秋》記載其去
世的日期有兩個，一是甲戌日，二是己丑日。爲何如此呢？《穀梁傳》認爲
甲戌是其祕密出行之日，己丑是魯國得知其死訊之日。魯史《春秋》無法確
認其正確的去世日期，於是包舉兩個日期。

柯劭忞先生（1848〜1933年）認爲這一段經文是「舊史之例」〔註107〕，
亦即魯史《春秋》的原文。所謂「信以傳信，疑以傳疑」，魯史《春秋》對
於可信的說法，固然忠實地記錄下來，絕不妄改；即使對於存疑的說法，亦
是完整地記錄下來，絕不臆測，這就是魯史《春秋》據事直書的義法。范甯
注：

> 明實錄也。〔註108〕

《穀梁傳》認爲魯史《春秋》「信以傳信，疑以傳疑」，是一部實錄。但何謂
實錄？據《漢書‧司馬遷傳》贊曰：

> 自劉向、揚雄博極羣書，皆稱遷有良史之材，服其善序事理，辨而
> 不華，質而不俚；其文直，其事核，不虛美，不隱惡，故謂之實錄。
>
> 〔註109〕

劉向與揚雄（前53〜18年）皆認爲，《史記》文直、事核、不虛美、不隱惡，
所以稱之爲實錄。其中文直、事核，與「信以傳信，疑以傳疑」的意義是相
同的，不論《春秋》、《史記》或其他史書，若是將信誤作疑，疑誤作信，歪
曲事實，是非混淆，就沒有資格稱爲實錄了。

〔註106〕范甯注：「國君獨出，必辟病潛行。」〔唐〕楊士勛：《春秋穀梁傳注疏》，卷
3，頁10。

〔註107〕柯劭忞：《春秋穀梁傳注》，卷2，頁6。

〔註108〕〔唐〕楊士勛：《春秋穀梁傳注疏》，卷3，頁10。

〔註109〕〔清〕王先謙：《漢書補注》，卷62，頁26。

此外,《公羊傳》云:

曷為以二日卒之?怴也。甲戌之日亡,己丑之日死,而得,君子疑
焉,故以二日卒之也。

何休注:

怴者,狂也。齊人語。……以二日卒之者,闕疑。〔註110〕

所謂「君子疑焉」,既然存疑,所以魯史《春秋》將兩個日期都記錄下來,與
《穀梁傳》「信以傳信,疑以傳疑」的說法相同。

例二,《春秋》桓公十四年「夏五,鄭伯使其弟禦來盟。」《穀梁傳》引
孔子曰:

聽遠音者,聞其疾,而不聞其舒。望遠者,察其貌,而不察其形。
立乎定、哀,以指隱、桓,隱、桓之日遠矣。夏五,傳疑也。

范甯注:

孔子在於定、哀之世,而錄隱、桓之事,故承闕文之疑,不書月,
明皆實錄。〔註111〕

按照《春秋》的體例,「夏五」當然是「夏五月」的闕文。孔子明知闕文卻不
補正,一是表示事隔久遠,前世之事後人不宜妄改;二是凸顯《春秋》是實
錄,「傳疑」亦是《春秋》的精神。此例與前揭《公羊傳》以「伯于陽」為「公
子陽生」之誤,孔子亦明知而不妄改,雖異曲而同工。

例三,《春秋》莊公七年夏四月辛卯「昔,恆星不見。夜中,星隕如雨。」
《穀梁傳》云:

恆星者,經星也。日入至於星出,謂之昔。不見者,可以見也。夜
中,星隕如雨,其隕也如雨,是夜中與?《春秋》著以傳著,疑以
傳疑。中之幾也,而曰夜中,著焉爾。何用見其中也?失變而錄其
時,則夜中矣。其不曰恆星之隕,何也?我知恆星之不見,而不知
其隕也。

經文是記錄一件事的前段與後段,「昔,恆星不見」是前段,「夜中,星隕如
雨」是後段。前、後兩段分別說明魯史《春秋》「著以傳著,疑以傳疑」的義
法,范甯亦注:「明實錄也。」〔註112〕。前段是說,在日落之後到夜中之前,

〔註110〕 〔唐〕徐彥:《春秋公羊傳注疏》,卷4,頁21。
〔註111〕 〔唐〕楊士勛:《春秋穀梁傳注疏》,卷5,頁18。
〔註112〕 〔唐〕楊士勛:《春秋穀梁傳注疏》,卷5,頁18。

恆星（星宿）不見（未出現），但不知道不見的原因，所以闕而不書，以示傳疑。後段是說，到了夜中，才發現原來是恆星隕落，所以不見。恆星是在夜中隕落的嗎？當然不是。既然不是，爲何要記錄夜中這個時分呢？因爲在夜中之前無人知道恆星不見的原因，直到夜中才確知是因爲恆星隕落，所以魯史《春秋》直書「夜中」，以示傳著。

第三節　君子微言大義

　　歷來研究《春秋》微言大義的學者，多注意及《左傳》「君子」一詞出現的次數相當頻繁，尤其多出現於發表議論時。經歸納《左傳》以「君子」名義發表議論的形式，有「君子曰」、「君子謂」、「君子是以」、「君子以爲」等數種，計約八十餘見，其中以「君子曰」五十見爲最多，後人即以「君子曰」概括之。

　　有關《左傳》「君子曰」是否出於僞造的問題，曾出現過爭議。據宋儒陳傅良（1137～1203 年）《左氏章指》指出，「『君子曰』……或曰後人增益之，或曰後人依倣之。」〔註113〕陳傅良是朱熹同時的人，可見早在南宋，就已經有人懷疑《左傳》「君子曰」的來源有問題，最具體的文獻記載見《朱子語類・春秋》引林栗（字黃中）謂：

　　　　《左傳》「君子曰」是劉歆之辭。……《左傳》「君子曰」最無意思，
　　　　因舉『芟夷蘊崇之』一段，是關上文甚事？〔註114〕

按「芟夷蘊崇之」出於《左傳》隱公六年夏五月庚申引周任有言曰：

　　　　爲國家者，見惡如農夫之務去草焉，芟夷蘊崇之，絕其本根，勿使
　　　　能殖，則善者信矣。

「蘊」爲俗字，應據阮元〈春秋左傳注疏卷四校勘記〉更正爲「薀」字〔註115〕。楊伯峻先生（1909～1992 年）注：

　　　　此蓋古人去雜草藉以肥田之法。芟夷即芸，蘊崇即芓（亦作籽），堆
　　　　積附著苗根，讓其發酵肥田也。〔註116〕

〔註113〕見樓鑰〈春秋後傳左氏章指序〉。〔宋〕陳傅良：《春秋後傳》（臺北：臺灣大通書局，1969 年 10 月，《通志堂經解》，冊 21），卷首，頁 2。
〔註114〕〔宋〕黎靖德：《朱子語類》（臺北：漢京文化事業，1978 年 7 月），卷 83，頁 6。
〔註115〕〔唐〕孔穎達：《春秋左傳正義》，卷 4，頁 35。
〔註116〕楊伯峻：《春秋左傳注》（臺北：洪葉文化事業，1993 年 5 月），頁 50。

義甚明朗，林栗應是讀書不精或誤解。但清代劉逢祿《左氏春秋考證》、龔自珍（1792～1841 年）《六經正名》、皮錫瑞（1850～1908 年）《經學通論》等紛紛承襲林栗之說，指責劉歆僞造《左傳》「君子曰」，撻伐不遺餘力。歷來反駁此說者不乏其人，如劉師培先生（1884～1919 年）《讀左劄記》引述先秦諸子之語本於《左傳》「君子曰」者，足徵非劉歆增益；楊向奎先生〈論左傳「君子曰」〉〔註117〕一文雖不信凡例爲《左傳》所原有，仍舉《國語》、《史記》等古籍證明「君子曰」爲《左傳》所原有；鄭良樹先生〈論左傳「君子曰」非後人所附益〉〔註118〕及〈再論左傳「君子曰」非後人所附益〉〔註119〕二文證明「君子曰」在《詩》、《書》散逸之前就已經存在了，且與《左傳》一起流傳，所以不應該是後人所附益；張高評先生〈左傳史論之風格與作用〉〔註120〕更據馬王堆帛書《春秋事語》比勘《左傳》史論的原始眞相，證明「君子曰」爲《左傳》原本所已有。《左傳》「君子曰」非劉歆或後人所增益、僞造，應可信從。

　　「君子曰」的形式非專屬於《左傳》，徐復觀先生（1909～1982 年）亦認爲「爲三傳所通有」〔註121〕。然而令人疑惑的是，研究《春秋》的學者多集中於探討《左傳》中的「君子曰」，卻明顯忽略《公羊傳》、《穀梁傳》與同屬公羊學的《春秋繁露》。《公羊傳》中的「君子曰」（如「君子大其」、「君子以其」、「君子謂」、「君子以爲」等）計約三十餘見，《穀梁傳》中的「君子曰」（如「君子以其」、「君子進之」、「君子非之」、「君子危之」、「君子閔之」、「君子曰」等）計約十餘見，《春秋繁露》中的「君子曰」（如「君子予之」、「君子重之」、「君子慎之」、「君子顯之」、「君子以爲」、「君子曰」等）亦若干見，分量的比重均不下於《左傳》。因此以下將儘量兼顧三傳及《春秋繁露》，避免論述失衡。

〔註117〕楊向奎：〈論左傳「君子曰」〉，《文瀾學報》第 2 卷第 1 期（1936 年 3 月），頁 615～622。

〔註118〕鄭良樹：〈論左傳「君子曰」非後人所附益〉，《書目季刊》第 8 卷第 2 期（1974 年 9 月），頁 21～28。

〔註119〕鄭良樹：〈再論左傳「君子曰」非後人所附益〉，《國立中央圖書館館刊》新 8 卷第 2 期（1975 年 12 月），頁 50～51 轉 42。

〔註120〕張高評：〈左傳史論之風格與作用〉，《成功大學學報》（人文・社會篇）第 23 卷（1988 年 11 月），頁 1～57。

〔註121〕徐復觀：《兩漢思想史》（上海：華東師範大學出版社，2001 年 12 月），頁 164～165。

一、「君子」是一個道德共同體

《說文解字・口部》云：

> 君，尊也。从尹口，口以發號。〔註122〕

「君」的本義是發號施令的主宰者，所以从尹口。「尊」則是引申義，表示君是受到尊敬的人。例如《儀禮・喪服》傳曰：「君至尊也。」鄭玄注：「天子、諸侯及卿、大夫有地者皆曰君。」〔註123〕又《左傳》襄公十四年夏云：「民奉其君，愛之如父母，仰之如日月，敬之如神明，畏之如雷霆。」而「君子」一詞原是指卿、大夫、士〔註124〕，或是在位者的通稱〔註125〕，後來超越原本的定義範圍，成為一種道德上的美稱，例如《儀禮・士相見禮》云：「凡侍坐於君子。」鄭玄注：「君子，謂鄉大夫及國中賢者也。」〔註126〕又《荀子・解蔽》云：「嚮是而務，士也；類是而幾，君子也；知之，聖人也。」楊倞注：「君子，有道德之稱也。」〔註127〕又《莊子・天下》云：「以仁為恩，以義為理，以禮為行，以樂為和，薰然慈仁，謂之君子。」〔註128〕又《管子・侈靡》云：「君子者，勉於糾人者也。」〔註129〕又《新書・道術》云：「樂道者謂之君子。」〔註130〕可見君子的定義由對上的尊稱轉變為對有道德者的美稱，儒家及其他各家是有一定共識的，尤其是在禮崩樂壞、道德淪喪的春秋戰國時期，對在上位者必然普遍有很高的道德期許。

此外，「君」還包含「羣」的意思在內，二字疊韻。例如《廣雅・釋言》云：「君，羣也。」〔註131〕又《韓詩外傳》云：「『君者，何也？』曰：『羣也。

〔註122〕〔清〕段玉裁：《說文解字注》，卷3，頁18。

〔註123〕〔唐〕賈公彥：《儀禮注疏》（臺北：大化書局，1982年10月，《十三經注疏》本），卷29，頁156。

〔註124〕例如《禮記・鄉飲酒義》云：「鄉人士君子，尊於房中之間。」鄭玄注：「君子，謂卿、大夫、士也。」〔唐〕孔穎達：《禮記正義》，卷61，頁454。

〔註125〕例如《荀子・大略》云：「君子聽律習容而後士。」楊倞注：「君子，在位者之通稱。」〔清〕王先謙：《荀子集解》（臺北：藝文印書館，1988年6月），卷19，頁7。

〔註126〕〔唐〕賈公彥：《儀禮注疏》，卷7，頁33。

〔註127〕〔清〕王先謙：《荀子集解》，卷15，頁15。

〔註128〕〔清〕郭慶藩：《莊子集釋》，卷10下，頁1066。

〔註129〕〔周〕管仲：《管子》（臺北：臺灣中華書局，1984年3月，《四部備要》本），卷12，頁14。

〔註130〕〔漢〕賈誼：《新書》（臺北：世界書局，1959年1月），卷8，頁6。

〔註131〕〔清〕王念孫：《廣雅疏證》（臺北：臺灣中華書局，年月份不詳，《四部備要》本），卷5下，頁5。

爲天下萬物而除其害者，謂之君。』」〔註132〕又《荀子・王制》云：「君者，善羣也。」〔註133〕〈君道〉云：「君者，何也？曰：能羣也。」〔註134〕又《春秋繁露・滅國上》云：「君者，不失其羣者也。」〔註135〕〈深察名號〉云：「君者，羣也。」〔註136〕又《白虎通・三綱六紀》云：「君，群也，下之所歸心。」〔註137〕《逸周書・謚法》云：「從之成羣曰君。」〔註138〕〈太子晉〉云：「侯能成羣謂之君。」〔註139〕君子既是指有道德者，當許多君子在意識上凝聚成一個無形的羣體時，這個羣體即是一個道德共同體。

《春秋》三傳中，君子是一個道德共同體不乏其例，姑各舉一例。如《左傳》襄公二十四年春：

> 范宣子爲政，諸侯之幣重，鄭人病之。二月，鄭伯如晉，子產寓書於子西，以告宣子曰：「子爲晉國，四鄰諸侯，不聞令德，而聞重幣，僑也惑之。僑聞君子長國家者，非無賄之患，而無令名之難。夫諸侯之賄，聚於公室，則諸侯貳；若吾子賴之，則晉國貳。諸侯貳則晉國壞，晉國貳則子之家壞。何沒沒也，將焉用賄！夫令名，德之輿也；德，國家之基也。有基無壞，無亦是務乎！有德則樂，樂則能久。詩云：『樂只君子，邦家之基。』有令德也夫！『上帝臨女，無貳爾心。』有令名也夫！恕思以明德，則令名載而行之，是以遠至邇安。毋寧使人謂子，子實生我，而謂子浚我以生乎！象有齒以焚其身，賄也。」宣子說，乃輕幣。

晉國范宣子執政後，增加各國朝貢的財物，鄭國無力負擔，於是子產以君子爲喻勸告范宣子，有道德的君子執政，擔心的不是財物不足，而是名聲不好，貪取財物將使國家的名聲敗壞，有良好的道德與名聲才能確保國家長治久

〔註132〕 屈守元：《韓詩外傳箋疏》（成都：巴蜀書社，1996年3月），卷5，頁506。
〔註133〕 〔清〕王先謙：《荀子集解》，卷5，頁12。
〔註134〕 〔清〕王先謙：《荀子集解》，卷8，頁5。
〔註135〕 〔漢〕董仲舒、〔清〕盧文弨校：《春秋繁露》，卷5，頁1。
〔註136〕 〔漢〕董仲舒、〔清〕盧文弨校：《春秋繁露》，卷10，頁2。
〔註137〕 〔漢〕班固：《白虎通》（臺北：臺灣商務印書館，1979年11月，《四部叢刊正編》本），卷7，頁12。
〔註138〕 〔晉〕孔晁：《逸周書注》（臺北：臺灣中華書局，1965年11月，《四部備要》本），卷6，頁18。
〔註139〕 〔晉〕孔晁：《逸周書注》（臺北：臺灣中華書局，1965年11月，《四部備要》本），卷9，頁4。

安。范宣子很高興地接受子產的勸告，減輕了各國朝貢的財物。《左傳》藉由子產對范宣子的勸告，標舉君子執政的作法，而范宣子願意減輕各國朝貢的財物，接受君子執政的作法，若能持續下去，終將成為道德共同體的一分子。

又如《春秋》桓公八年春正月己卯：「烝。」《公羊傳》云：

> 烝者何？冬祭也。春曰祠，夏曰礿，秋曰嘗，冬曰烝。常事不書，此何以書？譏。何譏爾？譏亟也。亟則黷，黷則不敬。君子之祭也，敬而不黷。疏則怠，怠則忘。士不及茲四者，則冬不裘，夏不葛。

「烝」是冬祭。魯桓公七年冬應該已經舉行過烝祭，因為是屬於正常的例行公事，所以《春秋》省略未載；但八年春正月也舉行烝祭，甚至夏五月又舉行烝祭〔註140〕，由於烝祭太頻繁反而成了不敬。所以《公羊傳》標榜君子舉行祭祀必須「敬而不黷」，但亦不可怠忽而疏於祭祀，如果魯桓公能確實做到，即可稱為君子，成為道德共同體的一分子，甚至如果士能確實做到，亦可成為君子。

又如《春秋》隱公五年春：「公觀魚于棠。」董仲舒《春秋繁露·玉英》云：

> 公觀魚于棠，何惡也？凡人之性，莫不善義。然而不能義者，利敗之也。故君子終日言不及利，欲以勿言愧之而已，愧之以塞其源也。夫處位動風化者，徒言利之名爾，猶惡之，況求利乎！……何故言觀魚？猶言觀社也，皆諱大惡之辭也。〔註141〕

據《公羊傳》釋義，魯隱公遠赴棠邑，目的是張網捕撈「百金之魚」，而不是單純「觀魚」〔註142〕。《春秋》記載此事，是譏刺隱公與民爭利，但又必須為隱公諱惡，所以使用「觀魚」二字。董仲舒因此標榜君子對於「利」的態度，是「終日言不及利」，使好利的人自覺慚愧，對於言利甚至求利的國君，更是非常厭惡；而隱公與民爭利的行為正是君子所厭惡的，已經被君子畫下了一條界線，排除於道德共同體之外。

又如《春秋》莊公四年夏：「紀侯大去其國。」《穀梁傳》云：

> 大去者，不遺一人之辭也，言民之從者四年而後畢也。紀侯賢而齊侯滅之，不言滅，而曰大去其國者，不使小人加乎君子。

〔註140〕《春秋》桓公八年夏五月丁丑：「烝。」《公羊傳》云：「何以書？譏亟也。」
〔註141〕〔漢〕董仲舒、〔清〕盧文弨校：《春秋繁露》，卷3，頁2。
〔註142〕《春秋》隱公五年春：「公觀魚于棠。」《公羊傳》云：「何以書？譏。何譏爾？遠也。公曷為遠而觀魚？登來之也，百金之魚，公張之。登來之者何？美大之之辭也。棠者何？濟上之邑也。」

紀國遭齊國消滅之後，紀侯離開了紀國，而紀國人民於四年之內也全部跟隨紀侯出亡，沒有一人留下。《春秋》記載此事不使用「滅」字，而是寫成「大去其國」，雖然無法將齊侯的惡劣行徑顯現出來，但目的是在肯定紀侯深獲民心，是一位有道德的國君，是道德共同體的一分子，所以《穀梁傳》稱紀侯為君子，而稱齊侯為小人。

二、《春秋》三傳中的君子有通稱與特稱之分

雖然「君子」一詞可指卿、大夫、士，或指在位者，或指有道德者；但經逐一檢視《春秋》三傳中的君子，都是指有道德者，而且「君子曰」的內容都是表現君子的羣體道德意識，幾乎沒有例外，這應該是經過作者在道德意識下的精心安排。

《白虎通‧號》論「君子為通稱」云：

> 或稱君子何？道德之稱也。君之為言群也。子者，丈夫之通稱也。
> 故《孝經》曰：「君子之教以孝也。」下言：「敬天下之為人父者也。」
> 何以言知其通稱也？以天子至於民。故《詩》云：「凱弟君子，民之
> 父母。」《論語》曰：「君子哉若人！」此謂弟子，弟子者，民也。
> 〔註143〕

《白虎通‧號》以「君子為通稱」為這一段文字的標題，其實是指「君子為有道德者之通稱」，真正的意涵是在強調無論是天子或小民，也無論是父母或子女，只要是知孝敬、有道德責任感的人，都可以稱為君子，成為道德共同體的一分子，沒有任何身分或地位的限制。在《春秋》三傳中，正有一羣不知名的有道德者隱身於字裡行間，透過三傳作者的筆端，以立身行事作為世人的道德榜樣，或以「君子曰」的形式向世人發表道德議論，甚至三傳未標明「君子曰」，這一羣不知名的有道德者，即通稱「君子」。

但在《春秋》三傳中，尚有一羣知名的有道德者，同樣透過三傳作者的筆端，以立身行事作為世人的道德榜樣，或向世人發表道德議論，這一羣知名的有道德者，雖然也是君子無疑，但三傳作者著眼於其知名度對於世人具有更大的道德影響力，所以捨「君子」的通稱，而用具名特稱的形式來呈現。例如三傳中出現次數最多、最知名的君子是孔子，若將孔子隱姓埋名以「君

〔註143〕〔漢〕班固：《白虎通》（臺北：臺灣商務印書館，1979年11月，《四部叢刊正編》本），卷1，頁10。

子」的通稱出現，對世人的道德影響力恐怕不如以「孔子」（或「仲尼」）的特稱來得大；其次是晉國大夫叔向，叔向因爲「治國制刑，不隱於親」，受到孔子大力稱讚爲「古之遺直也」，所以《左傳》亦捨「君子」的通稱，而特稱「叔向」〔註144〕。其他如《左傳》中的臧文仲、范文子、晏子、子產、周任等，《公羊傳》中的公子目夷、華元等，《穀梁傳》中的陽處父、蘧伯玉等，俱見其特稱，而非通稱「君子」，道理應該相同。

然而學者最容易發生的誤解有三：

（一）誤以「君子」為作者自稱

唐代李延壽（生卒年不詳）《北史·魏季景列傳》引魏澹（580～645年）曰：

> 案丘明亞聖之才，發揚聖旨，言「君子曰」者，無非甚泰，其間尋常，直言而已。〔註145〕

魏澹主張《左傳》「君子曰」是作者左丘明發表的議論，因爲左丘明具有「亞聖之才」，所以以君子自稱。又劉知幾《史通·論贊》云：

> 《春秋左氏傳》每有發論，假「君子」以稱之。二傳云公羊子、穀梁子，《史記》云太史公，既而班固曰贊，荀悅曰論，《東觀》曰序，謝承曰銓，陳壽曰評，王隱曰議，何法盛曰述，揚雄曰譔，劉昞曰奏，袁宏、裴子野自顯姓名，皇甫謐、葛洪列其所號，史官所撰通稱史臣。其名萬殊，其義一揆，必取便於時者，則摠歸論贊焉。夫論者，所以辯疑惑、釋凝滯，若愚智共了，固無俟商榷。丘明「君子曰」者，其義實在於斯。〔註146〕

可見此說在唐代以前即已出現。誠然，《左傳》的「君子曰」、《史記》的「太史公曰」以及後世史傳等著作中的各種名稱，都是發表議論的形式，但《史記》的「太史公曰」是太史公發表的議論，《漢書》的贊是班固發表的議論，……「抱朴子曰」是葛洪發表的議論，「史臣曰」是史官發表的議論。如果「君子曰」也是《左傳》作者發表的議論，似乎作者處處標榜自己是君子，唯恐讀者不知，毫無謙遜的美德，如此怎夠資格成爲君子呢？因此，若謂《左傳》「君

〔註144〕見《左傳》昭公十四年冬十二月。

〔註145〕〔唐〕李延壽：《北史》（臺北：臺灣中華書局，1965年11月，《四部備要》本），卷56，頁13。

〔註146〕〔清〕浦起龍：《史通通釋》，卷4，頁1。

子曰」與《史記》「太史公曰」都是發表議論的形式則可，若謂二者都是作者發表的議論則不可；其餘類推。《史通・論贊》的說法實有待商榷。

張高評先生承襲《史通・論贊》之說，並列舉《左傳》中「實指作者抒論之『君子曰』，都凡八十六則」〔註147〕，除了四則「君子曰」不是指左丘明之外，幾乎全部囊括。鄭良樹先生亦認爲《左傳》作者增入「君子曰」，大約有三個用意，其中第一個用意即是「作者之評語」，「這種評語，包括人、事的褒貶，也包括了預言式的批評以及感慨式的批評」，並分別各舉一例：例一爲「人的褒」，如隱公元年君子曰：「潁考叔，純孝也，愛其母，施及莊公。詩曰：『孝子不匱，永錫爾類。』其是之謂乎！」例二爲「人的貶」，如隱公十一年：「君子謂鄭莊公失政刑矣！政以治民，刑以正邪。既無德政，又無威刑，是以及邪！邪而詛之，將何益矣！」例三爲「事之褒」，如僖公二十八年：「君子謂是盟也信，謂晉於是役也，能以德攻。」例四爲「事之貶」，如僖公二十二年君子曰：「非禮也，婦人送迎不出門，見兄弟不踰閾，戎事不邇女器。」例五爲「預言式之批評」，如昭公十八年：「君子是以知陳、許之先亡也。」例六爲「感慨式之批評」，如襄公五年：「君子是以知季文子之忠於公室也，相三君矣，而無私積，可不謂忠乎！」〔註148〕以上六例，道德共同體中的君子都會深有同感，都可能發表相同或相似的議論，何必非指《左傳》的作者不可？若謂左丘明具有「亞聖之才」，爲了發揚聖旨便可自稱爲「君子曰」，則至聖如孔子豈不便可自稱爲「聖人曰」，又何必謙稱「若聖與仁則吾豈敢」〔註149〕呢？由此可推，《春秋》三傳「君子曰」的君子，必非指作者自己，而是作者對有道德者的尊稱。

（二）誤以「君子」必為事件當時的君子

按《左傳》襄公二十九年夏：「吳公子札來聘。」清儒張照（1691～1745年）云：

> 季札聘魯，孔子八歲，讓國時孔子未生也。其引子臧之事，何遽得
> 孔子論斷之語而稱之？左氏于孔子論斷，類皆明著其說，其稱「君

〔註147〕 張高評：〈左傳史論之風格與作用〉，《成功大學學報》（人文・社會篇）第23卷，頁8～13。

〔註148〕 鄭良樹：〈論左傳「君子曰」非後人所附益〉，《書目季刊》第8卷第2期，頁27。

〔註149〕 見《論語・述而》孔子曰。〔宋〕邢昺：《論語注疏》，卷7，頁28。

子曰」者，是記當時之君子有此語耳，或以爲邱明自謂，或以君子
爲孔子，皆未達孔氏之義也。〔註150〕

張照認爲「吳公子札來聘」中的君子爲事件當時的君子，所以《左傳》是事
後追記事件當時君子的議論，此即爲「時君子」說。但張以仁先生持不同意
見云：

所謂「時君子」，……應該是指與所評論的對象同時代的君子。……
《左傳》的「君子曰」，容或有指「時君子」的，但決不會像他們所
說的佔如許份量。像隱公三年傳：「君子曰：宋宣公可謂知人矣。立
穆公，其子饗之，命以義夫。商頌曰：『殷受命咸宜，百祿是荷。』
其是之謂乎！」所引爲商頌〈玄鳥〉之詩，成於宋襄公時……。左
隱三年，當宋穆公九年。由穆公至襄公，中歷殤公、莊公、湣公、
桓公凡七十一年。如果君子是指「時君子」，怎麼會在七、八十年前
預引此詩？可證此處的「君子」，決不是指「時君子」。〔註151〕

這一段文字的論證認爲，君子不可能在七、八十年前預引商頌〈玄鳥〉之詩；
但問題是此說將「時君子」定義爲「與所評論的對象同時代的君子」，則有待
商榷。如前所述，君子是一個道德共同體，事件當時的君子固然有其議論，
後世的君子對於有道德影響力的事件豈不可發表相同或相似的議論？因此，
所謂「時君子」，尚應包括事件發生時的君子、口耳相傳時的君子、著於竹帛
時的君子或編輯修纂時的君子；未可膠柱鼓瑟，一概認定爲「與所評論的對
象同時代的君子」，反而導致其他多處「君子曰」文意不可通。《左傳》作者
將後世君子發表的議論記錄下來，所以七、八十年後的「時君子」議論「吳
公子札來聘」時，引述商頌〈玄鳥〉之詩，乃是一件正常的事。

又誠如《左傳》文公二年秋八月丁卯：「大事于大廟，躋僖公，逆祀也。……
君子以爲失禮。……是以魯頌曰：『春秋匪解，享祀不忒。皇皇后帝，皇祖后
稷。』君子曰：『禮，謂其后稷親而先帝也。』詩曰：『問我諸姑，遂及伯姊。』
君子曰：『禮，謂其姊親而先姑也。』」孔穎達疏：

傳有評論，皆託之君子。此下盡「先姑」以來，皆是一君子之辭耳。
引詩二文，於詩之下各言君子者，君子謂作詩之人。此論事君子，

〔註150〕見瀧川龜太郎《史記會注考證‧吳太伯世家》引。（日）瀧川龜太郎：《史記
會注考證》（臺北：萬卷樓，1993年8月），卷31，頁9～10。
〔註151〕張以仁：〈關於左傳「君子曰」的一些問題〉，《孔孟月刊》第3卷第3期（1964
年11月），頁30。

又引彼作詩君子以爲證耳。僖公薨後始作魯頌，爲傳之時乃設此辭，

非當時君子有此言也。〔註152〕

所引《左傳》原文中有三位君子，按照孔穎達的讀法，第一位是「論事君子」，第二、三位是「作詩君子」，文章結構是第一位「論事君子」引述第二、三位「作詩君子」以爲證，所以第二、三位「作詩君子」作詩的時間早於第一位「論事君子」論事的時間。魯頌作於僖公薨後，所以第一位「論事君子」論事的時間不在文公二年發生「逆祀」事件時，而是更晚，孔穎達認爲是在《左傳》成書時。易言之，第二、三位「作詩君子」是文公二年發生「逆祀」事件時的「時君子」，而第一位「論事君子」是後來《左傳》成書時的「時君子」。「時君子」未必指事件發生時的君子，早在唐代的孔穎達即已明白揭示此理，後人宜明辨之。

（三）誤以「君子」必指孔子

歷來學者尚經常強行指認「君子曰」的君子爲孔子，例如唐代司馬貞（生卒年不詳）云：

君子者，左丘明所爲史評仲尼之辭，指仲尼爲君子也。〔註153〕

司馬貞認爲《左傳》的君子都是指孔子。但《左傳》除了「君子曰」之外，尚有「仲尼曰」與「孔子曰」合計約二十餘見，爲何不將「君子曰」全部改爲「孔子曰」或「仲尼曰」，以求體例一致呢？張以仁先生亦舉例反駁其說，云：

像文公二年傳的：「君子以爲失禮。……仲尼曰：『臧文仲其不仁者三，不知者三，……。』」在批評同一對象的同一段文章裏，「君子」與「仲尼」並出，顯然「君子」不是指的「仲尼」。又像哀公十八年傳的：「君子曰：『惠王知志。』」哀公十八年，孔子已死去三年，自不能對死後發生的事預作評論，當然也就不會是指孔子了。在我看來，《左傳》作者引孔子的言論，與其說多託諸君子，無寧說多是用「仲尼」的特稱更接近事實。因爲這種情形傳中竟有二三十見。

〔註154〕

〔註152〕〔唐〕孔穎達：《春秋左傳正義》，卷18，頁137。

〔註153〕見《史記‧吳太伯世家》「君子曰」句下司馬貞索隱。〔漢〕司馬遷、〔宋〕裴駰集解：《史記》，卷31，頁5。

〔註154〕張以仁：〈關於左傳「君子曰」的一些問題〉，《孔孟月刊》第3卷第3期，頁29。

誠然，《左傳》將「仲尼」與「君子」區分開來，是將「仲尼」作爲特稱，亦即只有「仲尼曰」與「孔子曰」才是孔子發表的議論，而「君子曰」則否，以表示對孔子的推崇，是合情合理的。

又《公羊傳》亦有「孔子曰」若干見。《春秋》哀公十四年春：「西狩獲麟。」《公羊傳》云：

> 孔子曰：「孰爲來哉！孰爲來哉！」反袂拭面，涕沾袍。顏淵死，子曰：「噫！天喪予！」子路死，子曰：「噫！天祝予！」西狩獲麟，孔子曰：「吾道窮矣！」……君子曷爲爲《春秋》？撥亂世，反諸正，莫近諸《春秋》。則未知其爲是與，其諸君子樂道堯舜之道與？末不亦樂乎堯舜之知君子也？制《春秋》之義，以俟後聖，以君子之爲，亦有樂乎此也。

這一段文字中，「孔子」（包括「子」在內）計四見，「君子」亦計四見，與《左傳》一樣，「君子」與「孔子」並出，顯然「君子」也不是指的「孔子」，而是將「孔子」作爲特稱。

然而，孔子與君子之間尚有不容混淆的邏輯關係。孔子是中國歷史上最崇高偉大的道德學問家，毫無疑問是一位君子。但如前所述，「君子」是有道德者的通稱，是一個羣體，是一個道德共同體；孔子是羣體中的一分子，此羣體除了孔子之外，尚有許許多多有道德者都是羣體中的一分子。因此，《春秋》三傳「君子曰」的君子未必指孔子；若謂孔子是君子則可，若謂君子必指孔子則不可。

三、《春秋》三傳以君子闡發微言大義

劉歆〈讓太常博士書〉云：

> 及夫子沒而微言絕，七十子終而大義乖。〔註155〕

《漢書·藝文志》亦云：

> 昔仲尼沒而微言絕，七十子喪而大義乖。〔註156〕

這兩段文字是「微言」與「大義」並舉的最早出處。其中「大義」一詞指至高無上的眞理，應無疑義；但何謂「微言」？曹魏李奇（生卒年不詳）曰：「隱微不顯之言也。」〔註157〕唐代顏師古（581～645年）曰：「精微要妙之言耳。」

〔註155〕見《漢書·楚元王傳》。〔清〕王先謙：《漢書補注》，卷36，頁32。
〔註156〕〔清〕王先謙：《漢書補注》，卷30，頁1。
〔註157〕見《漢書·藝文志》。〔清〕王先謙：《漢書補注》，卷30，頁1。

〔註158〕二說不同。經檢閱《漢書》「微言」一詞凡五見，除上引二見之外，尚有〈寶田灌韓傳〉：「紛詆微言太后風上。」〔註159〕〈眭兩夏侯京翼李傳〉：「微言毀譽。」〔註160〕〈藝文志〉：「以微言相感。」〔註161〕皆指「隱微不顯之言」，並非「精微要妙之言」；顏師古之說較李奇晚出，可能顏師古為了推崇孔子，才特別針對孔子的「微言」另作一說。若回歸劉歆〈讓太常博士書〉與《漢書·藝文志》原文，孔子發微言而七十子彰大義，二說皆可通，不妨兼探，亦即孔門師徒所闡發，既有「隱微不顯之言」，亦有「精微要妙之言」；或孔門師徒闡發的「隱微不顯之言」，即是「精微要妙之言」，可合稱為「隱微精妙之言」。

劉歆與班固（32～92 年）將「微言」與「大義」並舉，屬於修辭學上的「互文」結構關係，二者內涵有密切的關聯性。不過，劉歆是治《左傳》的學者，當時為了爭立《左傳》於學官而移書責讓太常博士，提出「微言絕」、「大義乖」之說的目的，只是為了凸顯《左傳》傳承《春秋》的微言大義，若微言大義真的斷絕、乖違了，豈不坐實太常博士「左氏為不傳《春秋》」〔註162〕的指控嗎？班固《漢書》只是重述劉歆之說而已，並無新意。

（一）《左傳》：「微而顯」、「志而晦」、「婉而成章」、「盡而不汙」

《左傳》中有兩段對於「君子曰」闡發《春秋》微言大義的重要說明，第一段見《春秋》成公十四年秋九月：「僑如以夫人婦姜氏至自齊。」《左傳》引君子曰：

> 《春秋》之稱，微而顯，志而晦，婉而成章，盡而不汙，懲惡而勸
> 善。非聖人，誰能脩之？〔註163〕

杜預〈春秋序〉以此五者為「為例之情」〔註164〕。張高評先生稱前四者是「載筆之體」〔註165〕，第五者則是「書法之用」〔註166〕。「載筆之體」所載即是

〔註158〕見《漢書·藝文志》。〔清〕王先謙：《漢書補注》，卷30，頁1。
〔註159〕〔清〕王先謙：《漢書補注》，卷52，頁4。
〔註160〕〔清〕王先謙：《漢書補注》，卷75，頁28。
〔註161〕〔清〕王先謙：《漢書補注》，卷30，頁58。
〔註162〕見《漢書·楚元王傳》。〔清〕王先謙：《漢書補注》，卷36，頁34。
〔註163〕〔唐〕孔穎達：《春秋左傳正義》，卷27，頁211。
〔註164〕〔唐〕孔穎達：《春秋左傳正義》，卷1，頁4～5。
〔註165〕張高評：〈《左傳》據事直書與以史傳經〉，《成大中文學報》第 9 期（2001 年8 月），頁 177。
〔註166〕張高評：〈《左傳》據事直書與以史傳經〉，《成大中文學報》第 9 期，頁 177。

《春秋》的微言大義，包括對事件的議論與對文字的闡釋，其中除了「盡而不汙」是直書，已於本文第二章第二節討論魯史《春秋》直書其事以見其義時說明之外，餘「微而顯」、「志而晦」、「婉而成章」三者則是《春秋》的曲筆。

所謂「微而顯」，杜預以為「文見於此，而起義在彼。」〔註167〕又注：「辭微而義顯。」〔註168〕所舉三例為「稱族，尊君命；舍族，尊夫人」、「梁亡」、「城緣陵」。例一，「稱族，尊君命；舍族，尊夫人」。《春秋》成公十四年秋：「叔孫僑如如齊逆女。」《左傳》云：「宣伯如齊逆女。稱族，尊君命也。」魯國叔孫僑如即是宣伯，叔孫是僑如的族氏。宣伯前往齊國迎娶成公夫人，因為是奉成公之命，所以經書其族氏，表示尊君命。至同年九月：「僑如以夫人婦姜氏至自齊。」《左傳》云：「舍族，尊夫人也。」宣伯將成公夫人迎娶回國時，經不書其族氏，表示尊夫人。例二，「梁亡」。《春秋》僖公十九年冬：「梁亡。」《左傳》云：「不書其主，自取之也。初，梁伯好土功，亟城而弗處，民罷而弗堪，則曰：『某寇將至。』乃溝公宮，曰：『秦將襲我。』民懼而潰，秦遂取梁。」梁國是被秦國所滅，但經不書秦國，是因為梁國自取滅亡。例三，「城緣陵」。《春秋》僖公十四年春：「諸侯城緣陵。」《左傳》云：「諸侯城緣陵而遷杞焉。不書其人，有闕也。」緣陵是杞國城邑。齊桓公率領諸侯修築緣陵，為杞國遷都，經不書齊桓公與各諸侯，是因為修築緣陵的器具與建材不足，結果「城池未固而去，為惠不終。」〔註169〕

所謂「志而晦」，杜預以為「約言示制，推以知例。」〔註170〕又注：「志，記也。晦，亦微也。謂約言以記事，事敘而文微。」〔註171〕所舉二例為「參會不地」、「與謀曰及」。例一，「參會不地」。《春秋》桓公二年秋九月：「公及戎盟于唐。」冬：「公至自唐。」《左傳》云：「脩舊好也。」又云：「特相會，往來稱地，讓事也。自參以上，則往稱地，來稱會，成事也。」「特相會」是指兩國國君單獨相會。魯、戎兩國國君相會於唐，依照國際慣例相讓不肯為主人，所以無論是往方或來方，經皆書盟會的地名。但若是三國國君相會，必有一國國君為主人，依主會國的立場，他方主會，我方前往，則經

〔註167〕〔唐〕孔穎達：《春秋左傳正義》，卷1，頁4。
〔註168〕〔唐〕孔穎達：《春秋左傳正義》，卷27，頁211。
〔註169〕見杜預注。〔唐〕孔穎達：《春秋左傳正義》，卷13，頁101。
〔註170〕〔唐〕孔穎達：《春秋左傳正義》，卷1，頁4。
〔註171〕〔唐〕孔穎達：《春秋左傳正義》，卷27，頁211。

書盟會的地名；我方主會，他方前來，則經書盟會，不書地名。例二，「與謀曰及」。《春秋》宣公七年夏：「公會齊侯伐萊。」《左傳》云：「不與謀也。凡師出，與謀曰及，不與謀曰會。」魯、齊二國國君不與謀而出師伐萊，所以經書「會」。

所謂「婉而成章」，杜預以為「曲從義訓，以示大順。」〔註172〕又注：「婉，曲也。謂屈曲其辭，有所辟諱，以示大順，而成篇章。」〔註173〕所舉二例為「諸所諱辟」、「璧假許田」。例一，「諸所諱辟」。《春秋》僖公十六年冬十二月：「公會齊侯、宋公、陳侯、衛侯、鄭伯、許男、邢侯、曹伯于淮。」十七年夏：「滅項。」同年秋九月：「公至自會。」《左傳》云：「會于淮，謀鄫，且東略也。」又云：「淮之會，公有諸侯之事，未歸而取項，齊人以為討而止公。」又云：「公至。書曰：『至自會。』猶有諸侯之事焉，且諱之也。」魯僖公十六年十二月與諸侯相會於淮，研商討伐鄫國及經營東土的策略，不料翌年夏天在僖公尚未返國時，魯國竟派兵消滅項國，於是齊國將僖公扣押下來，直到九月才釋放僖公返國。經書僖公「至自會」，猶如與諸侯相會至九月才返國，不書被齊國扣押後釋放返國，目的是為僖公隱諱。例二，「璧假許田」。《春秋》桓公元年春正月：「公即位。」三月：「公會鄭伯于垂，鄭伯以璧假許田。」《左傳》云：「公即位，修好于鄭，鄭人請復祀周公，卒易祊田，公許之。」又云：「鄭伯以璧假許田，為周公祊故也。」周成王賜周公許田，作為魯國朝宿之邑。周宣王賜鄭桓公祊田，作為鄭國助祭泰山湯沐之邑。許、祊皆周天子所賜，魯、鄭不得私自交易；且周公為魯國始祖，許田立有周公廟，不得聽任鄭國祀之。但魯桓公為使兩國重修舊好，竟然同意鄭國以祊田易許田，經書「璧假許田」，不書以祊田易許田，表示許田是暫借，而非久易，目的在為魯國隱諱。

劉知幾《史通・曲筆》云：

肇有人倫，是稱家國。父父子子，君君臣臣。親疎既辨，等差有別。蓋子為父隱，直在其中，《論語》之順也。略外別內，掩惡揚善，《春秋》之義也。自茲已降，率由舊章。史氏有事涉君親，必言多隱諱。雖直道不足，而名教存焉。〔註174〕

〔註172〕〔唐〕孔穎達：《春秋左傳正義》，卷1，頁4。
〔註173〕〔唐〕孔穎達：《春秋左傳正義》，卷27，頁211。
〔註174〕〔清〕浦起龍：《史通通釋》，卷7，頁8。

劉知幾認爲，《春秋》曲筆隱諱的目的在存名教，這與曲筆徇私或曲筆屈從是
完全不一樣的。易言之，《春秋》爲了存名教的目的，確是有曲筆的，包括略
外別內、掩惡揚善在內，由以上「微而顯」、「志而晦」、「婉而成章」所舉數
例即可爲證。《春秋》的曲筆，加上「盡而不汙」的直書，都蘊含了微言大義
在其中。

第二段見《春秋》昭公三十一年冬：「黑肱以濫來奔。」《左傳》引君子
曰：

> 名之不可不慎也如是夫〔註175〕，有所〔註176〕有名，而不如其已。
> 以地叛，雖賤必書。地以名其人，終爲不義，弗可滅已。是故君子
> 動則思禮，行則思義，不爲利回，不爲義疚〔註177〕。或求名而不得，
> 或欲蓋而名章，懲不義也。齊豹爲衛司寇，守嗣大夫，作而不義，
> 其書爲盜。邾庶其、莒牟夷、邾黑肱以土地出，求食而已，不求其
> 名，賤而必書。此二物者，所以懲肆而去貪也。若艱難其身，以險
> 危大人，而有名章徹，攻難之士將奔走之。若竊邑叛君，以徼大利
> 而無名，貪冒之民將寘力焉。是以《春秋》書齊豹曰盜，三叛人名，
> 以懲不義，數惡無禮，其善志也。故曰：「《春秋》之稱，微而顯，
> 婉而辨。」上之人能使昭明，善人勸焉，淫人懼焉，是以君子貴之。

這一段文字集中討論「名之不可不慎」的問題，句讀上應是全部出自「君子
曰」。《左傳》「君子曰」藉著「邾黑肱以濫來奔」，連帶舉出《春秋》兩類關
於「名」的事件：第一類是「求名而不得」，如《春秋》昭公二十年夏，衛靈
公之兄公孟縶專權傲慢，司寇齊豹於是聯合他人起兵殺掉公孟縶，雖然齊豹
堪稱爲國除害，《春秋》卻於同年秋記載：「盜殺衛侯之兄縶。」不但沒有褒
揚之意，反而隱去其名，貶之曰「盜」，顯然《春秋》對此事件大不認同，其

〔註175〕 王引之《經義述聞·春秋左傳下》云：「杜以『夫』字下屬爲句，失之。」〔清〕
王引之：《經義述聞》（臺北：廣文書局，1979年2月），卷19，頁474。

〔註176〕 王引之《經義述聞·春秋左傳下》云：「所，時也。言名者，人之所欲得也，
然有時有名而不如無名，若邾黑肱之以地叛而書名是也。」〔清〕王引之：《經
義述聞》，卷19，頁474。

〔註177〕 王引之《經義述聞·春秋左傳下》云：「杜解『不爲義疚』曰：『疚，病也。
見義則爲之。』引之謹案：『不爲義疚』，當作『不爲不義疚』，杜曲爲之說，
非也。上文曰：『終爲不義。』下文曰：『懲不義也。』又曰：『作而不義。』
文皆相承。此處脫一『不』字耳。『不爲不義疚』，言不爲不義而內省多疚也。」
〔清〕王引之：《經義述聞》，卷19，頁475。

間有何微言大義呢？君子告訴我們，《春秋》的微言大義在「懲肆」，齊豹身為司寇，又是世襲的大夫，卻帶頭作亂，行為不義，所以《春秋》稱之為「盜」；其次，齊豹為國除害，卻使衛侯陷入險境，如果獲得褒揚，則天下之士都可能以為國除害為藉口，只求一己之名，而置國君與國家的安危於不顧，所以《春秋》不書其名，使求名之士無名可求，杜絕後人效尤。第二類是「欲蓋而名章」，如《春秋》襄公二十一年春：「邾庶其以漆、閭丘來奔。」又昭公五年夏：「莒牟夷以牟婁及防、茲來奔。」又昭公三十一年冬：「黑肱以濫來奔。」邾庶其、莒牟夷、邾黑肱三人原本都是地位低賤的小人物，因為投奔魯國而在《春秋》留名。《春秋》原本不書地位低賤者之名，卻例外記錄了這三位小人物之名，其間有何微言大義呢？君子告訴我們，《春秋》的微言大義在「去貪」，三位小人物投奔魯國，雖然不是為了求名，卻是貪取私利而「竊邑叛君」，於是《春秋》將其名記錄下來，成為惡名。所以《春秋》是運用「微而顯」、「婉而辨」的書法，使在上位者能順利施政執法，使善人知所勸勉，使惡人知所警惕。

　　甘懷真先生另由「禮」的角度切入，探討《左傳》「君子曰」的意義：

> 《左傳》中的「君子曰」屢言禮，以禮為標準而衡斷歷史的是非，其反映的是戰國儒者的觀點。〔註178〕

> 《左傳》作者藉由歷史的陳述，而非哲學式的辯論，告訴讀者禮與國家興亡的關係。在戰國中期，法家勢力大盛，儒家為對抗法家學說，利用春秋中期以來儒家屢言禮的傳統，運用禮的語言符號，再賦與它新的意義，以對抗法家所倡言的「法」。〔註179〕

有關《左傳》「君子曰」屢言禮，例如成公十八年夏云：「公至自晉。晉范宣子來聘，且拜朝也。君子謂晉於是乎有禮。」又襄公二年夏云：「齊姜薨。初，穆姜使擇美檟，以自為櫬，與頌琴，季文子取以葬。君子曰：『非禮也。禮無所逆。婦，養姑者也，虧姑以成婦，逆莫大焉。』」又昭公三年夏四月云：「鄭伯如晉，公孫段相，甚敬而卑，禮無違者，晉侯嘉焉，授之以策，曰：『子豐有勞於晉國，余聞而弗忘，賜女州田，以胙乃舊勳。』伯石再拜稽首，受策以出。君子曰：『禮，其人之急也乎？伯石之汏也，一為禮於晉，猶荷其祿，

〔註178〕 甘懷真：《皇權、禮儀與經典詮釋：中國古代政治史研究》（臺北：國立臺灣大學出版中心，2004年6月），頁7。

〔註179〕 甘懷真：《皇權、禮儀與經典詮釋：中國古代政治史研究》，頁24。

況以禮終始乎！』如此看來，《左傳》不僅藉著「君子曰」表現君子的羣體道德意識而已，更藉著君子之口特別提倡道德中的禮，在劇烈動盪不安的春秋戰國時期對抗法家的學說，以期對社會國家發揮振衰起敝的作用，可謂別具重大的時代意義。

（二）《公羊傳》（《春秋繁露》）：「正辭」與「微辭」

《公羊傳》無「微言」與「大義」之詞。但《春秋繁露》提出《春秋》有「正辭」、「微辭」與「誅意不誅辭」，都是《春秋》蘊含微言大義的形式。

所謂「正辭」，即是正常的文辭，如《公羊傳》莊公三十二年冬十月乙未云：

> 君存稱世子，君薨稱子某，既葬稱子，踰年稱公。

國君之子在不同的時期有「世子」、「子某」、「子」、「公」四種不同的名稱，《春秋》在該使用「世子」、「子某」、「子」、「公」時，按照正常的方式使用，就是正辭。《春秋》雖有正辭，但亦有例外，稱為「《春秋》無達辭」〔註180〕，如《春秋》僖公九年冬：「晉里克弒其君之子奚齊。」《公羊傳》云：

> 此未踰年之君，其言弒其君之子奚齊何？殺未踰年君之號也。

晉獻公去世後，驪姬之子奚齊繼位，未踰年而被弒，按照正辭，若獻公未葬則書「子奚齊」，若獻公已葬則書「子」；但奚齊繼位未踰年被弒為何書「君之子」呢？因為事件背後隱藏了驪姬的陰謀，先是害死世子申生，既而其子奚齊、卓子繼位接連被弒，造成了晉國的重大災難。董仲舒認為，《春秋》為了凸顯驪姬的陰謀，不希望真相受到矇蔽，「故去其正辭，徒言『君之子』而已」〔註181〕。所以《春秋》有正辭，亦有例外，奚齊繼位未踰年被弒書「君之子」即是。

「正辭」亦稱為「常辭」。如《春秋繁露‧竹林》云：

> 《春秋》之常辭也，不予夷狄，而予中國為禮。〔註182〕

在正常的情況下，《春秋》只會讚許中國知禮，而不會讚許夷狄知禮，這是常辭。但亦有例外，稱為「《春秋》無通辭」〔註183〕，如《春秋》宣公十二年夏

〔註180〕見《春秋繁露‧精華》。〔漢〕董仲舒、〔清〕盧文弨校：《春秋繁露》，卷3，頁9。

〔註181〕見《春秋繁露‧精華》。〔漢〕董仲舒、〔清〕盧文弨校：《春秋繁露》，卷3，頁9。

〔註182〕〔漢〕董仲舒、〔清〕盧文弨校：《春秋繁露》，卷2，頁1。

〔註183〕〔漢〕董仲舒、〔清〕盧文弨校：《春秋繁露》，卷2，頁1。

六月乙卯:「晉荀林父帥師及楚子戰于邲,晉師敗績。」《公羊傳》云:「大夫不敵君,此其稱名氏以敵楚子何?不與晉而與楚子爲禮也。」晉、楚邲之戰源於楚莊王伐鄭,鄭伯請降,莊王不但未占領鄭國,反而退舍七里;不久晉國派兵救鄭,楚莊王雖已退兵,晉師仍要求一戰,結果邲之戰晉師大敗,莊王不願殃及無辜百姓,於是還師,不再追擊。邲之戰,晉師主帥是大夫,楚師主帥是國君,雙方主帥的地位不相當,但經書晉師主帥名氏,而不書其大夫爵位,使雙方主帥的地位看似相當,用意何在?在於讚許楚雖是夷狄卻知禮,貶抑晉雖是中國卻不知禮;而非因爲楚師主帥地位較高所以獲得讚許,晉師主帥地位較低所以未獲讚許。誠如《春秋繁露・竹林》云:

> 《春秋》無通辭,從變而移。今晉變而爲夷狄,楚變而爲君子,故移其辭以從其事。夫莊王之舍鄭,有可貴之美,晉人不知其善,而欲擊之,所救已解,如挑與之戰,此無善善之心,而輕救民之意也,是以賤之,而不使得與賢者爲禮。〔註184〕

晉因不知禮而變爲夷狄,楚因知禮而變爲君子,君子與夷狄的認定標準並非一成不變,而是視其是否知禮,「從變而移」。所以《春秋》有常辭,亦有例外,「不與晉而與楚子爲禮」即是。

其次,所謂「微辭」,即是「隱微不顯之言」。據《公羊傳》定公元年春云:「定、哀多微辭。」《春秋繁露・楚莊王》亦云:君子「於所見,微其辭。」〔註185〕按董仲舒認爲《春秋》微辭也是君子所作,並將《春秋》十二世分爲有見、有聞、有傳聞三等,其中君子所見爲昭公、定公、哀公三世。爲何《春秋》「定、哀多微辭」呢?因爲君子「義不訕上,智不危身,故遠者以義諱,近者以智畏,畏與義兼,則世逾近,而言逾謹矣,此定、哀之所以微其辭。」〔註186〕年代愈近的事件,與在位當權者的關係愈密切,所以君子對於所見之世的文辭特別謹愼、隱諱,必須運用智慧將意見巧妙地包裝起來,使「主人習其讀而問其傳,則未知己之有罪焉爾」〔註187〕,才不至於危及君子的身家安全。例如《春秋》昭公二十五年秋七月上辛:「大雩。」季辛:「又雩。」《公羊傳》云:「又雩者何?又雩者,非雩也,聚眾以逐季氏也。」「雩」是一種旱祭。按各國往例,雩祭在一個月內只舉行一次,《春秋》卻記載魯國在昭公

〔註184〕 〔漢〕董仲舒、〔清〕盧文弨校:《春秋繁露》,卷2,頁1。
〔註185〕 〔漢〕董仲舒、〔清〕盧文弨校:《春秋繁露》,卷1,頁3。
〔註186〕 〔漢〕董仲舒、〔清〕盧文弨校:《春秋繁露》,卷1,頁4。
〔註187〕 見《公羊傳》定公元年春。

二十五年七月上辛與季辛兩日接連舉行雩祭，這是什麼原因呢？其實第二次所謂「又雩」，不是舉行雩祭，而是魯國在當日聚眾準備驅逐季氏。昭公是君子所見之世，《春秋》不直書魯國聚眾以逐季氏，正因爲季氏是當權者，君子爲避免惹禍上身，所以使用微辭「又雩」。

董仲舒爲多方面地闡發《春秋》的微言大義，將「微辭」分爲「溫辭」、「婉辭」、「詭辭」三種同義詞：

1. 溫辭

《春秋繁露・楚莊王》云：

> 《春秋》，義之大者也，得一端而博達之。觀其是非，可以得其正法；
> 視其溫辭，可以知其塞怨。〔註188〕

所謂「溫辭」，即是「蘊蓄之辭」〔註189〕。《春秋》是義理的總集成，透過溫辭，可以解讀《春秋》蘊含的大義，上揭「又雩」即是一例。

2. 婉辭

《春秋繁露・楚莊王》云：

> 「《春秋》曰：『晉伐鮮虞。』奚惡乎晉，而同夷狄也？」曰：「《春
> 秋》尊禮而重信，信重於地，禮尊於身。……曰禮而信，禮無不答，
> 施無不報，天之數也。今我君臣同姓適女，女無良心，禮以不答，
> 有恐畏我，何其不夷狄也！……今晉不以同姓憂我，而強大厭我，
> 我心望焉，故言之不好，謂之晉而已，婉辭也。」〔註190〕

所謂「婉辭」，義同前揭《左傳》成公十四年秋九月引君子曰「婉而成章」，指委曲辟諱之辭。「晉伐鮮虞」見《春秋》昭公十二年冬。晉與鮮虞是同姓之國，鮮虞以禮待晉，晉卻憑恃強大的武力欺壓鮮虞，鮮虞心中有難言的怨恨，不稱晉君之爵，而稱之爲「晉」，隱喻晉國無異於夷狄。《春秋》記載此事，亦「單言『晉』，不稱爵，是夷狄之也」〔註191〕，即是「婉辭」。

〔註188〕〔漢〕董仲舒、〔清〕盧文弨校：《春秋繁露》，卷1，頁3。

〔註189〕清儒俞樾（1821～1907年）《諸子平議・春秋繁露》云：「『溫』，當讀爲『蘊』，古字通也。蘊辭，謂蘊蓄之辭，即上所謂微其辭者。」〔清〕俞樾：《諸子平議》（上海：上海古籍出版社，2002年3月，《續修四庫全書》，冊1162），卷25，頁3。

〔註190〕〔漢〕董仲舒、〔清〕盧文弨校：《春秋繁露》，卷1，頁2。

〔註191〕見盧文弨校注。〔漢〕董仲舒、〔清〕盧文弨校：《春秋繁露》，卷1，頁2。

3. 詭辭

《春秋繁露·玉英》云：

> 難紀季曰：「《春秋》之法，大夫不得用地。」又曰：「公子無去國
> 之義。」又曰：「君子不避外難。」紀季犯此三者，何以爲賢？賢
> 臣故盜地以下敵，棄君以避患乎？曰：「賢者不爲是。是故託賢於
> 紀季，以見季之弗爲也；紀季弗爲，而紀侯使之可知矣。《春秋》
> 之書事，時詭其實，以有避也；其書人，時易其名，以有諱也。……
> 然則說《春秋》者，入則詭辭，隨其委曲，而後得之。今紀季受
> 命乎君，而經書專，無善之名〔註192〕，而文見賢，此皆詭辭，不
> 可不察。《春秋》之於所賢也，固順其志而一其辭，章其義而襃其
> 美。今紀侯，《春秋》之所貴也，是以聽其入齊之志，而詭其服罪
> 之辭也，移之紀季。故告糴于齊者，實莊公爲之，而《春秋》詭
> 其辭，以予臧孫辰；以酅入于齊者，實紀侯爲之，而《春秋》詭
> 其辭，以與紀季。所以詭之不同，其實一也。」……曰：「齊將復
> 讎，紀侯自知力不加，而志距之，故謂其弟曰：『我宗廟之主，不
> 可以不死也，汝以酅往，服罪於齊，請以立五廟，使我先君歲時
> 有所依歸。』率一國之眾，以衛九世之主，襄公逐之不去，求之
> 弗予，上下同心，而俱死之，故謂之『大去』。《春秋》賢死義且
> 得眾心也，故爲諱滅，以爲之諱，見其賢之也，以其賢之也，見
> 其中仁義也。」〔註193〕

所謂「詭辭」，即是掩飾事實之辭。按《春秋》莊公三年秋：「紀季以酅入于
齊。」齊襄公爲復九世之仇，派兵攻打紀國。紀侯自知即將亡國，誓死抵抗
到底；但另派遣其弟紀季割讓酅邑，向齊國服罪，以請求建立祖宗五廟，保
存後代子孫的祭祀。紀季臨危受命，達成任務，經不書其名，以示其賢；但
經文完全看不出紀季是受紀侯之命，而是擅自作主，「盜地以下敵」、「棄君以
避患」，怎能稱爲賢呢？其實紀侯與紀季，一是賢君，一是賢臣，都是應該襃
揚的對象；但《春秋》爲表彰紀侯是一位仁義之君，必須掩飾紀侯向齊國服
罪的事實，所以將服罪之辭移轉至紀季身上，此即「詭辭」。

〔註192〕 「之名」，原作「一名」。蘇輿云：「『一』，疑作『之』。」從其校改。〔清〕蘇
　　　　　輿：《春秋繁露義證》（北京：中華書局，1992 年 12 月），卷 3，頁 83。
〔註193〕 〔漢〕董仲舒、〔清〕盧文弨校：《春秋繁露》，卷 3，頁 5～6。

再其次，所謂「誅意不誅辭」，是《春秋》的特例，只適用於齊桓公與晉文公二人，即是君子對於齊桓公與晉文公做出不合義理之事，只在內心予以譴責，而不在文辭上予以譴責。《春秋繁露·王道》云：

> 齊桓、晉文擅封，致天子，誅亂，繼絕存亡，侵伐會同，常爲本主。
> 曰：桓公救中國，攘夷狄，卒服楚，至爲王者事，晉文再致天子，皆止不誅，善其牧諸侯，奉獻天子，而服周室，《春秋》予之爲伯，誅意不誅辭之謂也。〔註194〕

齊桓公三度分封土地給諸侯（僖公元年夏將陳儀封給邢國，僖公二年春將楚丘封給衛國，僖公十四年春將緣陵封給杞國），晉文公於僖公二十八年夏與冬兩度召請周天子，又討伐亂賊，使斷絕的世系延續下去，使衰亡的國家復興起來，經常主持諸侯侵伐會同，雖然都是「王者事」，僭越了周天子的職權，應該譴責；但二人能「牧諸侯，奉獻天子，而服周室」，反而是維持天下安定的兩股力量，有功於中國，所以君子採用「誅意不誅辭」，在《春秋》的文辭上讚許二人爲霸主，只在內心予以譴責。

（三）《穀梁傳》：「詭辭」

《穀梁傳》對於君子闡釋微言大義缺乏理論上的論述，僅見「詭辭」一詞。《春秋》文公六年冬：「晉殺其大夫陽處父。」《穀梁傳》云：

> 稱國以殺，罪累上也。襄公已葬，其以累上之辭言之，何也？君漏言也。……夜姑殺者也，夜姑之殺奈何？曰：晉將與狄戰，使狐夜姑爲將軍，趙盾佐之。陽處父曰：「不可。古者君之使臣也，使仁者佐賢者，不使賢者佐仁者。今趙盾賢，夜姑仁，其不可乎！」襄公曰：「諾。」謂夜姑曰：「吾始使盾佐女，今女佐盾矣。」夜姑曰：「敬諾。」襄公死，處父主竟上事，夜姑使人殺之，君漏言也。故士造辟〔註195〕而言，詭辭而出，曰：「用我則可，不用我則無亂其德。」

晉、狄之戰，晉襄公原任命狐夜姑爲將軍，趙盾佐之，後來因陽處父的建議，而將二人職務對調；狐夜姑對陽處父懷恨在心，等到襄公去世之後，派人將陽處父殺了。陽處父被殺，是因爲襄公將其身分洩漏所造成，所以經書「晉」，

〔註194〕〔漢〕董仲舒、〔清〕盧文弨校：《春秋繁露》，卷4，頁5。
〔註195〕王引之《經義述聞·春秋穀梁傳》云：「『造辟』二字，文不成義。……『辟』，當作『膝』，字之誤也。……『造』，當讀爲蹙。蹙者，促也。蹙膝而言者，君臣促膝密語，不使左右聞之也。」〔清〕王引之：《經義述聞》，卷25，頁610。

不書「狐夜姑」，將「殺其大夫」的罪名加在襄公身上，目的在提醒國君對於君臣促膝密談的內容應該「詭辭」。所謂「詭辭」，范甯注：「不以實告人。」〔註196〕義同前揭《春秋繁露・玉英》提出的「詭辭」，即對於事實必須掩飾，說話時注意有所保留，不可輕忽洩密。不過，《穀梁傳》未標明「故士造辟而言，詭辭而出」一語的出處，或可視為不知名的君子發表的道德議論。

另《公羊傳》與《穀梁傳》均無類似劉歆與班固「微言絕」、「大義乖」之說，尤其公羊學中董仲舒、何休一系，延續至清代常州學派，不但未曾認為微言大義斷絕、乖違過，甚至一再闡發出新的微言大義，如皮錫瑞《經學通論・春秋》云：

> 《春秋》有大義，有微言。所謂大義者，誅討亂賊以戒後世是也；
>
> 　所謂微言者，改立法制以致太平是也。〔註197〕

此說將微言與大義劃分為兩個內涵截然不同的名詞。由於君子每逢亂世便須誅討亂賊、改立法制，以圖恢復道德秩序，即使孔子與弟子們皆已去世久遠，後世的君子闡發微言大義依然生生不息，並在時局動盪不安的清代末年，直接促成改革與革命兩股新主張與新力量的興起。

第四節　孔子述而不作

有關孔子與《春秋》的關係是述或是作，自古以來的看法非常不一致。最早主張孔子作《春秋》的應該是孟子，〈滕文公下〉引孟子答弟子公都子曰：「世衰道微，邪說暴行有作，臣弒其君者有之，子弒其父者有之。孔子懼，作《春秋》。」〔註198〕又〈離婁下〉引孟子曰：「王者之跡熄，而詩亡，詩亡然後《春秋》作。晉之《乘》，楚之《檮杌》，魯之《春秋》，一也。其事則齊桓、晉文，其文則史。孔子曰：『其義則丘竊取之矣。』」〔註199〕但〈梁惠王上〉引孟子對齊宣王曰：「仲尼之徒無道桓、文之事者，是以後世無傳焉，臣未之聞也。」〔註200〕齊桓公與晉文公是《春秋》非常推崇的兩位重要人物，

〔註196〕〔唐〕楊士勛：《春秋穀梁傳注疏》，卷10，頁42。
〔註197〕〔清〕皮錫瑞：《經學通論》（臺北：河洛圖書出版社，1974年12月），卷4，頁1。
〔註198〕〔宋〕孫奭：《孟子注疏》，卷6下，頁50。
〔註199〕〔宋〕孫奭：《孟子注疏》，卷8上，頁63～64。
〔註200〕〔宋〕孫奭：《孟子注疏》，卷1下，頁6。

孟子身爲孔門嫡傳弟子，竟向第一個游說的國君齊宣王稱未聞其事，似乎表示孔子未曾作《春秋》，或是孟子根本沒學過也沒見過《春秋》；等到後來齊宣王、梁惠王等國君均不能用，「退而與萬章之徒序《詩》、《書》，述仲尼之意，作《孟子》七篇」〔註201〕，才開始宣揚孔子作《春秋》，對於「仲尼之徒無道桓、文之事」卻又照錄不諱，孔子是否眞的作《春秋》頗啓人疑竇。錢玄同先生（1887～1939 年）認爲「《孟子》書中『孔子作《春秋》』之說，只能認爲與他所述堯、禹、湯、伊尹、百里奚的事實一樣，不信任它是眞事。」〔註202〕顧頡剛先生亦批評「孟子以前無言孔子作《春秋》的，孟子的話本是最不可信的。」〔註203〕兩位先生的措辭雖然強烈，卻非無據。

司馬遷（約前145～前90 年）主張孔子「因史記作《春秋》」，「至於爲《春秋》，筆則筆，削則削，子夏之徒不能贊一辭」〔註204〕。其父司馬談（？～前110 年）亦云：「孔子修舊起廢，論《詩》、《書》，作《春秋》。」〔註205〕孔子作《春秋》之說出自史官之口，可見漢初早已普遍流傳。

章學誠《校讎通義・原道》云：

> 六藝非孔氏之書，乃周官之舊典也。……夫子自謂述而不作，明乎官司失守，而師弟子之傳業，於是判焉。……秦人……曰「以吏爲師」，則猶官守、學業合一之謂也。由秦人「以吏爲師」之言，想見三代盛時，《禮》以宗伯爲師，《樂》以司樂爲師，《詩》以太師爲師，《書》以外史爲師，三《易》、《春秋》亦若是則已矣。又安有私門之著述哉！〔註206〕

所謂「六藝」，據《漢書・藝文志》「有六蓺略」句下注：「師古曰：『六蓺，六經也。』」〔註207〕此說由孔子「述而不作」及秦人「以吏爲師」之語，證明六經是周官舊典，則《春秋》非孔子著述矣。

〔註201〕見《史記・孟子荀卿列傳》。〔漢〕司馬遷、〔宋〕裴駰集解：《史記》，卷74，頁1。

〔註202〕錢玄同：〈春秋與孔子〉，《錢玄同文集》（北京：中國人民大學出版社，1999年3月），卷4，頁257。

〔註203〕錢玄同：〈春秋與孔子〉，《錢玄同文集》，卷4，頁259。

〔註204〕見《史記・孔子世家》。〔漢〕司馬遷、〔宋〕裴駰集解：《史記》，卷47，頁26。

〔註205〕見《史記・孔子世家》。〔漢〕司馬遷、〔宋〕裴駰集解：《史記》，卷130，頁8。

〔註206〕葉瑛：《文史通義校注》（北京：中華書局，2004年9月），頁951。

〔註207〕〔清〕王先謙：《漢書補注》，卷30，頁2。

皮錫瑞《經學通論・經學開闢時代》則持異說，云：

> 經學開闢時代，斷自孔子刪定六經爲始。……漢初舊說，分明不誤。
> 東漢以後，始疑所不當疑。……。疑《左氏傳》韓宣適魯，見《易》
> 象與魯《春秋》，有「吾乃今知周公之德」之言，謂周公作《春秋》，
> 於是《春秋》一經不得爲孔子作；杜預乃謂周公所作爲舊例，孔子
> 所修爲新例矣。或又疑孔子無刪《詩》、《書》之事，《周禮》、《儀禮》
> 並出周公，則孔子並未作一書；章學誠乃謂周公集大成，孔子非集
> 大成矣。〔註208〕

此說堅信漢初孔子作六經之說，反對後出之周公集大成之說；所引各經疑義，
其《經學通論》另有辨駁。其他學者的正反意見，不暇一一列舉。

周予同先生（1898～1981年）研究今古文學對於六經次第排列的意義時，
發現兩派對於的孔子觀念不同，云：

> 古文學家視孔子爲一史學家。他們以爲六經都是前代的史料，所謂
> 「六經皆史」；孔子只是前代文化的保存者，所謂「述而不作，信而
> 好古」。孔子既是將前代的史料加以整理以傳授後人，則六經的次第
> 應當按史料產生的早晚而排列。〔註209〕

因此，古文學派按六經產生時代的早晚而排列的次第爲：《易》、《書》、《詩》、
《禮》、《樂》、《春秋》。又云：

> 今文學家是孔子爲教育家、哲學家、政治家。他們以爲六經固有前
> 代的史料，但這只是孔子「託古改制」的工具。孔子所著重的不在
> 於六經的文字事實，而在於六經的微言大義；這正如孟子讚美《春
> 秋》所說：「其事則齊桓、晉文，其文則史，其義則丘竊取之矣。」
> 孔子記是一位改制的「素王」，則六經的次第當然要按程度的深淺而
> 排列。〔註210〕

因此，今文學派按六經內容程度的深淺而排列的次第爲：《書》、《詩》、《禮》、
《樂》、《易》、《春秋》。按今古文學派之爭起自漢初，由於涉及學派的地位與
利益糾葛，已非單純的學術問題，雖然雙方都積極爲孔子塑造了一個形象，

〔註208〕 〔清〕皮錫瑞：《經學歷史》（臺北：漢京文化事業，2004年3月），頁19～
20。
〔註209〕 周予同：《羣經概論》（上海：商務印書館，1931年4月），頁12。
〔註210〕 周予同：《羣經概論》，頁12。

但塑造的形象不同，各說各話，無助於解決爭議。有關孔子與《春秋》的關係究竟如何，仍須繼續尋找新觀點與新事證。

一、「述而不作」是孔子表達事實而非自謙之辭

《論語・述而》子曰：

> 述而不作，信而好古，竊比於我老彭。〔註211〕

這一段話是孔子自述治學的態度。三代以前的知識傳播一直是以口耳相傳為主，雖然春秋時期已有大量官方文獻著於竹帛，但孔子師徒之間的知識傳授仍是維持此一傳統形式，已如前述；因此，所謂「述而不作」，「述」是口述，「作」是著作，孔子傳授知識只是口頭傳述，而不著於竹帛。其次，所謂「信而好古」，《論語・述而》云：「子以四教：文、行、忠、信。」〔註212〕「信」是孔子教學的四大主軸之一，因為守信是立身處世非常重要的原則，所以孔子經常教育學生「主忠信」〔註213〕、「言忠信，行篤敬」〔註214〕。但只是守信猶有不足，尚須輔以「好學」，子曰：「篤信好學，守死善道。」〔註215〕守信與好學必須兼顧並重，否則「好信不好學，其蔽也賊」〔註216〕，反而成為賊害道德的人。若進一步將「篤信好學」與「信而好古」相互對照，可知孔子重視自古以來的知識傳承，「好古」是「好學」的表現之一。所以「述而不作，信而好古」是孔子表達事實，並無深奧難解的大道理。

曹魏何晏（約195～249年）集解引東漢包咸（7～65年）曰：

> 老彭，殷賢大夫，好述古事。我若老彭，但述之耳。〔註217〕

老彭是殷賢大夫，其治學態度正是「述而不作，信而好古」，所以孔子私下以老彭為效法的榜樣。但何晏所引的解釋只對了一半，因為所謂「好述古事」是將「述而不作，信而好古」交叉重組、籠統簡化了，容易使人誤以為孔子與老彭只重視古事，不關心時事；尤其孔子是「聖之時者也」〔註218〕，進退

〔註211〕見《論語・述而》。〔宋〕邢昺：《論語注疏》，卷7，頁25。

〔註212〕見《論語・述而》。〔宋〕邢昺：《論語注疏》，卷7，頁27。

〔註213〕見《論語》〈學而〉、〈子罕〉、〈顏淵〉。〔宋〕邢昺：《論語注疏》，卷1，頁2；卷9，頁35；卷12，頁47。

〔註214〕見《論語・衛靈公》。〔宋〕邢昺：《論語注疏》，卷15，頁61。

〔註215〕見《論語・泰伯》。〔宋〕邢昺：《論語注疏》，卷8，頁31。

〔註216〕見《論語・陽貨》。〔宋〕邢昺：《論語注疏》，卷17，頁69。

〔註217〕〔宋〕邢昺：《論語注疏》，卷7，頁25。

〔註218〕見《孟子・萬章下》孟子曰。〔宋〕孫奭：《孟子注疏》，卷10上，頁77。

皆得時宜，若解爲「好述古事」，尚須補充說明孔子亦「好述時事」、關心時局、指陳時弊，不僅多費一番唇舌，且迂迴而少功。所以「述而不作」與「信而好古」雖然都是孔子的治學態度，卻應分別解之，不可交叉重組、籠統簡化爲「好述古事」，誤導後學。

又有後儒誤會孔子之意，認爲「述而不作」是孔子自謙之辭，如孔穎達正義：

> 此章記仲尼著述之謙也。作者之謂聖，述者之謂明。老彭，殷賢大
> 夫也。老彭於時，但述脩先王之道，而不自制作，篤信而好古事。
> 孔子言今我亦爾，故云「比老彭」；猶不敢顯言，故云「竊」。〔註219〕

孔子並未提到自己有意著作，何來所謂「著述之謙」呢？按《禮記‧樂記》云：「知禮樂之情者能作，識禮樂之文者能述。作者之謂聖，述者之謂明。明聖者，述作之謂也。」〔註220〕無論作禮樂或述禮樂，都是對禮樂具有深厚涵養的人才做得到，能作或能述並無高下之分；且「述而不作」的「述」與「作」，原是兩種不同的知識傳播形式，從「述」到「作」是三代知識傳播形式的自然演變，亦無關孰高孰低。但孔穎達援引「作者之謂聖，述者之謂明」顯有斷章取義之嫌，無端將「作者」的地位置於「述者」之上，似乎孔子自認是聖人，應該有所著作，當個「作者」，但看到老彭沒有著作，爲了表示謙虛，不好意思超越老彭，只好私下打消了著作的念頭，繼續當個「述者」。如此標榜孔子謙虛，豈有謙虛可言呢？

朱熹明顯受到孔穎達的影響，其《論語集註》亦云：

> 述，傳舊而已；作，則創始也。故「作」非聖人不能，而「述」則
> 賢者可及。竊比，尊之之辭；我，親之之辭。老彭，商賢大夫，見
> 《大戴禮》，蓋信古而傳述者也。孔子刪《詩》、《書》，定禮、樂，
> 贊《周易》，修《春秋》，皆傳先王之舊，而未嘗有所作也，故其自
> 言如此。蓋不惟不敢當作者之聖，而亦不敢顯然自附於古之賢人。
> 蓋其德愈盛而心愈下，不自知其辭之謙也。然當是時，作者略備，
> 夫子蓋集羣聖之大成而折衷之，其事雖述，而功則倍於作矣，此又
> 不可不知也。〔註221〕

〔註219〕見《論語‧述而》。〔宋〕邢昺：《論語注疏》，卷7，頁25。
〔註220〕〔唐〕孔穎達：《禮記正義》，卷37，頁302。
〔註221〕蔣伯潛：《論語新解》（臺北：啓明書局，年月份不詳，《語譯廣解四書讀本》），頁86～87。

所謂「作非聖人不能，述則賢者可及」，亦是認為「作者」的地位高於「述者」；又認為孔子雖然只謙虛地當個傳述舊聞的「述者」，但功勞倍於創作新說的「作者」。既然「述」的功勞可能倍於「作」，則何必標榜「作者」的地位高於「述者」呢？其實朱熹真正想標榜的是聖人高於賢人、孔子高於古聖先賢，而標榜「作者」高於「述者」則是個不當的連結，與孔子是否謙虛無關。

二、孔子修作《春秋》證據不足宜闕疑

《論語》是記錄孔子言行最可靠的文獻，〈述而〉云：「子所雅言，《詩》、《書》、執禮，皆雅言也。」〔註222〕孔子讀《詩》、讀《書》、執禮都是使用官方語言，與著作之事無涉。又〈子罕〉引孔子曰：「吾自衛反魯，然後樂正，雅、頌各得其所。」〔註223〕孔子整理樂章與詩篇，亦與著作之事不同。雖然顧頡剛先生答錢玄同先生〈論春秋性質書〉時，提出「《論語》中無孔子作《春秋》事」〔註224〕，但誠如王力先生（1900～1986年）云：「無論袴或褌都不見於先秦史料，當時人們只穿裳，不穿褲子。」〔註225〕如此推論恐怕不夠客觀。按《春秋》三傳均有「孔子曰」（「仲尼曰」），我們可以說《春秋》與孔子是有關係的，至少孔子曾經對《春秋》發表過道德議論，或是說孔子是《春秋》的評論家。歷來討論孔子與《春秋》關係的學者不勝枚舉，而時間最近的重要學者當以張以仁與楊伯峻兩位先生為代表，前者主張《春秋》係孔子修作，後者主張相反。本文為利於參與討論，將援引兩位先生的相關說法為主，以《春秋》三傳及《春秋繁露》的資料為範圍，舉例說明之。

（一）誤以《左傳》「不書」必為孔子所刪

《左傳》隱公元年夏四月云：

> 費伯帥師城郎。不書，非公命也。

張以仁先生云：

> 費伯帥師城郎之事，不見於《春秋》經文，《左傳》以為費伯未奉公命，專意而行，故《春秋》不記此事，如果據楊伯峻所說，是史筆如此，而非孔子所刪，那麼史既無文，《左傳》作者又根據什麼事來

〔註222〕〔宋〕邢昺：《論語注疏》，卷7，頁26。
〔註223〕〔宋〕邢昺：《論語注疏》，卷9，頁35。
〔註224〕顧頡剛：〈答書〉，《古史辨》（臺北：明倫出版社，1970年3月），冊1，頁276。
〔註225〕王力：《漢語史稿》（北京：中華書局，1980年6月），頁503。

補這一事以說明史筆呢？顯見《左傳》作者是以魯史原文（也即魯
《春秋》）核對孔子《春秋》而提出此「不書」之例。〔註226〕

以上的辨證頗有道理，《春秋》不書而《左傳》書之，應是《左傳》作者以魯
史原文核對而來，並非楊伯峻先生認為的史筆如此。所以《春秋》不書，必
是經過刪改。但張以仁先生怎知《春秋》「不書」是孔子所刪呢？本文前已述
及，《春秋》與孔子是有關係的，至少孔子曾經對《春秋》發表過道德議論。
目前應該證明的是，孔子除了發表過道德議論之外，還刪改過《春秋》，不宜
毫無理由或證據就認定《春秋》「不書」必是經過孔子刪改。

（二）誤以《左傳》「故書曰」必為「故仲尼書曰」

《春秋》僖公二十八年多：「天王狩于河陽。」《左傳》云：

> 仲尼曰：「以臣召君，不可以訓。」故書曰：「天王狩于河陽」，言非
> 其地也，且明德也。

以上是張以仁先生的句讀，云：

> 我這樣句讀，表示《左傳》作者認為所傳《春秋》非魯舊史，而是
> 經聖人脩作過的。「故書曰」可以解釋為「故仲尼書曰」，這和《公
> 羊》莊公七年傳的形式有點類似。莊七年云：「君子脩之曰：『星霣
> 如雨。』何以書？記異也。」「故書曰」相當於「君子脩之曰」；「言
> 非其地也，且明德也」相當於「何以書？記異也」。〔註227〕

張以仁先生的句讀似是從杜預之說，其實不然。按杜預認為《左傳》發凡以
言例，「仲尼從而脩之」，「書曰」是孔子「所以起新舊、發大義」〔註228〕。張
以仁先生見「仲尼曰」在前，緊接著「故書曰」在後，便將「故書曰」指定
解釋為「故仲尼書曰」；又比附《公羊傳》「君子脩之曰」之例，認為「故書
曰」相當於「君子脩之曰」，再度強行指認君子是孔子，並認為「言非其地也，
且明德也」相當於「何以書？記異也」。事實上，將「仲尼曰」與「故書曰」
前後連結是張以仁先生的獨創，《公羊傳》「君子脩之曰」的句型並非如此，
而且已經超出杜預「書曰」的範圍，若套用於《左傳》全文是行不通的。如
《春秋》隱公四年秋：「翬帥師會宋公、陳侯、蔡人、衛人伐鄭。」《左傳》

〔註226〕張以仁：〈孔子與春秋的關係〉，《春秋史論集》（臺北：聯經出版事業，1990
　　　　年1月），頁25～26。

〔註227〕張以仁：〈孔子與春秋的關係〉，《春秋史論集》，頁10～11。

〔註228〕見杜預〈春秋序〉。〔唐〕孔穎達：《春秋左傳正義》，卷1，頁3～4。

云：「故書曰：『翬帥師。』疾之也。」《春秋》僖公五年冬：「晉人執虞公。」《左傳》云：「故書曰：『晉人執虞公。』罪虞，且言易也。」《春秋》文公十二年春正月：「郕伯來奔。」《左傳》云：「故書曰：『郕伯來奔。』不書地，尊諸侯也。」《春秋》宣公五年秋九月：「齊高固來逆叔姬。」《左傳》云：「故書曰：『逆叔姬。』即自逆也。」《春秋》宣公十一年冬十月丁亥：「楚子入陳，納公孫寧、儀行父于陳。」《左傳》云：「故書曰：『楚子入陳，納公孫寧、儀行父于陳。』書有禮也。」《春秋》襄公二年冬：「楚殺其大夫公子申。」《左傳》云：「故書曰：『楚殺其大夫公子申。』」以上六例「故書曰」之前都不是「仲尼曰」，而是傳文，顯然「故書曰」是「故《春秋》書曰」，無須前後連結；若是強行前後連結，豈不變成了「故《左傳》書曰」或「故無名氏書曰」呢？因此，「故書曰」不可解釋爲「故仲尼書曰」，不能當作孔子修作《春秋》的證據。

（三）誤以《左傳》作者主張《春秋》是孔子所修

楊伯峻先生認爲，「首先提出《春秋》是孔子所修的，是《左傳》作者」〔註229〕，亦引《左傳》僖公二十八年冬：

> 是會也，晉侯召王，以諸侯見，且使王狩。仲尼曰：「以臣召君，不可以訓，故書曰：『天王狩于河陽。』」

以上引自楊伯峻先生的句讀，楊伯峻先生並認爲「根據杜預《春秋經傳集解・後序》所引《竹書紀年》，《紀年》作『周襄王會諸侯于河陽』，既沒有以臣召君的文字，不知魯史原先怎樣敘述的。……《紀年》記載和《春秋》不同，《紀年》是以晉和魏爲主的史書，自然可能和魯史不一樣。」〔註230〕姑且不論《竹書紀年》如何記載，今本《春秋》也沒有以臣召君的文字，所以不知「天王狩于河陽」是魯史原文或是經過修改。若「天王狩于河陽」是魯史原文如此，則「書曰」是指「魯史書曰」，當然無法證明孔子修過《春秋》；但若「天王狩于河陽」不是魯史原文，而是經過修改，則「書曰」是指「今本《春秋》書曰」，無論「書曰」云云是出自孔子之口或《左傳》作者之筆，只能證明孔子讀過今本《春秋》，不能證明今本《春秋》是孔子所修，《左傳》作者亦未必認爲今本《春秋》是孔子所修。

〔註229〕楊伯峻：《春秋左傳注》，前言，頁7。
〔註230〕楊伯峻：《春秋左傳注》，前言，頁7。

又《史記‧晉世家》云：

> 孔子讀史記至文公，曰：「諸侯無召王。王狩河陽者，《春秋》諱之
> 也。」〔註231〕

以上亦引自楊伯峻先生的句讀，楊伯峻先生並認為「今本『天王狩于河陽』，
司馬遷便以為孔子所讀原文如此。」〔註232〕亦即孔子所讀魯史原文為「天王
狩于河陽」，與今本《春秋》相同。但眾所周知，司馬遷是主張孔子作《春秋》
的，必定認為今本《春秋》「天王狩于河陽」是出自孔子之手，不是魯史原文。
所以上揭句讀絕非如此，「孔子曰」云云應該只有「諸侯無召王」五字；下接
「王狩河陽者，《春秋》諱之也」十字則是司馬遷的意見，認為魯史原文經過
孔子修作才成為今本《春秋》「天王狩于河陽」。楊伯峻先生的句讀改變了司
馬遷的主張，恐有治絲益棼之虞。

（四）誤以《春秋》書國君「出奔」必為孔子所修

《春秋》襄公十四年夏四月己未：「衛侯出奔齊。」《左傳》襄公二十年
冬云：

> 衛甯惠子疾，召悼子曰：「吾得罪於君，悔而無及也。名藏在諸侯之
> 策，曰：『孫林父、甯殖出其君。』君入則掩之。若能掩之，則吾子
> 也；若不能，猶有鬼神，吾有餒而已，不來食矣。」悼子許諾，惠
> 子遂卒。

孫林父與甯殖（惠子）二人放逐衛獻公，改立衛殤公，在各國史書上留下了
「出其君」的惡名，甯殖臨終前迫切希望其子甯喜（悼子）為其復立衛獻公，
以掩蓋惡名；六年後甯喜果然殺掉衛殤公，復立衛獻公，完成其父甯殖的遺
願。楊伯峻先生云：

> 現在的《春秋》于襄公十四年《春秋經》把「孫林父、甯殖出其君」
> 改為「衛侯出奔齊」，不罪甯殖，而罪衛獻公，就是甯殖的「掩之」。
> 這一定是甯殖把持衛國政權，改行通告諸侯，諸侯太史也依通告照
> 改。孔子若真修或作《春秋》，為什麼不保留「衛孫林父、甯殖出其
> 君」的原文原事呢？足見孔子未曾修或作《春秋》。〔註233〕

〔註231〕〔漢〕司馬遷、〔宋〕裴駰集解：《史記》，卷39，頁24。
〔註232〕楊伯峻：《春秋左傳注》，前言，頁7。
〔註233〕楊伯峻：《春秋左傳注》，前言，頁14。

各國史書原文是「衛孫林父、甯殖出其君」，而目前我們所見《春秋》書「衛侯出奔齊」，楊伯峻先生認為是甯殖通告諸侯太史所改，所以修《春秋》的不是孔子；如果《春秋》是孔子所修，一定會保留原文而不改。但事實上，《春秋》臣子出其君者，除此例之外尚有五例，未見有書「出其君」者，如桓公十一年秋九月「鄭忽出奔衛」，桓公十五年夏五月「鄭伯突出奔蔡」，桓公十六年冬十一月「衛侯朔出奔齊」，僖公二十八年夏四月「衛侯出奔楚」，昭公二十一年冬「蔡侯朱出奔楚」，以上皆為臣子出其君之例，有《左傳》敘事為證，可見書「某君出奔」應是《春秋》體例，我們無法判定這個體例是魯史原文如此或經過統一修改，但不可能都是臣子通告諸侯太史所改，而且改得如此整齊劃一。張以仁先生批評楊伯峻先生的看法「只是他個人的一種猜測」〔註234〕，應屬不誣。

張以仁先生的看法又是如何呢？他引述日人竹添光鴻（1842～1917 年）的見解，認為「衛侯出奔齊」是孔子所修。按竹添光鴻云：

> 凡諸侯出奔，皆罪之也。然如是經，雖罪衛侯，而孫、甯之罪則自若也。……二十年《傳》曰：「衛甯殖疾，召甯喜曰：『吾名藏在諸侯之策，曰：『孫林父、甯殖出其君。』』」明知諸國策書皆逐衛侯，不言衛侯自出奔也。僖二十八年《傳》云：「晉侯召王，以諸侯見，且使王狩。仲尼曰：『以臣召君，不可以訓。』故書曰：『天王狩于河陽。』」以臣逐君，甚於其召之，以彼《傳》推之，仲尼改逐君，以自奔為文，亦以存名教也。〔註235〕
>
> 書曰：「衛侯出奔。」仲尼所修也。〔註236〕
>
> 《春秋》無書大夫逐之者，通皆曰出奔，所以罪之也。〔註237〕
>
> 襄十四年《傳》稱：「孫林父、甯殖出其君，名在諸侯之策。」似列國之史皆書孫、甯出其君。蓋以臣出君，猶以臣呼君，不可以訓，

〔註234〕 張以仁：〈孔子與春秋的關係〉，《春秋史論集》，頁 51。

〔註235〕 見竹添光鴻《左傳會箋》襄公十四年夏四月己未經文「衛侯出奔齊」句下。（日）竹添光鴻：《左傳會箋》（臺北：漢京文化事業，1984 年 1 月），卷 15，頁 42。

〔註236〕 見竹添光鴻《左傳會箋》襄公二十年冬傳文「孫林父、甯殖出其君」句下。（日）竹添光鴻：《左傳會箋》，卷 16，頁 36。

〔註237〕 見竹添光鴻《左傳會箋》昭公三年冬經文「北燕伯款出奔齊」句下。（日）竹添光鴻：《左傳會箋》，卷 20，頁 47。

故孔子修《春秋》，以君自奔爲文。夫國君棄宗社而奔亡，其罪大矣，書曰「出奔」，皆罪之也。〔註238〕

張以仁先生將竹添光鴻的見解歸納爲三個重點，云：

> 一則《春秋》書君出奔者凡六次，皆不用「逐之」的字樣；二則孔子明言「以臣召君，不可以訓」，則以臣逐君，更有害於名教，孔子加以修改，自有道理。此亦正與溫之會，《魯春秋》書「晉侯召王」，而孔子改爲「天王狩于河陽」相同；三則此《經》書衛侯出奔，並未減輕孫、甯二人之罪，這一點，尤與楊氏之説針鋒相對。〔註239〕

有關《春秋》書「衛侯出奔齊」，張以仁先生引述竹添光鴻的見解，反駁楊伯峻先生認爲是甯殖通告諸侯太史所改，言之成理。不過，張以仁先生再三支持竹添光鴻主張「衛侯出奔齊」是經過孔子修改的，問題出在竹添光鴻持論的證據或理由何在，張以仁先生完全未予追究，無異於空言；尤其認爲《春秋》僖公二十八年冬「天王狩于河陽」爲孔子所改一節，本文前已辨明其解讀有誤，不再贅述。

（五）誤以《左傳》「聖人脩之」的聖人必爲孔子

《春秋》成公十四年秋九月：「僑如以夫人婦姜氏至自齊。」《左傳》引君子曰：

> 《春秋》之稱，微而顯，志而晦，婉而成章，盡而不汙，懲惡而勸善。非聖人，誰能脩之？

這一段文字以反詰的方式告訴讀者，《春秋》是經過聖人修改過的。又《春秋》昭公三十一年冬：「黑肱以濫來奔。」《左傳》引君子曰：

> 名之不可不慎也如是夫。……故曰：「《春秋》之稱，微而顯，婉而辨。」上之人能使昭明，善人勸焉，淫人懼焉，是以君子貴之。

張以仁先生云：

> 「君子曰」口中所稱的聖人，即指孔子，歷來沒有異議。……且昭三十一年《左傳》資料，亦有參比之效。那麼，該項資料，豈非足以證明《左傳》作者確認孔子脩作《春秋》麼？〔註240〕

〔註238〕見竹添光鴻《左傳會箋》桓公十五年夏五月經文「鄭伯突出奔蔡」句下。（日）竹添光鴻：《左傳會箋》，卷2，頁76。
〔註239〕張以仁：〈孔子與春秋的關係〉，《春秋史論集》，頁52～53。
〔註240〕張以仁：〈孔子與春秋的關係〉，《春秋史論集》，頁15～16。

按孔子雖是聖人，但「聖人」一詞自古以來即非孔子專稱，「君子曰」所稱的聖人，為何即指孔子，正待提出證據或理由，若提不出直接證據或充分理由，則予闕疑，才是討論問題的態度；張以仁先生卻以「歷來沒有異議」一語帶過，若是人云亦云，何必提出來討論呢？且《左傳》昭公三十一年冬所引「君子曰」亦乏「參比之效」，因為其中「君子貴之」的君子未必是孔子，若是具有「參比之效」，必須證明「君子貴之」的君子是指孔子，但張以仁先生並未提出證明；即使是指孔子，「孔子貴之」亦不等於「孔子脩之」或「孔子作之」，聯想力不宜太豐富。

（六）誤以《公羊傳》「君子脩之」的君子必為孔子

《春秋》莊公七年夏四月辛卯：「夜，恆星不見。夜中，星霣如雨。」《公羊傳》云：

> 不脩《春秋》曰：「雨星不及地尺而復。」君子脩之曰：「星霣如雨。」
> 何以書？記異也。

這一段文字告訴讀者，目前我們所見《春秋》原文「星霣如雨」是經過君子脩改過的。張以仁先生云：

> 「君子脩之」，即謂孔子脩作。而今傳《春秋》經文正作「星霣如雨」，
> 那麼，今傳《春秋》，自然就是孔子脩作的了。〔註241〕

張以仁先生直接認定「君子」就是指「孔子」，卻沒有提出任何證據或理由。但本文前已述及，《春秋》三傳均是「君子」與「孔子」並出，「君子」是通稱，而「孔子」是一個特稱。《公羊傳》寫的是「君子」，不是「孔子」，究竟是哪一位君子我們不得而知，怎可毫無理由強行指認修改《春秋》原文的君子必是孔子呢？

至於楊伯峻先生云：

> 《公羊傳》作者認為有所謂不脩《春秋》，大概就是魯國史官所紀載的原本《春秋》。孔丘曾經脩改它，便是今日的《春秋》。《公羊》所謂「君子修之」，王充《論衡》〈藝增篇〉和〈說日篇〉都說：「君子者，孔子。」這是一語破的。〔註242〕

〔註241〕張以仁：〈孔子與春秋的關係〉，《春秋史論集》，頁 26。
〔註242〕楊伯峻：《春秋左傳注》，前言，頁 7。

張以仁先生質疑「楊氏何以要說王充以『君子』爲『孔子』是『一語破的』
呢？」〔註243〕其實翻閱原書，這一段話是爲《公羊傳》作者而說的，楊伯峻
先生誤認《公羊傳》作者主張孔子修《春秋》，所以引述王充以「君子」爲「孔
子」是「一語破的」，不是楊伯峻先生本身的意見，張以仁先生的質疑應屬誤會。

（七）誤以孔子校勘《春秋》為修作《春秋》

《春秋》昭公十二年春：「齊高偃帥師，納北燕伯于陽。」《公羊傳》云：

> 伯于陽者何？公子陽生也。子曰：「我乃知之矣。」在側者曰：「子
> 苟知之，何以不革？」曰：「如爾所不知何，《春秋》之信史也。其
> 序，則齊桓、晉文；其會，則主會者爲之也；其詞，則丘有罪焉耳。」

楊伯峻先生云：

> 依孔子之意，「伯于陽」應作「公子陽生」。姑不論這點的是非，據
> 何休注和徐彥疏，孔子親見其事，魯史有誤而不改。那麼，明知史
> 文有誤而不訂正，孔子到底修了《春秋》沒有？這不是不打自招，
> 孔子只是沿舊文麼？〔註244〕

本文前已述及，公羊家闡發的《春秋》義法，經常在一句一字之間，若是隨
意更動，則孔子貶絕譏刺之辭將會發生差失，反而成了《春秋》的罪人。孔
子發現魯史《春秋》的文字有誤，不論改或不改，很顯然的，這是屬於文字
校勘的問題，楊伯峻先生稱爲「訂正」是沒錯的。至於修作《春秋》，則是君
子賦予微言大義、發表譏刺貶絕的手段，與《春秋》文字是否有誤無關。

但張以仁先生反駁云：

> 這一資料，適足以證明孔子曾修作經文，他如果沒有那樣的事，「在
> 側者」也不會問他「何以不革」了。〔註245〕

> 孔子的意思是說他所更動的只是「詞」的部分，對事實是不敢輕易
> 改動的，所謂「其詞則丘有罪焉」，也就是《孟子・離婁》下所說的
> 「其義則丘竊取之矣」的意思，他改動的「詞」，大概就是含有褒貶
> 意義的地方，人之「知我」「罪我」也正在這種地方，所以他謙虛地
> 說「其詞則丘有罪焉」。〔註246〕

〔註243〕 張以仁：〈孔子與春秋的關係〉，《春秋史論集》，頁27。
〔註244〕 楊伯峻：《春秋左傳注》，前言，頁7。
〔註245〕 張以仁：〈孔子與春秋的關係〉，《春秋史論集》，頁28。
〔註246〕 張以仁：〈孔子與春秋的關係〉，《春秋史論集》，頁29。

顯然張以仁先生將校勘《春秋》與修作《春秋》兩件事混爲一談了。「在側者」問孔子「何以不革」，是校勘《春秋》的問題，不足以證明孔子曾修作《春秋》。「其詞則丘有罪焉」也是校勘《春秋》的問題，「其義則丘竊取之矣」則是孔子曾經研究過《春秋》的微言大義，或發表過道德議論，不能據以反駁楊伯峻先生之說。

（八）誤以《公羊傳》「爲《春秋》」、「制《春秋》之義」的君子必爲孔子

《春秋》哀公十四年春：「西狩獲麟。」《公羊傳》云：

> ⋯⋯麟者，仁獸也，有王者則至，無王者則不至。有以告者曰：「有麇而角者。」孔子曰：「孰爲來哉！孰爲來哉！」反袂拭面，涕沾袍。顏淵死，子曰：「噫！天喪予！」子路死，子曰：「噫！天祝予！」西狩獲麟，孔子曰：「吾道窮矣！」《春秋》何以始乎隱？祖之所逮聞也。所見異辭，所聞異辭，所傳聞異辭。何以終乎哀十四年？曰：「備矣。」君子曷爲爲《春秋》？撥亂世，反諸正，莫近諸《春秋》。則未知其爲是與，其諸君子樂道堯舜之道與？末不亦樂乎堯舜之知君子也？制《春秋》之義，以俟後聖，以君子之爲，亦有樂乎此也。

張以仁先生將這一段文字列爲「孔子修作《春秋》說的早期資料」〔註247〕，應該是非常重要，卻未就其內容進行檢討，不知是遺漏了，還是認爲這一段文字不能證明孔子修作《春秋》而從略？可能是前者吧！按這一段文字的結構，前半段敘述孔子對於顏淵死、子路死與西狩獲麟的感傷，後半段則敘述君子「爲《春秋》」的理由與「制《春秋》之義」的理想，且「孔子」與「君子」屢次出現而絕不混用，若前後確實具有因果關係，則《公羊傳》作者顯然是在告訴讀者，君子是因爲孔子感傷世衰道微而發憤修作《春秋》，以弘揚孔子的理想。本文前已述及，《春秋》三傳均以「君子」爲通稱，「孔子」爲特稱，所以「爲《春秋》」、「制《春秋》之義」的君子未必是孔子，不宜強行指認之。

（九）誤以《穀梁傳》「我無加損焉」的「我」爲孔子

《春秋》僖公十九年冬：「梁亡。」《穀梁傳》云：

> 梁亡，鄭棄其師，我無加損焉，正名而已矣。

〔註247〕張以仁：〈孔子與春秋的關係〉，《春秋史論集》，頁4、7、8。

梁亡是因爲「自亡」〔註248〕，鄭棄其師是因爲「惡其長也，兼不反其眾」
〔註249〕。楊伯峻先生云：

> 「我無加損焉」，這也是《穀梁傳》作者僞託孔子的話的自供狀，説
> 明孔子對魯《春秋》原文並沒有增減。至於「正名而已矣」，不過爲
> 孔子修《春秋》作一調停之筆罷了。〔註250〕

楊伯峻先生認爲「我」是孔子自稱，但是出於《穀梁傳》作者僞託。張以仁
先生反駁云：

> 「我無加損」，正可説明孔子有時是有所加損的，……楊氏的解釋完
> 全是主觀的臆想。〔註251〕

張以仁先生也認爲「我」是孔子自稱，但不是出於《穀梁傳》作者僞託。究
竟「我」是不是《穀梁傳》作者僞託孔子呢？按《穀梁傳》作者不是孔子，「我
無加損焉」出自《穀梁傳》作者之筆，而非出自孔子之筆，「我」當然不是孔
子自稱。有關「我」是誰，必須由《穀梁傳》作者的立場來解讀。《穀梁傳》
是傳《春秋》的，《春秋》原爲魯史，「梁亡」與「鄭棄其師」都是外國事件，
相對而言，「我」當然是指我國（魯國）。「我無加損焉」是《穀梁傳》作者告
訴讀者，「梁亡」與「鄭棄其師」兩個外國事件的文字都是魯史《春秋》的原
文，《穀梁傳》傳的《春秋》沒有增損文字。柯劭忞先生注：「我者，代君子
言之。言因史之舊文，修《春秋》之君子無所加損。」〔註252〕此言雖不中，
亦不遠矣。反觀楊伯峻、張以仁兩位先生認爲「我」是孔子自稱，無論是不
是出於《穀梁傳》作者僞託，解讀的立場都有錯誤，無法證明亦無法否定孔
子曾經「加損」《春秋》。

　　綜據以上九例，前五例引自《左傳》，第六至八例引自《公羊傳》，第九
例引自《穀梁傳》，均無法證明孔子修作《春秋》，可見三傳對於孔子是否修
作《春秋》的問題，都是堅守著謹慎而保守的態度，只表示《春秋》是聖人
與君子修作的，沒有透露出任何直指孔子的證詞。雖然杜預、何休、范甯、
孔穎達、徐彥、楊士勛等人爲三傳作注、作疏時，屢稱孔子修作《春秋》，但
其說來歷不明，宜闕疑。

〔註248〕見《穀梁傳》僖公十九年冬。
〔註249〕見《穀梁傳》閔公二年冬。
〔註250〕楊伯峻：《春秋左傳注》，前言，頁14。
〔註251〕張以仁：〈孔子與春秋的關係〉，《春秋史論集》，頁30。
〔註252〕柯劭忞：《春秋穀梁傳注》，卷7，頁3。

第五節　小　結

本章的目的在爲《春秋》義法探源，經過分析討論，認爲《春秋》義法的重要來源有四：

第一個來源是「聖人口耳相傳」。

所謂聖人，不是先秦兩漢時期通行的道德面向或學問面向的詮釋，而是依據甲骨文「聖」字的結構從耳從口會意而來，是指口耳相傳的人；而且聖人隱含眾人之意，因爲「聖人與眾同欲」，價值觀與眾人相同。所以從意義層面而言，聖人可說是口耳相傳的眾人。口耳相傳的聖人在文字發明以前與書寫工具不發達的上古時期，扮演著非常重要的角色，因爲先民龐大的文化遺產必須依賴這一輩聖人保存下來。

聖人以口耳相傳保存下來的文化遺產，因爲歷時久遠，所以內容容易失眞，而且眞僞難辨，但有一個很大的特色，就是具有特定的意義與價值，所以當我們面對先民文化遺產時，探究內容的意義與價值比探究內容的眞僞重要。這個特色對於《春秋》義法的形成，必然具有很大的影響，因爲《春秋》三傳在著於竹帛之前，亦曾經歷口耳相傳的過程，其中甚至也保存了聖人口耳相傳的意義與價值。後儒多批評《公羊傳》與《穀梁傳》傳事多謬，正是因爲二傳傳義重於傳事，傳義才是其主要的目的，而不斤斤於事件的眞僞。其實《左傳》與《春秋》記事亦有互異者〔註253〕，都是口耳相傳的正常現象，不足爲怪。就此而言，《春秋》三傳可謂都具有口耳相傳的聖人氣象。

第二個來源是「史官據事直書」。

史官的出現，代表記事工具開始發達與史學觀念開始進步，據事直書則是史官職責所在。史官除了親見、親聞的事件之外，大都依據他人傳述的口頭或文本資料來記錄，由於事件發生之後，眞實已經不存在，所以史官據事直書只是「仿眞」，而非「眞實」。當史官對同一事件蒐集到了兩種以上不同內容的資料時，就不可避免地必須抉擇其一；而當史官蒐集到的資料不足，無法明確交代事發始末時，亦不可避免地發揮想像力，製造場景或設計對話，

〔註253〕如《春秋》僖公十七年春：「齊人、徐人伐英氏。」夏：「滅項。」《左傳》云：「春，齊人爲徐伐英氏，⋯⋯。夏，⋯⋯師滅項。淮之會，公有諸侯之事，未歸而取項，齊人以爲討而止公。」陳槃先生云：「案此經、傳互異。據經則齊人滅項，依傳則滅項者魯也。⋯⋯《公》、《穀》則並云齊桓公滅之。」陳槃：《春秋大事表列國爵姓及存滅表譔異》（臺北：中央研究院歷史語言研究所，1997年6月），冊4，頁314。

將相關情節增飾成篇。史官將所見與所聞，加上蒐集到的資料，進行仿真的抉擇與增飾，皆是基於本身對於真實的主觀認識與理解而來，對於後人闡釋事件的意義與價值，必然造成重大的影響。

史官據事直書的事例中，最值得注意的是所謂「良史書法不隱」。史官仿真的抉擇與增飾，雖然是基於本身對於真實的主觀認識與理解而來，並對於後人闡釋事件的意義與價值有重大的影響，但其最初目的應該只是對資料與事件內容做蒐集與整理的工夫，未必涉及道德的認知問題；而書法不隱，則是史官不僅記錄事件的內容，並直接以道德論事，亦即史官對道德的認知高於對事實的認知，例如晉國太史董狐書「趙盾弒其君」，書法不隱，獲得孔子讚許為良史，其以道德論事、直書見義的作法，不僅成為後世史官的典範，更是《春秋》義法的直接來源。

《春秋》本是魯史，《左傳》引述君子提出魯史《春秋》有「盡而不汙」之例，《公羊傳》則引述孔子強調「《春秋》之信史也」，《穀梁傳》亦標榜魯史《春秋》「信以傳信，疑以傳疑」、「著以傳著，疑以傳疑」，這些說法顯示三傳對於魯史《春秋》據事直書都相當推崇與重視，並不因解經立場不同而有差別。

第三個來源是「君子微言大義」。

《春秋》三傳中的君子，是有道德者的通稱；而「君子曰」則是表現君子的羣體道德意識。君子沒有任何身分或地位的限制，凡是具有道德意識或道德責任感的人，都可以稱為君子，成為道德共同體的一分子。我們在《春秋》三傳中可以見到有三種「君子曰」：第一種是不知名的君子發表的道德議論，以「君子曰」的形式呈現；第二種也是不知名的君子發表的道德議論，但未標明「君子曰」；第三種則是知名的君子發表的道德議論，三傳作者著眼於其知名度對於世人具有更大的道德影響力，所以捨「君子」的通稱，而用具名特稱的形式來呈現。三傳中出現次數最多、最知名的君子是孔子，若將孔子隱姓埋名以「君子」的通稱出現，對世人的道德影響力恐怕不如以「孔子」（或「仲尼」）的特稱來得大，三傳作者的用心相同。

三傳「君子曰」直接闡發《春秋》微言大義，是研究《春秋》義法的重要資料。但學者有誤以「君子曰」的君子為左丘明，忽略君子是有道德者的通稱，有共同的道德意識，都可能發表相同或相似的議論，未必指誰，且左丘明亦無自稱君子而不知謙虛之理；又有誤以「君子曰」的君子必為事件當

時的「時君子」，導致其他多處「君子曰」文意不可通，殊不知「時君子」包括事件發生時的君子、口耳相傳時的君子、著於竹帛時的君子或編輯修纂時的君子，不可拘泥；又有誤以「君子曰」的君子必指孔子，其實三傳均是以「君子」為通稱，以「孔子」（或「仲尼」）為特稱，孔子雖是君子，但君子未必指孔子，邏輯上不宜混淆。

至於《春秋》蘊含微言大義的形式，《左傳》引述「君子曰」，提出《春秋》有「微而顯」、「志而晦」、「婉而成章」、「盡而不汙」之例；《春秋繁露》則藉《公羊傳》為事證，提出《春秋》有「正辭」（亦稱「常辭」）、「微辭」（含「溫辭」、「婉辭」、「詭辭」三種同義詞）與「誅意不誅辭」；《穀梁傳》對於君子闡釋微言大義缺乏理論上的論述，僅見「詭辭」一詞。以上內涵有相通之妙，可交互參考運用。

第四個來源是「孔子述而不作」。

「孔子述而不作」算不算是《春秋》義法的第四個重要來源呢？首先必須釐清的是：「述而不作」是孔子表達事實而非自謙之辭。孔子所處的春秋時期，雖然已有大量官方文獻著於竹帛，但孔子師徒之間的知識傳授仍是維持口耳相傳的傳統形式；因此，所謂「述而不作」，「述」是口述，「作」是著作，孔子傳授知識只是口頭傳述，而不著於竹帛。《春秋》三傳既有「孔子曰」（「仲尼曰」），我們可以相信孔子曾經以口頭傳述《春秋》微言大義；所以「述而不作」不是孔子自謙之辭，而是表達事實。在這個前提之下，加上三傳以「孔子」（「仲尼」）為特稱，本文不將「孔子述而不作」併入「君子微言大義」的範圍內，而視為《春秋》義法的第四個重要來源。

此外，學者誤以《左傳》「不書」必為孔子所刪，誤以《左傳》「故書曰」必為「故仲尼書曰」，誤以《左傳》作者主張《春秋》是孔子所修，誤以《春秋》書國君「出奔」必為孔子所修，誤以《左傳》「聖人脩之」的聖人必為孔子，誤以《公羊傳》「君子脩之」的君子必為孔子，誤以孔子校勘《春秋》為修作《春秋》，誤以《公羊傳》「為《春秋》」、「制《春秋》之義」的君子必為孔子，誤以《穀梁傳》「我無加損焉」的「我」為孔子，本文一一予以辨證，目的其實只有一個，就是孔子修作《春秋》的證據不足，雖然無法否定《春秋》是孔子修作的，卻亦無法證明《春秋》是孔子修作的。我們必須學習孔子「毋意、毋必、毋固、毋我」與「闕疑」的態度，來面對證據不足的問題，並繼續尋找新觀點與新事證，才是解決問題之道。

　　綜據上述，《春秋》義法的來源本是多元的，是集合眾多聖人、眾多史官、眾多君子與孔子的智慧結晶。且《春秋》的崇高價值，不在於孔子曾否修作，而在於其本身具有撥亂反正的功能，使亂臣賊子懼，足爲萬世之法。本文即以此觀點，看待二千多年來《春秋》義法的多元發展，並將歷代諸儒治《春秋》義法大略整理出七種模式，賡續論述如後。

　　至於歷代諸儒多主張《春秋》爲孔子所修作，畢生以探求孔子的《春秋》義法爲職志，本文則採取開放的態度接納之，誠如孟子曰：「孔子之謂集大成。」〔註254〕孟子和諸儒心目中的孔子其實已集合了眾多聖人、史官、君子智慧之大成，我們可以將「孔子」視爲眾多聖人、史官、君子的共同代名詞，不必專指孔子本人，則學術研究工作將更具包容性。

〔註254〕見《孟子·萬章下》。〔宋〕孫奭：《孟子注疏》，卷10上，頁77。

第三章 《春秋》義法之義例模式

　　何謂「義例」？一般認為，「聖人因褒貶而生凡例，後人由凡例以見褒貶。單詞言之叫做例，複詞言之，便叫做義例。」〔註1〕《春秋》義例模式的成立，主張聖人先設置義例，再據以修作《春秋》。歷來公羊、穀梁學者皆視義例為非常重要的解經途徑，左氏學者亦起而效法，如唐代孔穎達（574～648 年）云：

> 《春秋》記事之書，前人、後人行事相類，書其行事，不得不有比例，而散在他年，非相比校，則善惡不章，褒貶不明，故杜別集諸例，從而釋之，將令學者觀其所聚，察其同異，則於其學易明故也。〔註2〕

這一段文字在說明《春秋》是先有比例（指義例）而後書其行事，而晉代杜預（222～285 年）《春秋釋例》的成書，則是將分散在《春秋》各年的義例匯集而來。誠如戴君仁先生（1901～1978 年）云：

> 三傳都講例，古代的漢、晉儒者，近代的清儒，都是如此。他們認為《春秋》是聖人示褒貶之書，而經中的褒貶進退，都靠書法表達。書法是有例的，例有正例、變例，於變例見義。可以看出聖人進退褒貶之意。〔註3〕

〔註 1〕 戴君仁：〈春秋時月日例辨正總論〉，《東海學報》第 3 卷第 1 期（1961 年 6 月），頁 27。

〔註 2〕 〔唐〕孔穎達：《春秋左傳正義》（臺北：大化書局，1982 年 10 月，《十三經注疏》本），卷 1，頁 5～6。

〔註 3〕 戴君仁：〈春秋時月日例辨正總論〉，《東海學報》第 3 卷第 1 期，頁 27。

由於諸儒標榜聖人以義例模式表達進退褒貶之意，正例與變例又變化多端，所以自漢代以來對義例模式的研究極盛，如清儒朱彝尊（1629～1709 年）《曝書亭集・涪陵崔氏春秋本例序》云：

> 以例說《春秋》，自漢儒始。曰《牒例》，鄭眾、劉寔也；曰《謚例》，何休也；曰《釋例》，潁容、杜預也；曰《條例》，荀爽、劉陶、崔靈恩也；曰《經例》，方範也；曰《傳例》，范甯也；曰《詭例》，吳略也；曰《略例》，劉獻之也；曰《通例》，韓滉、陸希聲、胡安國、畢良史也；曰《統例》，啖助、丁副、朱臨也；曰《纂例》，陸淳、李應龍、戚崇僧也；曰《總例》，韋表微、成元、孫明復、周希孟、葉夢得、吳澂也；曰《凡例》，李瑾、曾元生也；曰《說例》，劉敞也；曰《忘例》，馮正符也；曰《演例》，劉熙也；曰《義例》，趙瞻、陳知柔也；曰《刊例》，張思伯也；曰《明例》，王晳、王日休、敬鉉也；曰《新例》，陳德寧也；曰《門例》，王鎡、王炫也；曰《地例》，余嘉也；曰《會例》，胡箕也；曰《斷例》，范氏也；曰《異同例》，李氏也；曰《顯微例》，程迥也；曰《類例》，石公孺、周敬孫也；曰《序例》，家鉉翁也；曰《括例》，林堯叟也；曰《義例》，吳迕也。而梁之簡文帝、齊晉安王子懋皆有《例苑》，孫立節有《例論》，張大亨有《例宗》，劉淵有《例義》，刁氏有《例序》。繩之以例，而義益紛綸矣。〔註4〕

以上所列異名者五花八門，令人目不暇給，作者亦多達五十八人，蔚為大觀；但其中未必盡屬義例模式，可惜其中大多數已佚，僅存書名，無法詳考，本文另闢比例模式（詳見第六章）可資參照。以下謹將義例解經模式分為原創類與取舍三傳類，略舉具有代表性者順序討論。

第一節　原創類

漢代公羊學有齊學與趙學兩大譜系，齊學系統以公羊高與弟子胡毋子都為代表，趙學系統則以董仲舒（前 179～前 104 年）與何休（129～182 年）為代表。《公羊傳》是由齊學系統的公羊高與弟子胡毋子都於漢景帝初年寫定，而胡毋子都向有一部義例的專門著作，名為《條例》，已佚。據何休〈春秋公羊解詁序〉云：「往者略依胡毋生《條例》，多得其正，故遂隱括，使就

〔註 4〕〔清〕朱彝尊：《曝書亭集》（臺北：臺灣中華書局，1965 年 11 月，《四部備要》本），卷 34，頁 9。

繩墨焉。」〔註5〕雖然何休宣稱《春秋公羊解詁》係依《條例》而作,但其中
並未標示何者出自胡毋子都,且《春秋公羊解詁》多與《公羊傳》未必有關,
只是假借《公羊傳》義例爲傳承董仲舒《春秋》王魯說張本(詳見本文第四
章第一節),以致《春秋公羊解詁》究竟含有多少《條例》的成分頗令人懷疑。
至於趙學系統創始人董仲舒在《春秋繁露》諸篇中,雖多見引述《公羊傳》,
但實質上其學說以《春秋》王魯說爲核心,並主張以屬辭比事推求經例,本
文將其分別劃歸寓言模式與比例模式(詳見第四章第一節及第六章第一節)。
所以公羊學目前唯一可靠的原創義例著作,只有《公羊傳》。

　　《穀梁傳》從口耳相傳到著於竹帛的寫定過程可能有兩次,推測第一次
在戰國中期以前由穀梁子寫定,後歷經秦火,第二次在漢惠帝廢挾書令之後
由姓名不詳的傳人重新寫定(詳見第二章第一節),是穀梁學目前唯一的原創
義例著作,殆無疑義。

　　《左傳》義例較《公羊傳》與《穀梁傳》晚出,時間是在西漢劉歆引《左
傳》解經之後。但談到《左傳》義例,必先釐清是否《左傳》解經的問題。《晉
書・王接列傳》云:

　　　　常謂《左氏》辭義贍富,自是一家書,不主爲經發。〔註6〕

誠然,即使將今本《左傳》中的經文全部刪除,依然可讀,不似《公羊傳》
與《穀梁傳》,一旦刪除經文即不知所云了。按《漢書・楚元王傳》云:

　　　　初《左氏傳》多古字古言,學者傳訓故而已;及歆治《左氏》,引傳
　　　　文以解經,轉相發明,由是章句義理備焉。〔註7〕

若據以反推,在劉歆「引傳文以解經,轉相發明」之前,《左傳》應該是不解
經的。劉逢祿《左氏春秋考證》證曰:

　　　　歆引《左氏》解經,轉相發明,由是章句義理始具,則今本《左氏》
　　　　書法及比年依經飾《左》、緣《左》、增《左》,非歆所竄益之明證乎!

　　〔註8〕

〔註5〕　〔唐〕徐彥:《春秋公羊傳注疏》(臺北:大化書局,1982年10月,《十三經
　　　　注疏》本),卷首,頁2。

〔註6〕　〔唐〕房玄齡:《晉書》(臺北:臺灣中華書局,1965年11月,《四部備要》
　　　　本),卷51,頁15。

〔註7〕　〔清〕王先謙:《漢書補注》(上海:上海古籍出版社,2002年3月,《續修四
　　　　庫全書》,冊269),卷36,頁31。

〔註8〕　〔清〕劉逢祿:《左氏春秋考證》(北平:樸社,1933年7月),卷下,頁52
　　　　～53。

若《左氏春秋》，非出孔壁，民間亦有，但非引文解經，轉相發明。

如歆所託之章句，義理淺陋，名爲《春秋左氏傳》者耳。故以爲不

傳《春秋》，洵確論也。〔註9〕

劉逢祿將劉歆「引傳文以解經，轉相發明」的作法，導向「坿益」《左傳》，甚至直指爲「改竄《左氏》」〔註10〕，在清代學術界掀起一陣狂風巨浪。另陳槃先生（1905～1999年）考據《左傳》義例，亦認爲「十八九爲歆黨所牽附」〔註11〕，並將後人附益以解經者歸納爲二十四事：1. 鈔襲舊文史恆辭，2. 鈔襲〈曲禮〉，3. 鈔襲《國語》，4. 鈔襲《公》、《穀》二傳，5. 鈔襲《公羊傳》，6. 鈔襲《穀梁傳》，7. 推演二傳說，8. 推演《穀梁》說，9. 曲學阿世故亂《公羊》說，10. 鈔襲〈洪範〉五行說，11. 鈔襲《說苑》，12. 以舊史襃貶爲孔子襃貶，13. 尋常文法託之孔子，14. 不知經用周正，15. 不知誤文，16. 不知闕文，17. 不知古人著書體例多不一致，18. 不明古史有稱謂隨時一例，19. 斷章取義，20. 據後起觀念推論古制，21. 望文生例，22. 嚮壁虛造，23. 強經從傳，24. 注家之增義解例。〔註12〕

本文認爲，對於劉歆「引傳文以解經，轉相發明」的作法，應該關注的是經學有沒有「解經專屬權」的問題，而不是所謂「坿益」、「改竄」、「鈔襲」等問題。《春秋》是經，《漢書・藝文志》記載有公羊氏、穀梁氏、鄒氏、夾氏四家爲之作傳，「解經專屬權」是否專屬四家呢？其他學者或學派若再有解經著作，是否即爲侵犯四家的「解經專屬權」？當然不是，因爲經學從來沒有「解經專屬權」的觀念。如果《左傳》本來是不解經的，劉歆已主動表明引傳文是爲了解經，劉逢祿卻高舉不存在的「解經專屬權」，反對劉歆引傳文解經，豈有此理哉！劉歆「引傳文以解經，轉相發明」既成事實，即屬可受公評的解經著作，我們可以評論劉歆引《左傳》解經的方式或內容是否允當，但無權反對劉歆引《左傳》解經，或否定劉歆引《左傳》解經的事實。

按劉歆引《左傳》解經之後，有劉歆、賈徽、賈逵、許淑、潁容諸儒爲《左傳》作例，亦屬原創類；但到了東晉杜預反對劉、賈、許、潁諸儒見解，作《春秋經傳集解》、《春秋釋例》，自創《左傳》義例，仍屬原創類。

〔註9〕　〔清〕劉逢祿：《左氏春秋考證》，卷下，頁54。

〔註10〕　〔清〕劉逢祿：《左氏春秋考證》，卷下，頁55。

〔註11〕　陳槃：《左氏春秋義例辨》（臺北：中央研究院歷史語言研究所，1993年5月），綱要，頁46。

〔註12〕　陳槃：《左氏春秋義例辨》，綱要，頁20～46。

另據清儒丁晏（1794～1875 年）指出：「《左傳》杜氏〈集解序〉獨遺服氏之名，實多勦取服氏，攘爲己注。」〔註13〕按東漢服虔繼承鄭玄注，有《春秋左氏傳解誼》三十一卷、《春秋左氏膏肓釋痾》十卷、《春秋成長說》九卷等著作〔註14〕，均佚。東晉初，服虔、杜預之學俱置博士，其後河北尚服虔之學，江南學尚杜預之學，唐孔穎達依杜解作《正義》，服虔之學遂微。若杜預確實勦取服虔之說攘爲己注，則鄭玄、服虔都可能曾爲《左傳》作例，甚至鄭玄或服虔才是杜預義例的原創人；但丁晏《左傳杜解集正》卷一臚列服虔注百餘條（引自孔穎達《春秋正義》及見於他書者），內容詳於故訓典制，未見義例，在缺乏證據的情形下，尚難窺知服虔曾否爲《左傳》作例，姑置而不論，仍以杜預義例爲原創。

後儒申述《春秋》義例，多以上揭《公羊傳》、《穀梁傳》、劉賈許潁諸儒、杜預之說爲宗，茲依序考述如下：

一、《公羊傳》模式

《公羊傳》是三傳中唯一明示以例解經的著作，如《春秋》僖公元年春「王正月」，《公羊傳》云：「公何以不言即位？繼弒君，子不言即位。此非子也，其稱子何？臣子一例也。」魯閔公遭弒，僖公繼位。若是子繼父位，則《春秋》不言即位；但僖公是閔公庶兄，不是其子，爲何仍不言即位呢？《公羊傳》認爲「臣子一例」，臣繼君位與子繼父位的例是相同的。雖然這是《公羊傳》唯一出現的「例」字，卻已透露其端倪。

《公羊傳》解經義例多以四種形式呈現：一是問答，如《春秋》桓公八年冬十月：「雨雪。」《公羊傳》云：「何以書？記異也。何異爾？不時也。」二是「《春秋》云云」，如《春秋》成公十五年冬十一月：「叔孫僑如會晉士燮、齊高無咎、宋華元、衛孫林父、鄭公子鰌、邾婁人，會吳于鍾離。」《公羊傳》云：「《春秋》內其國而外諸夏，內諸夏而外夷狄。」另有部分「《春秋》云云」形式未見「《春秋》」二字，如《春秋》宣公元年夏六月：「齊人取濟西田。」《公羊傳》云：「外取邑不書。」當爲省略「《春秋》」二字。三是「君子云云」，如《春秋》莊公二十七年秋：「公子友如陳，葬原仲。」《公羊傳》云：「君子

〔註13〕〔清〕丁晏：《左傳杜解集正》（臺北：新文豐出版公司，1989 年 7 月，《叢書集成續編》，冊 271），卷 1，頁 8。

〔註14〕見《隋書・經籍志》。〔唐〕魏徵：《隋書》（臺北：臺灣中華書局，1965 年 11 月，《四部備要》本），卷 32，頁 12。

辟內難，而不辟外難。」四是「親師曰」，如《春秋》文公四年夏：「逆婦姜于齊。」《公羊傳》云：「高子曰：『娶乎大夫者，略之也。』」不過以上四種形式經常合而爲一，未必截然劃分，如《春秋》成公十五年冬十一月：「叔孫僑如會晉士爕、齊高無咎、宋華元、衛孫林父、鄭公子鰌、邾婁人，會吳于鍾離。」《公羊傳》云：「曷爲殊會吳？外吳也。曷爲外也？《春秋》內其國而外諸夏，內諸夏而外夷狄。」此乃由兩種形式組合而成。又如《春秋》僖公十七年夏：「滅項。」《公羊傳》云：「《春秋》爲賢者諱。此滅人之國，何賢爾？君子之惡惡也疾始，善善也樂終。桓公嘗有繼絕存亡之功，故君子爲之諱也。」此乃由三種形式組合而成。

（一）《春秋》大義在變例

《公羊傳》以變例爲《春秋》大義所在，大致有二：

1. 以不書爲常例，書則屬變例

例一，《春秋》桓公四年春正月：「公狩于郎。」《公羊傳》云：

> 狩者何？田狩也。……常事不書，此何以書？譏。何譏爾？遠也。

狩爲常事不書，不書爲常例，書則爲變例，《春秋》爲譏魯桓公遠狩而書。例二，《春秋》文公二年冬：「公子遂如齊納幣。」《公羊傳》云：

> 納幣不書，此何以書？譏。何譏爾？譏喪娶也。娶在三年之外，則
> 何譏乎喪娶？三年之內不圖婚。

納幣不書，不書爲常例，書則爲變例，《春秋》爲譏魯文公於守喪三年期間籌辦婚事而書。

2. 以書爲常例，不書則屬變例

例一，《春秋》隱公七年春三月：「滕侯卒。」《公羊傳》云：

> 何以不名？微國也。

《春秋》諸侯卒書名爲常例，但滕國是小國，爲表示大小地位有別，所以滕侯卒不書名。例二，《春秋》文公七年秋八月：「公會諸侯、晉大夫，盟于扈。」《公羊傳》云：

> 諸侯何以不序？大夫何以不名？公失序也。公失序奈何？諸侯不可
> 使與公盟，眊晉大夫使與公盟也。

《春秋》會盟書諸侯之序與大夫之名爲常例，但魯文公與會時，因爲諸侯不願與文公結盟，而是由晉大夫與文公結盟，所以諸侯不書序，晉大夫不書名。

（二）以日月為例

唐儒陸德明（556～627年）《經典釋文·春秋公羊音義》認為《公羊傳》「皆以日月為例」〔註15〕。《公羊傳》諸義例中，以時月日例最為重要，亦最受批評，茲就傳文逐一檢視如下：

1. 食正朔言日言朔

如《春秋》隱公三年春二月己巳：「日有食之。」《公羊傳》云：

> 日食，則曷為或日，或不日，或言朔，或不言朔？曰『某月某日朔日有食之』者，食正朔也。其或日，或不日，或失之前，或失之後。失之前者，朔在前也；失之後者，朔在後也。

如果日食書日與朔，表示日食發生於初一當天；如果不書日，或不書朔，或不書日也不書朔，表示日食發生於初一之前或之後。

2. 卒日而葬不日

如《春秋》隱公三年冬十二月癸未：「葬宋繆公。」《公羊傳》云：

> 葬者曷為或日或不日？不及時而日，渴葬也；不及時而不日，慢葬也；過時而日，隱之也；過時而不日，謂之不能葬也；當時而不日，正也；當時而日，危不得葬也。

諸侯葬書日或不書日，代表葬禮的遲速，葬不日為常例。又如《春秋》隱公八年秋八月：「葬蔡宣公。」《公羊傳》云：

> 卒何以日而葬不日？卒赴，而葬不告。

諸侯卒書日，是因為有訃告為依據；葬不書日，是因為不必訃告天子、諸侯。大夫卒亦以書日為常例，如《春秋》隱公元年冬十二月：「公子益師卒。」《公羊傳》云：

> 何以不日？遠也。所見異辭，所聞異辭，所傳聞異辭。

不書日是因為事件發生的年代久遠，傳聞不詳，所以闕疑不書。又如《春秋》成公十七年冬十一月壬申：「公孫嬰齊卒于貍軫。」《公羊傳》云：

> 非此月日也，曷為以此月日卒之？待君命然後卒大夫。

嬰齊出奔晉國，被魯成公撤銷大夫爵位，《春秋》所書月日不是嬰齊去世的日期，而是後來魯成公下令恢復其大夫爵位的日期。

---

3. 首時過則書

如《春秋》隱公六年秋七月，《公羊傳》云：

> 此無事，何以書？《春秋》雖無事，首時過則書。首時過，則何以
> 書？《春秋》編年，四時具，然後爲年。

《春秋》無論有事或無事，每年必書春，這是說明編年的體例。

4. 入日

如《春秋》隱公八年春三月：「鄭伯使宛來歸邴。」庚寅：「我入邴。」《公
羊傳》云：

> 其言入何？難也。其日何？難也。其言我何？言我者，非獨我也，
> 齊亦欲之。

魯國進入邴邑遭遇阻難，所以書日。又如《春秋》莊公二十四年秋：「公至自
齊。」八月丁丑：「夫人姜氏入。」《公羊傳》云：

> 其言入何？難也。其言日何？難也。其難奈何？夫人不僂，不可使
> 入，與公有所約，然後入。

魯夫人哀姜返國遭遇阻難，所以書日。

5. 再取邑日

如《春秋》隱公十年夏六月壬戌：「公敗宋師于菅。」辛未：「取郜。」
辛巳：「取防。」《公羊傳》云：

> 取邑不日，此何以日？一月而再取也。何言乎一月而再取？甚之也。
> 內大惡諱，此其言『甚之』何？《春秋》錄內而略外，於外大惡書，
> 小惡不書；於內大惡諱，小惡書。

魯隱公於一個月內兩度攻取宋國兩個城邑，惡行重大，所以《春秋》書日以
貶之。又如《春秋》文公七年春三月甲戌：「取須朐。」《公羊傳》云：

> 取邑不日，此何以日？內辭也，使若他人然。

即使魯文公只取一個城邑，也是惡行，所以《春秋》書日以諱之。

6. 正月即位

如《春秋》隱公十一年冬十一月壬辰：「公薨。」《公羊傳》云：

> 隱何以無正月？隱將讓乎桓，故不有其正月也。

《公羊傳》認爲，魯隱公雖是正式即位，但在十一年將讓位給桓公，所以不
書正月。又如《春秋》定公元年春，《公羊傳》云：

> 定何以無正月？正月者，正即位也；定無正月者，即位後也。

同年夏六月戊辰：「公即位。」《公羊傳》云：

> 癸亥，公之喪至自乾侯，則曷爲以戊辰之日然後即位？正棺於兩楹
> 之間，然後即位。子沈子曰：『定君乎國，然後即位。』即位不日，
> 此何以日？錄乎內也。

魯昭公流亡在外而去世，定公必待六月返喪之後才能即位，所以元年不書正
月與六月書日。合而觀之，隱公遭弒由桓公繼位，昭公流亡而定公繼位，都
是君位交接情形異於一般。

7. 桓之盟不日

如《春秋》莊公十三年冬：「公會齊侯，盟于柯。」《公羊傳》云：

> 何以不日？易也。其易奈何？桓之盟不日，其會不致，信之也。

又如《春秋》莊公二十三年春：「公至自齊。」《公羊傳》云：

> 桓之盟不日，其會不致，信之也。

齊桓公主持結盟，盟國都能信守約定，所以不書日。但《春秋》莊公二十三
年冬十二月甲寅：「公會齊侯，盟于扈。」《公羊傳》云：

> 桓之盟不日，此何以日？危之也。何危爾？我貳也。

魯莊公對齊桓公有貳心，危及盟約的信用，所以書日。又如《春秋》僖公九
年秋九月戊辰：「諸侯盟于葵丘。」《公羊傳》云：

> 桓之盟不日，此何以日？危之也。何危爾？貫澤之會，桓公有憂中
> 國之心，不召而至者，江人、黃人也；葵丘之會，桓公震而矜之，
> 叛者九國。

齊桓公驕矜自恃，造成九個盟國背叛，危及盟約的信用，所以書日。

8. 伐至之日

如《春秋》莊公二十八年春三月甲寅：「齊人伐衛，衛人及齊人戰，衛人
敗績。」《公羊傳》云：

> 伐不日，此何以日？至之日也。戰不言伐，此其言伐何？至之日也。

齊師抵達衛國當天即開戰，所以書日。又如《春秋》文公十五年夏六月：「晉
郤缺帥師伐蔡。」戊申：「入蔡。」《公羊傳》云：

> 入不言伐，此其言伐何？至之日也。其日何？至之日也。

晉師抵達蔡國當天即入侵，所以書日。二例義同。

9. 晦日而朔不日

如《春秋》僖公十六年春正月戊申朔：「霣石于宋五。是月，六鶂退飛過宋都。」《公羊傳》云：

> 是月者何？僅逮是月也。何以不日？晦日也。晦則何以不言晦？《春秋》不書晦也。朔有事則書，晦雖有事不書。……五石六鶂，何以書？記異也。外異不書，此何以書？為王者之後記異也。

「霣石于宋五」發生於朔，因屬異象，所以書日；「六鶂退飛過宋都」發生於晦，因屬異象，所以書月不書日。

10. 偏戰日

如《春秋》桓公十三年春二月：「公會紀侯、鄭伯。」己巳：「及齊侯、宋公、衛侯、燕人戰，齊師、宋師、衛師、燕師敗績。」《公羊傳》云：

> 曷為後日？恃外也。其恃外奈何？得紀侯、鄭伯，然後能為日也。

所謂「為日」，是指偏戰 [註16]（獨當一面而戰）書日。魯桓公在獲得外援之前，沒有獨當一面而戰的能力，不能書日；等到獲得紀侯與鄭伯的外援之後，才打敗了諸侯，所以後書日。又如《春秋》僖公二十二年冬十一月己巳朔：「宋公及楚人戰于泓，宋師敗績。」《公羊傳》云：

> 偏戰者日爾，此其言朔何？《春秋》辭繁而不殺者，正也。……故君子大其不鼓不成列，臨大事而不忘大禮，有君而無臣，以為雖文王之戰，亦不過此也。

宋、楚二國戰於泓，各據一面而戰，宋襄公展現君子「臨大事而不忘大禮」的正道，所以不僅書日，甚至書朔。

11. 內朝日

如《春秋》僖公二十八年冬壬申：「公朝于王所。」《公羊傳》云：

> 其日何？錄乎內也。

按《春秋》「錄內而略外，於外大惡書，小惡不書，於內大惡諱，小惡書」[註17]，此未書魯僖公之惡，當屬內大惡諱，所以書日不書月。但《春秋》僖公二十八年夏五月：「公朝于王所。」《公羊傳》云：

〔註16〕《春秋》桓公十年冬十二月丙午：「齊侯、衛侯、鄭伯來，戰于郎。」《公羊傳》云：「此偏戰也。」何休注：「偏，一面也。結日定地，各居一面，鳴鼓而戰，不相詐。」〔唐〕徐彥：《春秋公羊傳注疏》，卷5，頁25。

〔註17〕見隱公十年夏六月《公羊傳》。

> 曷爲不言公如京師？天子在是也。天子在是，則曷爲不言天子在是？
> 不與致天子也。

晉文公招致周天子參與諸侯大會，違背禮法，魯僖公兩度前往朝拜周天子，皆是惡行。第一次初犯是小惡，故書小惡，書月不書日爲常例；第二次累犯是大惡，故諱大惡，書日不書月爲變例。

12. 詐戰盡日

如《春秋》僖公三十三年夏四月辛巳：「晉人及姜戎敗秦于殽。」《公羊傳》云：

> 詐戰〔註18〕不日，此何以日？盡也。

秦師遠行襲鄭，卻遭遇晉與姜戎而全軍覆沒，所以書日。

13. 敗大之日

如《春秋》文公十一年冬十月甲午：「叔孫得臣敗狄于鹹。」《公羊傳》云：

> 狄者何？長狄也。兄弟三人，一者之齊，一者之魯，一者之晉。其
> 之齊者，王子成父殺之；其之魯者，叔孫得臣殺之；則未知其之晉
> 者也。其言敗何？大之也。其日何？大之也。其地何？大之也。何
> 以書？記異也。

長狄兄弟三人身材高大，異於常人，爲彰顯事蹟，所以敗之書日。

14. 弒日

如《春秋》文公十八年冬十月：「子卒。」《公羊傳》云：

> 子卒者孰謂？謂子赤也。何以不日？隱之也。何隱爾？弒也。弒則
> 何以不日？不忍言也。

子赤繼魯文公之後即位而遭弒，所以不書日。

以上經歸納爲十四例，其中有幾項特點：

第一，「3. 首時過則書」爲《春秋》編年體例，無關《春秋》大義；其餘皆於變例見義。

第二，「10. 偏戰日」的變例不是「偏戰不日」，而是「偏戰後日」、「偏戰言朔」，常例、變例的轉化無一定軌跡。

〔註18〕 何休注：「詐，卒也。齊人語也。」「詐戰」是指雙方未經約定猝然而戰，即
　　　　偷襲。〔唐〕徐彥：《春秋公羊傳注疏》，卷5，頁25。

第三，「5. 再取邑日」、「7. 桓之盟不日」、「11. 內朝日」、「14. 弒日」四例若干條具有褒貶之義，其餘則否，以時月日例爲褒貶已初具雛形。

第四，時月日例無法獨立存在，必須與其他義例相結合才有義可說，否則即是空談。如「2. 葬不日」，必須與葬例結合，才有「慢葬」、「隱之」、「不能葬」、「正也」、「危不得葬」諸義可說。其餘可類推。

第五，時月日例的作用在藉詳略加強褒貶的效果，時略於月，月略於日，日詳於月，月詳於時。如「5. 再取邑日」，魯隱公於一個月內兩度攻取宋國兩個城邑，第一次詳書日爲小惡，第二次又詳書日即爲大惡。又如「11. 內朝日」，魯僖公兩度前往朝拜周天子，第一次略書月不書日爲小惡，第二次詳書日不書月即爲大惡。

第六，《春秋》爲編年體，全書各條若非時月日的常例，即爲時月日的變例，陸德明《經典釋文》認爲《公羊傳》「皆以日月爲例」是有道理的。

二、《穀梁傳》模式

《穀梁傳》與《公羊傳》解經的共同特色，就是都相當重視義例模式，但由於二家師承各有譜系，意見難免不合。東漢何休爲復興公羊學，所作《公羊墨守》、《左氏膏肓》、《穀梁廢疾》三書，不僅嚴厲批判新興的左氏學，連同屬今學的穀梁學也受到波及。如《春秋》隱公元年冬十二月：「公子益師卒。」《穀梁傳》云：「大夫日卒，正也；不日卒，惡也。」何休《穀梁廢疾》云：「《公羊》以爲日與不日爲遠近異辭，若《穀梁》云益師惡而不日，則公子牙及季孫意如何以書日乎？」〔註19〕鄭玄爲調和今古學而提出駁斥，《起廢疾》釋曰：「公子牙，莊公弟，不書弟則惡明也，故不假去日。季孫意如，則定公所不惡，故亦書日。」〔註20〕又如《春秋》僖公二十一年冬十二月癸丑：「公會諸侯盟于薄，釋宋公。」《穀梁傳》云：「不言楚，不與楚專釋也。」何休《穀梁廢疾》云：「《春秋》以執之爲罪，不以釋之爲罪，責楚子專釋，非其理也。《公羊》以爲公會諸侯釋之，故不復出楚耳。」〔註21〕鄭玄亦提出駁斥，《起廢疾》釋曰：「不與楚專釋者，非以責之也。《傳》云：『外釋不志，此其志，何也？以公之與之盟目之也。』言公與諸侯盟而釋宋公，公有功焉，與

〔註19〕　〔漢〕何休：《穀梁廢疾》（臺北：藝文印書館，年月份不詳，《叢書集成續編》景印《漢魏遺書鈔》原刻本），頁1。

〔註20〕　〔漢〕何休：《穀梁廢疾》，頁1。

〔註21〕　〔漢〕何休：《穀梁廢疾》，頁8。

《公羊》義無違錯。」〔註22〕在何休與鄭玄一來一往之間，爭執的正是二傳義例的問題。其實在《穀梁廢疾》輯佚三十九條中，何休幾乎都是以公羊學的義例批判穀梁學的義例，可見二者同中有異。

《穀梁傳》解經義例多以六種形式呈現：一是問答，如《春秋》襄公九年春：「宋災。」《穀梁傳》云：「外災不志，此其志，何也？故宋也。」二是「《春秋》云云」，如《春秋》僖公二十二年冬十一月己巳朔：「宋公及楚人戰于泓，宋師敗績。」《穀梁傳》云：「《春秋》三十有四戰，未有以尊敗乎卑，以師敗乎人者也。」另有部分「《春秋》云云」形式未見「《春秋》」二字，如《春秋》莊公元年秋：「築王姬之館于外。」《穀梁傳》云：「築，禮也；于外，非禮也。」當為省略「《春秋》」二字。三是「君子云云」，如《春秋》昭公七年秋八月戊辰：「衛侯惡卒。」《穀梁傳》云：「君子不奪人名，不奪人親之所名，重其所以來也。」四是「親師曰」，如《春秋》定公元年夏六月戊辰：「公即位。」《穀梁傳》云：「沈子曰：『正棺乎兩楹之間，然後即位也。』」五是「傳曰」〔註23〕，如《春秋》成公十三年夏：「曹伯盧卒于師。」《穀梁傳》云：「傳曰：『閔之也。公、大夫在師曰師，在會曰會。』」六是「或曰」，如《春秋》桓公八年冬：「祭公來，遂逆王后于紀。」《穀梁傳》云：「或曰：『天子無外，王命之則成矣。』」以上六種形式亦經常合而為一，未必截然劃分，如《春秋》桓公二年春正月戊申：「宋督弒其君與夷，及其大夫孔父。」《穀梁傳》云：「孔父先死，其曰及，何也？書尊及卑，《春秋》之義也。」此乃由兩種形式組合而成。又如《春秋》僖公十七年夏：「滅項。」《穀梁傳》云：「孰滅之？桓公也。何以不言桓公也？為賢者諱也。……既滅人之國矣，何賢乎？君子惡惡疾其始，善善樂其終。桓公嘗有存亡繼絕之功，故君子為之諱也。」其中「為賢者諱也」當為省略「《春秋》」二字，此乃由三種形式組合而成。

（一）《春秋》大義在變例

《穀梁傳》與《公羊傳》同，亦以變例為《春秋》大義所在，大致有二：

〔註22〕 〔漢〕何休：《穀梁廢疾》，頁8。
〔註23〕 《四庫全書總目》認為，范甯以傳附經時，每條皆冠以「傳曰」二字，後人傳寫時刪之，今本所見「傳曰」二字，是「其削除未盡者也」。《四庫全書總目》（臺北：臺灣商務印書館，1986年7月，《景印文淵閣四庫全書》），卷26，頁8。

—95—

1. 以不書為常例，書則屬變例

例一，《春秋》文公三年秋：「雨螽于宋。」《穀梁傳》云：

> 外災不志，此何以志也，曰：災甚也。其甚奈何？茅茨盡矣，著於
> 上，見於下，謂之雨。

外國發生蝗災不書，不書為常例，書則為變例，《春秋》因宋國的蝗災太嚴重，蝗蟲成群飛落有如下雨一般，所以書其災。例二，《春秋》昭公二十三年冬：「公如晉，至河，公有疾，乃復。」《穀梁傳》云：

> 疾不志，此其志，何也？釋不得入乎晉也。

魯公有疾不書，不書為常例，書則為變例，《春秋》因魯昭公遭權臣驅逐，數度欲前往晉國又遭阻擋，是相當可恥的事，此次無法前往晉國確是有疾而非遭阻擋，所以書其疾，一併掩飾前幾次無法成行之恥。

2. 以書為常例，不書則屬變例

例一，《春秋》文公十五年夏六月：「單伯至自齊。」《穀梁傳》云：

> 大夫執則致，致則名。此其不名，何也？天子之命大夫也。

《春秋》大夫出國因罪被執，返國告廟書名為常例，但單伯不是魯大夫，而是周天子的大夫，所以致不書名。例二，《春秋》莊公三年春正月：「溺會齊侯伐衛。」《穀梁傳》云：

> 溺者，何也？公子溺也。其不稱公子，何也？惡其會仇讎而伐同姓，
> 故貶而名之也。

《春秋》公子伐國書公子為常例，但齊國為魯國的仇讎，而衛國與魯國為同姓，公子溺會仇讎而伐同姓，為了表示貶責，所以書其名而不書公子。

（二）強調以正與不正釋例

《春秋》隱公四年冬十二月：「衛人立晉。」《穀梁傳》云：「衛人者，眾辭也。立者，不宜立者也。晉之名，惡也。其稱人以立之，何也？得眾也。得眾則是賢也，賢則其曰不宜立，何也？《春秋》之義，諸侯與正而不與賢也。」衛桓公遭弒，公子晉因為有賢德而受到眾人擁立，繼位為國君，但公子晉只是庶子，於是《穀梁傳》標舉《春秋》之義，主張「諸侯與正而不與賢」，公子晉既非世子、嫡子、長庶子，名分不正，即使受到眾人擁立，仍不宜繼位。

《穀梁傳》以正與不正釋例多達一百一十餘條，以禮與非禮釋例則僅四十餘條，二者差異懸殊。不過，我們不能據此斷言《穀梁傳》對於禮的重視

程度不如正，因爲所謂正與不正，在意義上是以禮與非禮爲判斷的標準。例一，《春秋》隱公五年春：「公觀魚于棠。」《穀梁傳》云：

> 禮，尊不親小事，卑不尸大功。魚，卑者之事也，公觀之，非正也。

依據禮法，地位尊貴者不親臨小事，但魯隱公遠赴棠邑觀看捕魚，捕魚屬小事，觀看捕魚不合禮法，所以不正。例二，《春秋》莊公元年冬：「王使榮叔來錫桓公命。」《穀梁傳》云：

> 禮有受命，無來錫命。錫命，非正也。生服之，死行之，禮也。生不服，死追錫之，不正甚矣。

此例說明周天子錫桓公命不正有二：第一，依據禮法，天子錫命諸侯應於太廟中舉行儀式，但周莊王是派遣大夫榮叔來錫命魯桓公，不合禮法，所以不正；第二，依據禮法，天子應於諸侯生前錫命，但周莊王是於魯桓公去世後才錫命，不合禮法，所以不正更甚。例三，《春秋》昭公八年秋：「蒐于紅。」《穀梁傳》云：

> 正也，因蒐狩以習用武事，禮之大者也。

田獵習武合一是國家重大禮制，但魯國已多年不行，魯昭公利用秋天在紅邑田獵時習用武事，是恢復正常的禮制。

此外，《穀梁傳》認爲《春秋》稱許「變之正」，即是以權變爲正的作法，凡四例：例一，《春秋》莊公元年秋：「築王姬之館于外。」《穀梁傳》云：

> 築，禮也；于外，非禮也。築之爲禮，何也？主王姬者，必自公門出，於廟則已尊，於寢則已卑，爲之築，節矣。築之外，變之正也。築之外，變之爲正，何也？仇讎之人，非所以接婚姻也；衰麻，非所以接弁冕也。

周天子將嫁女於齊侯，請魯莊公主持婚事，依據禮法，魯國應在公門之內修築館舍，作爲齊侯前來迎娶王姬的處所，但莊公之父桓公是遭齊侯謀殺，尚在守喪期間，豈可容許齊侯由魯國公門進出迎娶，而王姬既非魯女，婚事不必告廟，於是魯國採取權變的作法，改在公門之外修築館舍，雖然不合禮法，但可避免兩位國君在廟堂嫁娶儀式上相互行禮，所以得爲正。例二，《春秋》僖公五年夏：「公及齊侯、宋公、陳侯、衛侯、鄭伯、許男、曹伯會王世子于首戴。」秋八月：「諸侯盟于首戴。」《穀梁傳》云：

> 無中事而復舉諸侯，何也？尊王世子，而不敢與盟也。尊則其不敢與盟，何也？盟者，不相信也，故謹信也，不敢以所不信而加之尊

者。桓，諸侯也，不能朝天子，是不臣也；王世子，子也，塊然受
諸侯之尊己，而立乎其位，是不子也。桓不臣，王世子不子，則其
所善焉，何也？是則變之正也。天子微，諸侯不享覲。桓控大國、
扶小國、統諸侯，不能以朝天子，亦不敢致天王，尊王世子于首戴，
乃所以尊天王之命也。世子含王命會齊桓，亦所以尊天王之命也。
世子受之可乎？是亦變之正也。天子微，諸侯不享覲，世子受諸侯
之尊己，而天王尊矣，世子受之可也。

齊桓公召集諸侯在首戴會盟，王世子奉周天子之命與會；齊桓公統諸侯，不
能率諸侯以朝天子，卻在首戴之盟尊王世子，不合禮法，但當時周天子地位
式微，由王世子代表周天子接受諸侯尊奉，是一種權變的作法，所以得為正。
例三，《春秋》襄公二十九年夏：「仲孫羯會晉荀盈、齊高止、宋華定、衛世
叔儀、鄭公孫段、曹人、莒人、邾人、滕人、薛人、小邾人城杞。」《穀梁傳》
云：

古者天子封諸侯，其地足以容其民，其民足以滿城以自守也。杞危
而不能自守，故諸侯之大夫相帥以城之，此變之正也。

杞國遭遇危難不能自守，各國諸侯應相率協助修築城邑，但當時諸侯微弱，
政由大夫，雖不合禮法，若由各國大夫協助杞國修築城邑，也是一種權變的
作法，所以得為正。例四，《春秋》昭公三十二年冬：「仲孫何忌會晉韓不信、
齊高張、宋仲幾、衛太叔申、鄭國參、曹人、莒人、邾人、薛人、杞人、小
邾人城成周。」《穀梁傳》云：

天子微，諸侯不享覲，天子之在者惟祭與號，故諸侯之大夫相帥以
城之，此變之正也。

周天子地位式微，諸侯亦不朝覲，各國政由大夫，雖不合禮法，但由各國大
夫協助周天子修築成周，也是一種權變的作法，所以得為正。

（三）以日月為例

陸德明《經典釋文·春秋穀梁音義》認為「《穀梁》皆以日月為例」〔註24〕。
蓋《穀梁傳》與《公羊傳》異流而同源，義法頗多相似，皆相當重視時月日
例，茲就傳文逐一檢視如下：

〔註24〕〔唐〕陸德明：《經典釋文》（臺北：臺灣大通書局，1969年10月，《通志堂
經解》，冊40），卷22，頁2。

1. 無事必舉正月

如《春秋》隱公元年春正月，《穀梁傳》云：

> 雖無事，必舉正月，謹始也。

《春秋》謹始，每年必書正月，這是說明編年的體例。

2. 無事不遺時

如《春秋》隱公九年秋七月，《穀梁傳》云：

> 無事焉，何以書？不遺時也。

又如《春秋》桓公元年冬十月，《穀梁傳》云：

> 無事焉，何以書？不遺時也。《春秋》編年，四時具而後爲年。

《春秋》每年必書春、夏、秋、冬四時，這亦是說明編年的體例。

3. 決日義再稱日

如《春秋》桓公十二年冬十一月丙戌：「公會鄭伯，盟于武父。」丙戌：「衛侯晉卒。」《穀梁傳》云：

> 再稱日，決日義也。

所謂「決日義」，即是「謂日義有嫌，判斷以明之」〔註25〕。此例「丙戌」出現兩次，前者爲內盟書日，後者爲諸侯卒書日〔註26〕。邵寶（1460～1527 年）認爲二者「日同而地異，故兩書焉」；且前者是「即書」，爲魯史「紀事之職」，後者是「追書」，爲魯史「承赴之體」〔註27〕。

4. 卒日葬時

此例較爲複雜，大致分爲周天子、諸侯、大夫、夷狄四方面來說明，但爲遷就傳文以便於行文，爰將順序調整爲諸侯、大夫、周天子、夷狄，說明如下：

諸侯卒以書日爲正例，如《春秋》隱公三年秋八月庚辰：「宋公和卒。」隱公八年夏六月己亥：「蔡侯考父卒。」莊公元年冬十月乙亥：「陳侯林卒。」《穀梁傳》云：

> 諸侯日卒，正也。

〔註25〕〔清〕鍾文烝：《春秋穀梁傳注疏》（北京：中華書局，2009 年 5 月），卷 4，頁 114。

〔註26〕衛侯晉卒本應不書日，因《春秋》隱公四年冬十二月「衛人立晉」已表示立晉非正，所以不再卒不書日。

〔註27〕〔明〕邵寶：《簡端錄》（臺北：臺灣商務印書館，1986 年 7 月，《景印文淵閣四庫全書》，冊 184），卷 7，頁 15。

諸侯即位未踰年而卒，亦以書日爲正例，如《春秋》襄公三十一年秋九月癸巳：「子野卒。」《穀梁傳》云：

> 子卒日，正也。

子野繼魯襄公之位未踰年而卒，例同諸侯。若諸侯卒不書日則非正例，如《春秋》僖公十四年冬：「蔡侯肸卒。」《穀梁傳》云：

> 諸侯時卒，惡之也。

蔡侯肸因「父哀侯爲楚所執，肸不附中國，而常事父讎，故惡之」〔註28〕，於是卒不書日。又如《春秋》文公十八年冬十月：「子卒。」《穀梁傳》云：

> 子卒不日，故也。

子爲子赤，繼魯文公之位未踰年，因遭弒而卒不書日。然而亦有本應不書日而書日者，情形有四，一是有所見，如《春秋》莊公三十二年冬十月乙未：「子般卒。」《穀梁傳》云：

> 子卒日，正也；不日，故也。有所見則日。

子般繼魯莊公之位未踰年而遭弒，本應不書日，但因後來閔公繼子般之位不書即位，已表示子般遭弒，所以不再卒不書日。又如《春秋》僖公十七年冬十二月乙亥：「齊侯小白卒。」《穀梁傳》云：

> 此不正，其日之，何也？其不正前見矣。其不正之前見，何也？以不正入虛國，故稱嫌焉爾。

齊侯小白得到君位的方法不正，前已有所見，所以亦不再卒不書日。二是子從父而君之，如《春秋》襄公二十六年春二月辛卯：「衛甯喜弒其君剽。」《穀梁傳》云：

> 此不正，其日，何也？殖也立之，喜也君之，正也。

衛侯剽爲篡位，所以不正，但受到大夫甯喜之父甯殖擁立，「父立以爲君，則子宜君之」〔註29〕，「雖不正亦正」〔註30〕，所以衛侯剽遭弒仍依正例卒書日。三是書弒而非弒，如《春秋》昭公十九年夏五月戊辰：「許世子止弒其君買。」《穀梁傳》云：

> 日弒，正卒也。正卒，則止不弒也。不弒而日弒，責止也。止曰：「我與夫弒者，不立乎其位！」以與其弟虺，哭泣歠飦粥，嗌不容粒，未踰年而死。故君子即止自責而責之也。

〔註28〕 見楊士勛疏引麋信云。〔唐〕楊士勛：《春秋穀梁傳注疏》，卷8，頁33。
〔註29〕 見范甯注。〔唐〕楊士勛：《春秋穀梁傳注疏》，卷16，頁67。
〔註30〕 〔清〕鍾文烝：《春秋穀梁傳注疏》，卷20，頁580。

許悼公（買）飲用世子止所進湯藥而卒，本應書卒而不書日，因世子止自責為弒父，所以「君子即止自責而責之」，書弒而不書卒；但世子止並無弒父之意，所以許悼公卒而書日。四是會而未踰竟，如《春秋》宣公九年秋九月：「晉侯、宋公、衛侯、鄭伯、曹伯會于扈。」辛酉：「晉侯黑臀卒于扈。」《穀梁傳》云：

> 其地，於外也。其日，未踰竟也。

晉侯黑臀會諸侯於扈，結果卒於扈，未出其地，所以書日。又如《春秋》襄公七年冬十二月：「公會晉侯、宋公、陳侯、衛侯、曹伯、莒子、邾子于鄬。鄭伯髡原如會，未見諸侯；丙戌，卒于操。」《穀梁傳》云：

> 未見諸侯，其曰如會何也？致其志也。……鄭伯將會中國，其臣欲從楚，不勝其臣，弒而死。其不言弒，何也？不使夷狄之民加乎中國之君也。其地，於外也。其日，未踰竟也。日卒時葬，正也。

鄭伯髡原欲投靠中國，其臣子欲投靠楚國，而遭臣子逆弒，本應不書日，但因其臣子無異於「夷狄之民」，《春秋》「不使夷狄之民加乎中國之君」，所以從正例書日；且鄭伯髡原尚未前往鄬與諸侯相會，結果卒於操，未出其地，所以書日。

諸侯葬以書時為正例，如《春秋》成公十三年冬：「葬曹宣公。」《穀梁傳》云：

> 葬時，正也。

若諸侯葬不書時則非正例，如《春秋》隱公五年夏四月：「葬衛桓公。」隱公八年秋八月：「葬蔡宣公。」莊公三年夏四月：「葬宋莊公。」襄公三十年冬十月：「葬蔡景公。」《穀梁傳》云：

> 月葬，故也。

葬書月是因為發生變故而緩葬或速葬。又如《春秋》隱公三年冬十二月癸未：「葬宋繆公。」僖公三十三年夏四月癸巳：「葬晉文公。」《穀梁傳》云：

> 日葬，故也，危不得葬也。

葬書日是因為發生變故而不得葬。然而亦有本非正例而從正例者，如《春秋》昭公十九年冬：「葬許悼公。」《穀梁傳》云：

> 日卒時葬，不使止為弒父也。……許世子不知嘗藥，累及許君也。

許悼公飲藥而卒，本應葬書月日，因許世子止不知嘗藥，並非有意弒父，所以許悼公葬書時，而不書月日，「不使止為弒父也」。

大夫卒以書日為正例，如《春秋》僖公十六年春三月壬申：「公子季友卒。」僖公十六年秋七月甲子：「公孫茲卒。」成公十六年冬十二月乙酉：「刺公子偃。」《穀梁傳》云：

> 大夫日卒，正也。

若大夫卒不書日則非正例，如《春秋》隱公元年冬十二月：「公子益師卒。」《穀梁傳》云：

> 大夫日卒，正也；不日卒，惡也。

公子益師因「不能防微杜漸，使桓弒隱」〔註31〕，所以是惡，於是卒不書日。

周天子志崩不志葬，志葬非正例。《春秋》「天王崩」凡九見，如隱公三年春三月庚辰、桓公十五年春三月乙未、僖公八年冬十二月丁未、文公八年秋八月戊申、宣公二年冬十月乙亥、成公五年冬十一月己酉、襄公元年秋九月辛酉、襄公二十八年冬十二月甲寅、昭公二十二年夏四月乙丑，均書日。志葬必有其故，如《春秋》莊公三年夏五月：「葬桓王。」《穀梁傳》云：

> 傳曰：「改葬也。」……天子志崩不志葬，必其時也。……志葬，故也，危不得葬也。

周桓王因故改葬，所以書月。又如《春秋》文公九年春二月辛丑：「葬襄王。」《穀梁傳》云：

> 天子志崩不志葬。……志葬，危不得葬也，日之，甚矣，其不葬之辭也。

周襄王因「王室微弱，諸侯無復往會葬」〔註32〕，所以書日。

夷狄不書卒，卒書日不為正例，如《春秋》文公元年冬十月丁未：「楚世子商臣弒其君髡。」《穀梁傳》云：

> 日髡之卒，所以謹商臣之弒也，夷狄不言正不正。

楚為夷狄，其君不論正或不正，皆不書卒，而楚君髡遭弒不同於自然死亡，為了慎重其事，所以書卒且書日。又如《春秋》宣公十八年秋七月甲戌：「楚子呂卒。」《穀梁傳》云：

> 夷狄不卒，卒，少進也；卒而不日，日，少進也；日而不言正不正，簡之也。

楚子呂進化於中國，所以書卒且書日，但仍略其行事，不論其正或不正。

〔註31〕 見楊士勛疏引糜信云。〔唐〕楊士勛：《春秋穀梁傳注疏》，卷1，頁2。
〔註32〕 見楊士勛疏。〔唐〕楊士勛：《春秋穀梁傳注疏》，卷11，頁44。

5. 以災卒日

如《春秋》襄公三十年夏五月甲午：「宋災，伯姬卒。」《穀梁傳》云：

> 取卒之日加之災上者，見以災卒也。其見以災卒奈何？伯姬之舍失
> 火，左右曰：「夫人少辟火乎！」伯姬曰：「婦人之義，傅母不在，
> 宵不下堂。」左右又曰：「夫人少辟火乎！」伯姬曰：「婦人之義，
> 保母不在，宵不下堂。」遂逮乎火而死。婦人以貞爲行者也，伯姬
> 之婦道盡矣，詳其事，賢伯姬也。

伯姬因謹守禮法而死於火災，爲彰顯其賢德，所以於火災事件之前書日，表
示死於火災。

6. 同日災日

如《春秋》昭公十八年夏五月壬午：「宋、衛、陳、鄭災。」《穀梁傳》云：

> 其志，以同日也。其日，亦以同日也。

宋、衛、陳、鄭同日發生火災，所以書日。

7. 蟲災甚則月不甚則時

如《春秋》隱公五年秋九月：「螟。」桓公五年秋：「螽。」僖公十五年
秋八月：「螽。」《穀梁傳》云：

> 蟲災也，甚則月，不甚則時。

無蟲災不書，書則必成災。以上三者，第一、三者災情嚴重，所以書月；第
二者災情較爲輕微，所以書時。

8. 雩月

如《春秋》僖公十一年秋八月：「大雩。」《穀梁傳》云：

> 雩月，正也。

雩祭書月爲正例，不書月則非正例，如《春秋》成公七年冬：「大雩。」《穀
梁傳》云：

> 雩不月而時，非之也。冬無爲雩也。

冬天不應舉行雩祭，所以不書月。但雩祭只有在秋天八月與九月舉行才是正
例，若書秋而不書月則是指七月舉行雩祭，亦非正例〔註33〕。如《春秋》定
公元年秋九月：「大雩。」《穀梁傳》云：

〔註33〕柯劭忞先生云：「僖十有一年秋八月：『大雩。』《傳》：『雩月，雩正也。』八月、
九月雩皆正。」又云：「凡言秋大雩，皆秋七月。」柯劭忞：《春秋穀梁傳注》（民
國十六年北京大學研究院文史部排印《柯劭忞先生遺著》本），卷14，頁2。

雩月，雩之正也。秋大雩，非正也。冬大雩，非正也。秋大雩，雩
之爲非正，何也？毛澤未盡，人力未竭，未可以雩也。雩月，雩之
正也。月之爲雩之正，何也？其時窮，人力盡，然後雩，雩之正也。
何謂其時窮，人力盡？是月不雨，則無及矣；是年不艾，則無食矣。
是謂其時窮，人力盡也。

以上是說明雩祭必待其時窮、人力盡，所以只有秋天八月與九月才有舉行雩
祭的必要。

9. 食正朔言日言朔

日食書例有三：一是言日言朔，如《春秋》桓公三年秋七月壬辰朔：「日
有食之。」莊公二十五年夏六月辛未朔：「日有食之。」《穀梁傳》云：

言日言朔，食正朔也。

食正朔表示日食發生於初一當天。二是言日不言朔，如《春秋》隱公三年春
二月己巳：「日有食之。」《穀梁傳》云：

言日不言朔，食晦日也。

食晦日表示日食發生於初一之前。三是言朔不言日，如《春秋》桓公十七年
冬十月朔：「日有食之。」《穀梁傳》云：

言朔不言日，食既朔也。

食既朔表示日食發生於初一之後。四是不言日不言朔，如《春秋》莊公十八
年春三月：「日有食之。」《穀梁傳》云：

不言日不言朔，夜食也。

夜食表示日食發生於夜間。

10. 無知日有知月

如《春秋》僖公十六年春正月戊申朔：「隕石于宋五。是月，六鷁退飛過
宋都。」《穀梁傳》云：

是月也，決不日而月也。……石無知，故日之；鷁微有知之物，故
月之。

石爲無知之物，所以書日；鷁（鶂）爲有知之物，所以書月。

11. 善盟日

如《春秋》昭公十三年秋：「公會劉子、晉侯、齊侯、宋公、衛侯、鄭伯、
曹伯、莒子、邾子、滕子、薛伯、杞伯、小邾子于平丘。」八月甲戌：「同盟
于平丘。」「蔡侯廬歸于蔡，陳侯吳歸于陳。」《穀梁傳》云：

> 同者，有同也，同外楚也。……其日，善是盟也。
>
> 善其成之會而歸之，故謹而日之。

楚於《春秋》昭公八年冬十月壬午滅陳、昭公十一年冬十一月丁酉滅蔡，諸侯於昭公十三年秋趁楚國有難，相會於平丘，並結盟，協助陳、蔡二國國君返國復位，為推崇此次會盟的貢獻，並慎重其事，所以書日。

至於盟不日有五種情形，一是桓盟不日，如《春秋》莊公十三年冬：「公會齊侯，盟于柯。」《春秋》莊公二十七年夏六月：「公會齊侯、宋公、陳侯、鄭伯，同盟于幽。」《穀梁傳》云：

> 桓盟不日，信之也。

齊桓公主持的會盟是講信用的，所以不書日。但《春秋》僖公九年秋九月戊辰：「諸侯盟于葵丘。」《穀梁傳》云：

> 桓盟不日，此何以日？美之也。為見天子之禁，故備之也。

齊桓公稱霸初期主持會盟講求信用，所以不書日，以後主持會盟不書日就恢復正常義例的用法；到了晚期「德極而將衰，故備日以美之」[註34]。二是惡盟不日，如《春秋》襄公十九年春正月：「諸侯盟于祝柯。晉人執邾子。公至自伐齊。取邾田，自漷水。」《穀梁傳》云：

> 軋辭也。其不日，惡盟也。

諸侯祝柯之盟意在執邾子、取邾田，所以是惡盟而不書日。三是渝盟不日，如《春秋》隱公元年春三月：「公及邾儀父盟于眛。」《穀梁傳》云：

> 不日，其盟渝也。

因隱公七年秋「公伐邾」，兩國盟約生變，所以不書日。又如《春秋》莊公九年春：「公及齊大夫盟于暨。」《穀梁傳》云：

> 盟納子糾也。不日，其盟渝也。當齊無君，制在公矣，當可納而不
> 納，故惡內也。

當齊國內亂無君之時，魯莊公未積極按照盟約將公子糾送回齊國即位，造成齊國迎立公子小白，兩國盟約生變，所以不書日。又如《春秋》莊公十九年秋：「公子結媵陳人之婦于鄄，遂及齊侯、宋公盟。」《穀梁傳》云：

> 其不日，數渝，惡之也。

魯國與齊、宋結盟後，冬即「伐我西鄙」，三國盟約生變，所以不書日。四是前定之盟不日，如《春秋》桓公十四年夏五月：「鄭伯使其弟禦來盟。」《春

秋》僖公三年冬：「公子季友如齊莅盟。」文公七年冬：「公孫敖如莒莅盟。」
《春秋》宣公七年春：「衛侯使孫良夫來盟。」《穀梁傳》云：

> 不日，前定之盟不日。

以上諸盟皆是事先所約定，所以不書日。五是卑者之盟不日，如《春秋》隱
公元年秋九月：「及宋人盟于宿。」《穀梁傳》云：

> 及者何？內卑者也。宋人，外卑者也。卑者之盟不日。

魯、宋二國結盟者皆爲卑者，所以不書日。

然而盟不日而日者亦有三種情形，一是參盟，如《春秋》隱公八年秋七
月庚午：「宋公、齊侯、衛侯盟于瓦屋。」《穀梁傳》云：

> 外盟不日，此其日，何也？諸侯之參盟於是始，故謹而日之也。

魯國以外的諸侯結盟不書日，且齊桓公結盟亦不書日，但此例是三國同盟之
始，爲愼重其事，所以書日。二是魯公背盟，如《春秋》成公十七年夏六月
乙酉：「同盟于柯陵。」秋：「公至自會。」《穀梁傳》云：

> 不曰「至自伐鄭」也，公不周〔註35〕乎伐鄭也。何以知公之不周乎
> 伐鄭？以其以會致也。何以知其盟復伐鄭也？以其後會之人盡盟者
> 也。不周乎伐鄭，則何爲日也？言公之不背柯陵之盟也。

諸侯柯陵之盟，意在謀復伐鄭，後來魯成公背盟，只參與諸侯大會而不參與
伐鄭，《春秋》爲魯成公諱，所以書日。三是魯公與大夫盟，如《春秋》文公
二年春三月乙巳：「及晉處父盟。」《穀梁傳》云：

> 不言公，處父伉也，爲公諱也。何以知其與公盟？以其日也。

諸侯不與大夫結盟，但魯文公前往晉國與大夫處父結盟，《春秋》爲魯文公諱，
所以書日。又如《春秋》成公三年冬十一月：「晉侯使荀庚來聘。衛侯使孫良
夫來聘。」丙午：「及荀庚盟。」丁未：「及孫良夫盟。」《穀梁傳》云：

> 其日，公也。來聘而求盟，不言及者，以國與之也；不言其人，亦
> 以國與之也；不言求，兩欲之也。

晉大夫荀庚、衛大夫孫良夫來聘，而魯成公求盟，《春秋》爲魯成公諱，所以
書日。

12. 往時致時

往爲外出遠行，致爲返歸告廟，往、致書時爲正例。如《春秋》莊公二
十三年夏：「公如齊觀社。公至自齊。」《穀梁傳》云：

〔註35〕范甯注：「周，信也。」〔唐〕楊士勛：《春秋穀梁傳注疏》，卷14，頁59。

> 公如，往時，正也；致月，故也。如，往月致月，有懼焉爾。

「公如齊觀社」與「公至自齊」皆書時，表示出入順利平安。但若書月，則表示有危險或發生變故。又如《春秋》定公八年春正月：「公侵齊。公至自侵齊。」二月：「公侵齊。」三月：「公至自侵齊。」《穀梁傳》云：

> 公如，往時致月，危致也；往月致時，危往也；往月致月，惡之也。

魯定公於兩個月內兩度率師侵齊，將爲魯國帶來危險，所以往、致皆書月，以示惡之。至於《春秋》成公十三年春三月：「公如京師。」秋七月：「公至自伐秦。」《穀梁傳》云：

> 公如京師不月，月非如也。非如而曰如，不叛京師也。

魯成公會晉伐秦過京師而未朝，違背禮法，所以往、致皆書月；但《春秋》爲魯成公諱，非如而曰如，表示不叛京師。

13. 奔日

如《春秋》文公八年冬十月：「公孫敖如京師，不至而復。」丙戌：「奔莒。」《穀梁傳》云：

> 不言所至，未如也，未如則未復也。未如而曰如，不廢君命也。未
> 復而曰復，不專君命也。其如非如也，其復非復也，唯奔莒之爲信，
> 故謹而日之也。

魯文公指派大夫公孫敖代表前往京師弔喪，詎料公孫敖並未前往京師，而是出奔莒國；經文書其「如」、「復」，與事實不符，用意是爲了維護君命的尊嚴，只有出奔莒國確有其事，爲愼重其事，所以書日。又如《春秋》襄公二十三年冬十月乙亥：「臧孫紇出奔邾。」《穀梁傳》云：

> 其日，正臧孫紇之出也。蘧伯玉曰：「不以道事其君者，其出乎！」

臧孫紇不以道事其君，以致被逐出奔，書日以「正其有罪」〔註36〕。

14. 入日

如《春秋》隱公八年春三月庚寅：「我入邴。」隱公十年冬十月壬午：「齊人、鄭人入郕。」莊公二十四年秋八月丁丑：「夫人姜氏入。」僖公二十八年春三月丙午：「晉侯入曹，執曹伯畀宋人。」宣公十一年冬十月丁亥：「楚子入陳。」《穀梁傳》云：

> 入者，內弗受也。日入，惡入者也。

〔註36〕 見范甯注。〔唐〕楊士勛：《春秋穀梁傳注疏》，卷16，頁66。

「入」是指國人難以接受的事，書日表示惡之。又如《春秋》定公四年冬十一月庚辰：「吳入楚。」《穀梁傳》云：

> 日入，易無楚也。易無楚者，壞宗廟，徙陳器，撻平王之墓。……
> 何以謂之吳也？狄之也。何謂狄之也？君居其君之寢而妻其君之妻，大夫居其大夫之寢而妻其大夫之妻，蓋有欲妻楚王之母者，不正。乘敗人之績而深爲利，居人之國，故反其狄道也。

吳國入侵楚國，如入無人之境，大肆破壞、擄掠，違背中國禮法，雖未云「內弗受」，實則已「狄之」，無受或不受的問題，所以仍書日表示惡之，前後例同。

15. 弒日

弒君例書日，如《春秋》隱公四年春二月戊申：「衛祝吁弒其君完。」但《春秋》文公十四年秋九月：「齊公子商人弒其君舍。」《穀梁傳》云：

> 舍，未踰年，其曰君，何也？成舍之爲君，所以重商人之弒也。……
> 舍之不日，何也？未成爲君也。

齊君舍遭弒不書日，是因爲即位未踰年，應稱子而不稱君，《春秋》爲強調公子商人逆弒的行爲，所以稱君。弒歸亦日，如《春秋》襄公二十六年春二月甲午：「衛侯衎復歸于衛。」《穀梁傳》云：

> 日歸，見知弒也。

衛侯衎參與謀弒衛侯剽，所以返國書日。又《春秋》襄公三十年夏四月：「蔡世子般弒其君固。」《穀梁傳》云：

> 其不日，子奪父政，是謂夷之。

蔡君固遭弒不書日，是因爲世子般逆弒的行爲如同夷狄。至於未弒君則不書日，如《春秋》昭公十三年夏四月：「楚公子比自晉歸于楚，弒其君虔于乾溪。」《穀梁傳》云：

> 自晉，晉有奉焉爾。歸而弒，不言歸；言歸，非弒也。歸一事也，弒一事也，而遂言之，以比之歸弒，比不弒也。弒君者日，不日，比不弒也。

楚靈王因臣子謀亂，而自縊於乾谿，謀亂者召公子比自晉歸楚，立以爲王，「楚人之赴，本其始禍，故以比主弒，而史因書之」〔註37〕，爲表示公子比未弒君，所以不書日。

〔註37〕〔清〕鍾文烝：《春秋穀梁傳注疏》，卷21，頁627。

16. 敗日

如《春秋》莊公十一年夏五月戊寅：「公敗宋師于鄑。」《穀梁傳》云：

> 其日，成敗之也。

所謂「成敗之」，是指「結日列陳，不以詐相襲，得敗師之道」〔註38〕。此例表示魯國是事先與宋國約定日期，並待雙方擺列陣勢後，才開始交戰，沒有使用詐欺手段，贏得光明磊落，符合正道，所以書日。又如《春秋》成公二年夏六月癸酉：「季孫行父、臧孫許、叔孫僑如、公孫嬰齊帥師，會晉郤克、衛孫良夫、曹公子手，及齊侯戰于鞍，齊師敗績。」《穀梁傳》云：

> 其日，或曰：「日，其戰也。」或曰：「日，其悉也。」

所謂「悉」，是指「魯四大夫時悉在戰也」〔註39〕。此例表示戰、悉「二者皆當日」〔註40〕，意即戰當書日，魯四大夫並列作戰亦當書日。但疑戰則不日，如《春秋》莊公十年春正月：「公敗齊師于長勺。」《春秋》莊公十年夏：「公敗宋師于乘丘。」《春秋》僖公元年秋九月：「公敗邾師于偃。」《穀梁傳》云：

> 不日，疑戰〔註41〕也。

疑戰是趁人不備發動襲擊，所以不書日。中國敗夷狄亦不日，如《春秋》成公十二年秋：「晉人敗狄于交剛。」《穀梁傳》云：

> 中國與夷狄不言戰，皆曰敗之。夷狄不日。

由於「中國敗夷狄，不須為結日列陳之文；夷狄相敗，又不知結日列陳」〔註42〕，所以書時不書日。

17. 滅中國日卑國月夷狄時

如《春秋》莊公十三年夏六月：「齊人滅遂。」《春秋》僖公五年秋八月：「楚人滅弦。」《春秋》僖公二十六年秋：「楚人滅夔。」《穀梁傳》云：

> 不日，微國也。

遂、弦、夔皆是附庸及夷狄小國，所以被滅書月或時。但《春秋》宣公十五年夏六月癸卯：「晉師滅赤狄潞氏，以潞子嬰兒歸。」《穀梁傳》云：

> 滅國有三術：中國謹日，卑國月，夷狄不日。其日潞子嬰兒，賢也。

〔註38〕　見范甯注。〔唐〕楊士勛：《春秋穀梁傳注疏》，卷5，頁19。
〔註39〕　見范甯注。〔唐〕楊士勛：《春秋穀梁傳注疏》，卷13，頁53。
〔註40〕　見范甯注。〔唐〕楊士勛：《春秋穀梁傳注疏》，卷13，頁53。
〔註41〕　范甯注：「疑戰者，言不剋日而戰，以詐相襲。」指雙方未經約定日期而戰，即趁人不備發動襲擊。〔唐〕楊士勛：《春秋穀梁傳注疏》，卷5，頁19。
〔註42〕　〔清〕鍾文烝：《春秋穀梁傳注疏》，卷18，頁502。

潞國亦爲夷狄，被滅本應書時，因潞子爲賢君，所以書日不書時。又《春秋》襄公六年秋：「莒人滅繒。」《穀梁傳》云：

> 非滅也。中國日，卑國月，夷狄時。繒，中國也，而時，非滅也。
>
> 家有既亡，國有既滅，滅而不自知，由別之而不別也。莒人滅繒，
>
> 非滅也，非立異姓以莅祭祀，滅亡之道也。

繒爲姒姓，莒爲己姓，「莒是繒甥」〔註43〕，繒立莒爲嗣，無異於滅亡卻不自知。按繒爲中國，若被兵滅應書日，但此例爲立異姓而滅亡，所以書時不書日，表示非被兵滅。

18. 取二邑謹而日

如《春秋》隱公十年夏六月壬戌：「公敗宋師于菅。」辛未：「取郜。」辛巳：「取防。」《穀梁傳》云：

> 取邑不日，此其日，何也？不正其乘敗人而深爲利，取二邑，故謹
>
> 而日之也。

取邑例不書日，但此例魯隱公打敗宋師後，趁機奪取宋國兩座城邑，爲愼重其事，所以書日。

19. 再取邑謹而日

如《春秋》文公七年春：「公伐邾。」三月甲戌：「取須句。」《穀梁傳》云：

> 取邑不日，此其日，何也？不正其再取，故謹而日之也。

按魯僖公二十二年春曾伐邾取須句，如今魯文公事隔十九年又伐邾取須句，「父子異人，恐其惡不明」〔註44〕，爲愼重其事，所以亦書日。

20. 侵謹而月

如《春秋》莊公十年春二月：「公侵宋。」《穀梁傳》云：

> 侵時，此其月，何也？乃深其怨於齊，又退侵宋，以眾其敵，惡之，
>
> 故謹而月之。

侵例書時，但此例魯莊公侵宋，齊師往救，不僅加深了魯、齊二國的仇恨，且魯國樹立了更多的敵人，《春秋》惡之，爲愼重其事，所以書月。

〔註43〕 見范甯注。〔唐〕楊士勛：《春秋穀梁傳注疏》，卷15，頁62。

〔註44〕 〔清〕鍾文烝：《春秋穀梁傳注疏》，卷13，頁382。

21. 潰謹而日

如《春秋》成公九年冬：「楚公子嬰齊帥師伐莒。」庚申：「莒潰。」《穀梁傳》云：

> 其日，莒雖夷狄，猶中國也。大夫潰莒而之楚，是以知其上為事也。
> 惡之，故謹而日之也。

莒國遭楚師入侵而潰敗，大夫即投靠楚國，「臣以叛君為事，明君臣無道」〔註45〕，《春秋》惡之，為慎重其事，所以書日。

22. 執謹而日

如《春秋》僖公十九年夏六月：「宋公、曹人、邾人盟于曹南。鄫子會盟于邾。」己酉：「邾人執鄫子，用之。」《穀梁傳》云：

> 微國之君，因邾以求與之盟。人因己以求與之盟，己迎而執之，惡
> 之，故謹而日之也。用之者，叩其鼻以衈社也。

鄫子透過邾國要求參與會盟，邾國卻趁機扣押鄫子，甚至敲擊鄫子的鼻子取血以祭社，《春秋》惡之，為慎重其事，所以書日。

23. 討賊謹而月日

討賊例書時，如《春秋》莊公九年春：「齊人殺無知。」齊大夫無知弒其君諸兒，齊人討賊而殺之，書時。但《春秋》隱公四年秋九月：「衛人殺祝吁于濮。」《穀梁傳》云：

> 稱人以殺，殺有罪也。祝吁之挈，失嫌也。其月，謹之也。于濮者，
> 譏失賊也。

衛大夫祝吁於《春秋》隱公四年春二月戊申弒君後取而代之，衛人遲至同年秋九月才討賊而殺之，為慎重其事，所以書月。又《春秋》昭公十一年夏四月丁巳：「楚子虔誘蔡侯般，殺之于申。」《穀梁傳》云：

> 何為名之也？夷狄之君誘中國之君而殺之，故謹而名之也。稱時稱
> 月、稱日、稱地，謹之也。

蔡侯般弒父自立，楚子虔以討賊為名而誘殺之，但楚為夷狄，豈可討伐中國，為慎重其事，所以稱月、稱日、稱地。

〔註45〕 見范甯注。〔唐〕楊士勛：《春秋穀梁傳注疏》，卷14，頁57。

24. 再致天子謹日而不月

如《春秋》僖公二十八年冬：「天王守于河陽。」壬申：「公朝于王所。」《穀梁傳》云：

> 朝於廟，禮也；於外，非禮也。……其日，以其再致天子，故謹而日之。……日繫於月，月繫於時。壬申公朝于王所，其不月，失其所繫也，以爲晉文公之行事，爲已僭矣。

晉文公顚倒君臣上下關係，兩度召集周天子參與諸侯大會，違背禮法。魯僖公雖朝于王所，卻是朝於外，而非朝於廟，亦是違背禮法，且前提已「失其所繫」，爲愼重其事，所以書日且不書月。

25. 公踰年即位謹而日

如《春秋》定公元年夏六月戊辰：「公即位。」《穀梁傳》云：

> 殯，然後即位也。定無正，見無以正也。踰年不言即位，是有故公也；言即位，是無故公也。即位，授受之道也。先君無正終，則後君無正始也；先君有正終，則後君有正始也。戊辰公即位，謹之也。定之即位，不可不察也。公即位，何以日也？戊辰之日，然後即位也。癸亥公之喪至自乾侯，何爲戊辰之日然後即位也？正君乎國，然後即位也。沈子曰：「正棺乎兩楹之間，然後即位也。」內之大事日。即位，君之大事也，其不日何也？以年決者，不以日決也。此則其日，何也？著之也。何著焉？踰年即位，屬也，於屬之中，又有義焉。

魯昭公遭權臣驅逐，卒於晉邑乾侯，魯定公不是在正常情況下繼位，本應不書日，但定公即位已踰年，爲愼重其事，表示政局危急，並凸顯「先君未殯則後君不得即位」〔註46〕之義，所以書日。

26. 大閱謹而日

如《春秋》桓公六年秋八月壬午：「大閱。」《穀梁傳》云：

> 大閱者何？閱兵車也。脩教明諭，國道也。平而脩戎事，非正也。其日，以爲崇武，故謹而日之，蓋以觀婦人也。

魯桓公在秋天例行田獵習兵結束之後閒暇無事，爲了向夫人炫耀，竟違背禮法而大規模校閱兵車，爲愼重其事，所以書日。

〔註46〕見范甯注。〔唐〕楊士勛：《春秋穀梁傳注疏》，卷19，頁79。

27. 朝謹而月

如《春秋》桓公二年秋七月：「紀侯來朝。」《穀梁傳》云：

> 朝時，此其月，何也？桓內弒其君，外成人之亂，於是爲齊侯、陳
> 侯、鄭伯討，數日以賂。己即是事而朝之，惡之，故謹而月之也。

朝例書時，但此例魯桓公聯合齊侯、陳侯、鄭伯趁宋國內亂而入侵，並強索賄賂，紀侯即爲此事來朝魯國，《春秋》惡之，爲愼重其事，所以書月。

28. 變謹而日

如《春秋》僖公十四年秋八月辛卯：「沙鹿崩。」《穀梁傳》云：

> 無崩道而崩，故志之也。其日，重其變也。

《春秋》重視變故，沙鹿無崩道而崩，所以書日。但《春秋》成公五年夏：「梁山崩。」《穀梁傳》云：

> 不日，何也？高者有崩道也。

梁山有崩道，不同於變故，所以不書日。又如《春秋》隱公九年春三月癸酉：「大雨震電。」庚辰：「大雨雪。」《穀梁傳》云：

> 八日之間，再有大變，陰陽錯行，故謹而日之也。雨月，志正也。

雨例書月，但八日內下了兩次大雨變故，爲愼重其事，所以兩次大雨皆書日。又如《春秋》文公九年秋九月癸酉：「地震。」《穀梁傳》云：

> 震，動也。地不震者也，震故謹而日之也。

地是不會震動的，竟然發生震動變故，爲愼重其事，所以書日。

至於《春秋》成公七年春正月：「鼷鼠食郊牛角。」《穀梁傳》云：「不言日，急辭也。」鍾文烝認爲「『不言日』當爲『不言之』，謂『牛』、『角』之間無『之』字」〔註47〕。本文從其說，不以爲時月日例。

以上經歸納爲二十八例，並與《公羊傳》略作比較，其中有幾項特點：

第一，「1. 無事必舉正月」與「2. 無事不遺時」爲《春秋》編年體例，「3. 決日義再稱日」是說明《春秋》將魯史「即書」與「追書」並舉，均無關《春秋》大義；其餘皆於變例見義。

第二，《穀梁傳》歸納得二十八例，不僅較《公羊傳》歸納得十四例多出一倍，且釋例亦較《公羊傳》精密。如《公羊傳》「2. 卒日而葬不日」僅就諸侯與大夫兩方面加以說明，《穀梁傳》「4. 卒日葬時」則區分周天子、諸侯、

〔註47〕 〔清〕鍾文烝：《春秋穀梁傳注疏》，卷17，頁486。

大夫、夷狄四方面來說明；《公羊傳》「7. 桓之盟不日」未及餘其他盟例，《穀梁傳》「11. 善盟日」則對舉盟不日，涵括桓盟不日、惡盟不日、渝盟不日、前定之盟不日、卑者之盟不日五種情形；《公羊傳》「14. 弒日」未及餘其他弒例，《穀梁傳》「15. 弒日」則涵括弒歸日、夷之不日、未弒不日，並旁及「23. 討賊謹而月日」。

　　第三，「4. 卒日」、「11. 善盟日（桓盟不日、惡盟不日、渝盟不日）」、「12. 往時致時」、「14. 入日」、「15. 弒日」、「18. 取二邑謹而日」、「19. 再取邑謹而日」、「20. 侵謹而月」、「21. 潰謹而日」、「22. 執謹而日」、「23. 討賊謹而月日」、「24. 再致天子謹日而不月」、「26. 大閱謹而日」、「27. 朝謹而月」十四例若干條具有褒貶之義，其餘則否，以時月日例為褒貶已初具雛形，且較《公羊傳》為多。

　　第四，時月日例無法獨立存在，必須與其他義例相結合才有義可說，否則即是空談，與《公羊傳》同。如「11. 善盟日」，必須與盟例結合，才有「桓盟」、「惡盟」、「渝盟」、「前定之盟」、「卑者之盟」、「參盟」、「魯公背盟」、「魯公與大夫盟」諸義可說。其餘可類推。

　　第五，時月日例的作用在藉詳略表達謹慎其事的態度，時疏於月，月疏於日，日謹於月，月謹於時。如「18. 取二邑謹而日」、「19. 再取邑謹而日」、「20. 侵謹而月」、「21. 潰謹而日」、「22. 執謹而日」、「23. 討賊謹而月日」、「24. 再致天子謹日而不月」、「25. 公踰年即位謹而日」、「26. 大閱謹而日」、「27. 朝謹而月」、「28. 變謹而日」皆是。

　　第六，《公羊傳》部分以反面方式陳述，如「2. 葬不日」、「7. 桓之盟不日」、「9. 朔不日」，只作反面說明如何不書日，未見正面說明如何書日；《穀梁傳》則皆兼顧正反兩面陳述，義例較為肯定、明確。

　　第七，《春秋》為編年體，全書各條若非時月日的常例，即為時月日的變例，陸德明《經典釋文》認為《穀梁傳》「皆以日月為例」，正如同《公羊傳》，皆是有其道理的。

三、劉賈許穎諸儒模式

　　今傳《左傳》解經義例，以杜預建構的模式保存最為完整，但杜預並非《左傳》解經義例的創始者。杜預〈春秋序〉云：

　　　　古今言《左氏春秋》者多矣，今其遺文可見者十數家。大體轉相祖

述，進不成爲錯綜經文以盡其變，退不守丘明之傳。……然劉子駿
創通大義，賈景伯父子、許惠卿皆先儒之美者也。末有頴子嚴者，
雖淺近，亦復名家。故特舉劉、賈、許、頴之違，以見異同。〔註48〕

劉歆（子駿）創通《春秋》大義之後，傳授賈徽（元伯）（？～88年），賈徽
傳授子賈逵（景伯）（30～101年），其後名家尚有許淑（惠卿）（生卒年不詳）、
頴容（子嚴）（生卒年不詳）等人。劉歆「治《左氏》，引傳文以解經，轉相
發明，由是章句義理備焉」〔註49〕，但其章句之作，《隋書・經籍志》以下
皆未見著錄。賈徽「從劉歆受《左氏春秋》，……作《左氏條例》二十一篇」
〔註50〕，已佚。賈逵「悉傳父業，……尤明《左氏傳》、《國語》，爲之解詁
五十一篇」〔註51〕，又作《春秋左氏長經》二十卷、《春秋左氏解詁》三十卷、
《春秋三家經本訓詁》十二卷〔註52〕，均佚。許淑「注解《左氏傳》」〔註53〕，
亦佚。頴容「著《春秋左氏條例》五萬餘言」〔註54〕，又作《春秋釋例》十
卷〔註55〕（一說七卷〔註56〕），亦均佚。上揭以「例」爲名者，有賈徽《左
氏條例》與頴容《春秋左氏條例》、《春秋釋例》，成書時間都早於杜預《春
秋釋例》。

　　劉、賈、許、頴諸儒著作亡佚已久，賴杜預《春秋經傳集解》、《春秋釋
例》徵引及孔穎達《春秋左傳正義》轉引而保存部分內容；但其中杜預《春
秋釋例》自明代以後亦佚，殘存於《永樂大典》中。杜預《春秋經傳集解》
及《春秋釋例》徵引劉、賈、許、頴諸儒之說的態度完全不同，前者是用以
解經，後者卻用以批判；亦即杜預對於劉、賈、許、頴諸儒在解說史事、名
物、訓詁等方面尚可接受，但在解說義例方面則是反對的。

〔註48〕〔唐〕孔穎達：《春秋左傳正義》，卷1，頁5。
〔註49〕見《漢書・楚元王傳》。〔清〕王先謙：《漢書補注》，卷36，頁31。
〔註50〕見《後漢書・鄭范陳賈張列傳》。〔南朝宋〕范曄：《後漢書》（臺北：臺灣中
　　　　華書局，1965年11月，《四部備要》本），卷66，頁11。
〔註51〕見《後漢書・鄭范陳賈張列傳》。〔南朝宋〕范曄：《後漢書》，卷66，頁11～
　　　　12。
〔註52〕見《隋書・經籍志》。〔唐〕魏徵：《隋書》，卷32，頁12～13。
〔註53〕見陸德明《經典釋文・序錄》。〔唐〕陸德明：《經典釋文》（臺北：臺灣大通
　　　　書局，1969年10月，《通志堂經解》，冊40），卷1，頁27。
〔註54〕見《後漢書・儒林列傳下》。〔南朝宋〕范曄：《後漢書》，卷109下，頁11。
〔註55〕見《隋書・經籍志》。〔唐〕魏徵：《隋書》，卷32，頁12。
〔註56〕見《新唐書・藝文志》。〔宋〕歐陽脩：《新唐書》（臺北：臺灣中華書局，1965
　　　　年11月，《四部備要》本），卷57，頁6。

有關劉、賈、許、潁諸儒的義例，經檢索《春秋釋例》（清儒孫星衍據武英殿聚珍版輯錄《永樂大典》本重刊）及《春秋左傳正義》，殘存凡六十餘條，說者或單稱「劉氏」、「賈氏」、「許氏」、「潁氏」，或二者並稱「劉賈」、「賈許」、「賈潁」，或三者並稱「劉賈許」、「劉賈潁」，或四者並稱「劉賈許潁」、「劉許賈潁」，或統稱「諸儒」、「先儒」。謹就殘存諸條歸納其模式大致如下：

（一）為傳文生例

據杜預《春秋釋例》「公即位例」釋例曰：

> 劉、賈、潁為傳文生例，云：「恩深不忍，則傳言『不稱』；恩淺可忍，則傳言『不書』。」博據傳詞，殊多不通。案殺欒盈則云「不言大夫」，殺良霄則云「不稱大夫」，君氏卒則云「不曰薨」、「不言葬」、「不書姓」，鄭伯克段則云「稱鄭伯」，此皆同意而別文之驗也。傳本意在解經，非曲文以生例也，若當盡錯綜傳辭以生義類，則不可通。〔註57〕

《左傳》有意義相同但文字不同的辭句，劉歆等人即據以「為傳文生例」，其方式是「錯綜傳辭以生義類」。所謂「錯綜傳辭以生義類」，是將《左傳》的文字經由排比歸納而產生義例。杜預批判劉歆等人既認為《左傳》是闡釋《春秋》的著作，就應該在《春秋》中尋求義例（「錯綜經文以盡其變」〔註58〕），不是在《左傳》中尋求義例（「錯綜傳辭以生義類」）；而劉歆等人卻在《左傳》「不稱」、「不書」、「不曰」、「不言」等同義詞上打轉，製造義例。所以杜預的立場，是反對在《左傳》的文辭上「曲文以生例」。

例一，《春秋》襄公二十三年冬：「晉人殺欒盈。」《左傳》云：

> 書曰：「晉人殺欒盈。」不言大夫，言自外也。

又《春秋》襄公三十年秋：「鄭良霄出奔許，自許入于鄭，鄭人殺良霄。」《左傳》云：

> 書曰：「鄭人殺良霄。」不稱大夫，言自外入也。

晉大夫欒盈出奔楚、齊後返晉，為晉人所殺。鄭大夫良霄出奔許後返鄭，為鄭人所殺。《左傳》將《春秋》的文辭經由排比歸納分析後，說明因為欒盈、良霄二人皆是出奔外國後返國，所以《春秋》書其名而不書大夫。而劉歆等人則是再將《左傳》的文辭經由排比歸納分析，認為書欒盈「不言大夫」，書

〔註57〕 〔晉〕杜預：《春秋釋例》（臺北：臺灣中華書局，1970年3月），卷1，頁2。
〔註58〕 見杜預〈春秋序〉。〔唐〕孔穎達：《春秋左傳正義》，卷1，頁5。

良霄「不稱大夫」，是因爲晉、鄭對二人的恩情深淺不同，可忍的程度亦不同，所以文辭有所差異。

例二，《春秋》隱公三年夏四月辛卯：「君氏卒。」《左傳》云：

> 君氏卒，聲子也。不赴於諸侯，不反哭于寢，不祔于姑。故不曰薨，不稱夫人。故不言葬，不書姓。爲公故，曰君氏。

又《春秋》隱公元年夏五月：「鄭伯克段于鄢。」《左傳》云：

> 稱鄭伯，譏失教也。

《左傳》將《春秋》的文辭經由排比歸納分析後，說明因爲魯隱公生母君氏是魯惠公的繼室，喪禮不同於元配，所以「不曰薨」、「不言葬」、「不書姓」；又鄭伯姑息弟弟共叔段勢力坐大再出兵討伐，未盡到兄長教育弟弟的責任，所以「稱鄭伯」。而劉歆等人則是再將《左傳》的文辭經由排比歸納分析，認爲魯隱公對生母君氏與鄭伯對弟弟共叔段的恩情深淺不同，所以《左傳》使用「曰」、「言」、「書」、「稱」等字表示不同程度的意義。

（二）仿《公羊傳》、《穀梁傳》設置義例

劉、賈、許、穎諸儒中，史載賈逵「兼通五家《穀梁》之說」〔註59〕，但東漢治《春秋》三傳的儒者，「或先已習《公》、《穀》，或受經學官兼理它傳」〔註60〕，仿二傳發明義例乃有跡可循。杜預《春秋釋例》「大夫卒例」釋例曰：

> 諸儒溺于《公羊》、《穀梁》之說，橫爲《左氏》造日月褒貶之例。

〔註61〕

《公羊傳》與《穀梁傳》解經義例中，以時月日例最爲重要，而劉歆等人亦不乏其例，如《春秋》僖公二十八年冬：「公會晉侯、齊侯、宋公、蔡侯、鄭伯、陳子、莒子、邾人、秦人于溫。天王狩于河陽。」壬申：「公朝于王所。」《春秋釋例》「大夫卒例」釋例曰：

> 溫之會，有日而無月，賈氏云：「欲上月，則嫌異會；欲下月，則嫌異日〔註62〕。故但書日。」〔註63〕

〔註59〕 班固注：「五家，謂尹更始、劉向、周慶、丁姓、王彥等，皆爲《穀梁》。」見《後漢書・鄭范陳賈張列傳》。〔南朝宋〕范曄：《後漢書》，卷66，頁11。

〔註60〕 程元敏：《春秋左氏經傳集解序疏證》（臺北：臺灣學生書局，1991年8月），頁63。

〔註61〕 〔晉〕杜預：《春秋釋例》，卷1，頁12。

〔註62〕 「異日」，原作「異月」，從劉師培先生校改。劉師培：《春秋左氏傳時月日古例考》（臺北：華世出版社，1975年4月，《劉申叔先生遺書》，冊1），頁6。

〔註63〕 〔晉〕杜預：《春秋釋例》，卷1，頁12。

這一段文字是賈氏認為「溫之會」有日而無月的原因，是為了避免書月造成解讀事件發生時間的失誤，表示《春秋》對於「時月日例」的謹慎與重視。又如《春秋》文公八年冬十月：「公孫敖如京師，不至而復。」丙戌：「奔莒。」《春秋釋例》「大夫卒例」釋例曰：

> 公孫敖出奔，賈氏曰：「日者，以罪廢命，大討也。」〔註64〕

賈氏認為，公孫敖出奔莒記載日，是因為廢棄公命，必須大討。又如《春秋釋例》「大夫卒例」釋例曰：

> 盟之見經，百有三事，其五十三不書日，五十書日。賈氏、許氏曰：「盟載詳者，日月備；易者，日月略。」〔註65〕

《春秋釋例》「崩薨卒例」釋例曰：

> 劉、賈、許、潁復于薨卒生例，云：「日月詳者弔贈備，日月畧者弔有闕。」〔註66〕

最後這兩段引文，顯示劉歆等人對於時月日例不是隨文生義，而是經過歸納得來的。

（三）考合《周官》、《禮記》與《呂氏春秋》月令制度以制義例

《春秋》襄公二十一年春：「邾庶其以漆閭丘來奔。」《左傳》云：「庶其非卿也，以地來，雖賤必書，重地也。」杜預《春秋釋例》「爵命例」釋例曰：

> 公侯伯子男及其卿大夫士命數，《周官》具有等差，當春秋時，漸已變改，是以仲尼、邱明據時之宜，仍其行事，從而然之，不復與《周官》同。而先儒考合《周官》、《禮記》，各致異端。今詳推經傳，國之大小，皆據當時土地、人民，不復依爵，故書齊、楚之卿，而畧于滕、薛也。諸侯大國之卿，皆必有命，固無所疑，其總名亦曰大夫也，故經傳卿、大夫之文相涉。〔註67〕

按《周官》內容與周代政治制度未必盡合，卻是儒家的政治理想。但杜預認為，春秋時代的爵命制度已與《周官》不同，解經應該「因時之宜，仍其行事」。於是孔穎達《春秋左傳正義》云：「『庶其非卿』，謂非再命之卿也。」〔註68〕杜預所謂先儒「各致異端」，如：

〔註64〕〔晉〕杜預：《春秋釋例》，卷1，頁12。
〔註65〕〔晉〕杜預：《春秋釋例》，卷1，頁12。
〔註66〕〔晉〕杜預：《春秋釋例》，卷3，頁3。
〔註67〕〔晉〕杜預：《春秋釋例》，卷2，頁3。
〔註68〕〔唐〕孔穎達：《春秋左傳正義》，卷34，頁268。

> 諸儒以爲：「邾、莒無命卿。」……劉、賈又云：「《春秋》之序，三
> 命以上乃書于經。」潁氏以爲：「再命稱人。」〔註69〕

即反證劉歆等人解經，是以《周官》的爵命制度爲依據。

又《春秋》桓公五年秋：「大雩。」《左傳》云：「大雩，書不時也。凡祀，
啟蟄而郊，龍見而雩，始殺而嘗，閉蟄而烝，過則書。」杜預《春秋釋例》「郊
雩烝嘗例」釋例曰：

> 月令之書出自呂不韋，其意欲爲秦制，非古典也。潁氏因之以爲龍
> 見五月。〔註70〕

按雩祭應於「龍見」時舉行，《春秋》書雩，是因爲雩祭過時。東方蒼龍七宿
於黃昏出現，即是所謂「龍見」，時當建巳之月〔註71〕，即夏四月。潁氏依據
《呂氏春秋》月令制度推算，則「龍見」成爲五月，爲杜預所批評。

（四）其他

杜預認爲劉、賈、許、潁諸儒解經義例「強爲之說」〔註72〕，其中有《左
傳》無說者，有與《左傳》相違者，杜預皆表示反對，概分爲三類：

1. 敘事類，計約二十六條

如杜預《春秋釋例》「書弒例」釋例曰：

> 劉、賈、許、潁以爲：「君惡及國朝，則稱國以弒；君惡及國人，則
> 稱人以弒。」〔註73〕

2. 釋字類，計約七條

如杜預《春秋釋例》「作新門廄例」釋例曰：

> 劉、賈云：「言『新』，有故木；言『作』，有新木。延廄不書『作』，
> 所用之木非公命也。」〔註74〕

3. 制度類，計約八條

如杜預《春秋釋例》「內外君臣逆女例」釋例曰：

> 「公子翬如齊逆女」，此經正文。而賈氏云：「使翬逆女，兼修艾之
> 盟。」〔註75〕

〔註69〕 〔晉〕杜預：《春秋釋例》，卷2，頁3。
〔註70〕 〔晉〕杜預：《春秋釋例》，卷3，頁11。
〔註71〕 見杜預注。〔唐〕孔穎達：《春秋左傳正義》，卷6，頁47。
〔註72〕 〔晉〕杜預：《春秋釋例》，卷15，頁13。
〔註73〕 〔晉〕杜預：《春秋釋例》，卷3，頁3。
〔註74〕 〔晉〕杜預：《春秋釋例》，卷4，頁7。
〔註75〕 〔晉〕杜預：《春秋釋例》，卷2，頁5。

此外，杜預《春秋釋例》徵引劉、賈、許、穎諸儒解經義例的目的，不是爲了保存文獻，而是爲了批判，因此義例與《左傳》相合者，杜預不可能徵引；用於批判者，則內容均已支離，不易窺其全貌及原意；甚至杜預一味批判，未見徵引原文，如「會盟朝聘例」釋例曰：

> 劉、賈、許君曲爲辭義，來盟細碎，既非經傳本體；又諸無傳者，
> 或有直辭，不須傳文絕落。而諸儒皆妄爲生義，趨于不窮。〔註76〕

又如「郊雩烝嘗例」釋例曰：

> 先儒之辯郊雩烝嘗，各據所見，多不審悉。〔註77〕

劉歆等人究竟如何「妄爲生義」、「多不審悉」，已不得而知。類此義例不明者，姑待他日。

四、杜預模式

東晉杜預（222～285 年）因不滿劉、賈、許、穎諸儒義例解經模式，自創義例。據《隋書·經籍志》記載，杜預著作有四：《春秋左氏經傳集解》三十卷、《春秋左氏傳音》三卷、《春秋釋例》十五卷、《春秋左氏傳評》二卷〔註78〕；後二者已亡佚，故不論。其〈春秋序〉云：

> 故發傳之體有三，而爲例之情有五。〔註79〕

孔穎達疏：

> 傳體有三，即上文發凡正例、新意變例、歸趣非例是也。爲例之情
> 有五，即下文五「曰」是也。〔註80〕

杜預將《左傳》義例分爲「發凡正例」、「新意變例」、「歸趣非例」三種，通稱爲「三體」；又進一步說明《左傳》義例形成的情形有五種：一曰微而顯，二曰志而晦，三曰婉而成章，四曰盡而不汙，五曰懲惡而勸善〔註81〕，通稱爲「五情」。可知杜預治《左傳》，是以義例模式爲主。有關「五情」部分，已見前述（詳見本文第二章第二、三節），不再贅述；至於「三體」部分，主

〔註76〕〔晉〕杜預：《春秋釋例》，卷1，頁7。
〔註77〕〔晉〕杜預：《春秋釋例》，卷3，頁10。
〔註78〕見《隋書·經籍志》。〔唐〕魏徵：《隋書》，卷32，頁12。
〔註79〕〔唐〕孔穎達：《春秋左傳正義》，卷1，頁4。
〔註80〕〔唐〕孔穎達：《春秋左傳正義》，卷1，頁4。
〔註81〕見杜預〈春秋序〉。〔唐〕孔穎達：《春秋左傳正義》，卷1，頁4～5。

要見於《春秋經傳集解》及《春秋釋例》二書，但除「三體」之外，杜預尚有自發義例部分，茲合而論之，按其意將《左傳》解經義例模式分爲四部分：一是發凡正例，二是新意變例，三是歸趣非例，四是集解釋例。

（一）周公「發凡正例」

《左傳》記載，昭公二年春韓宣子適魯，「見《易》象與魯《春秋》，曰：『周禮盡在魯矣，吾乃今知周公之德，與周之所以王也。』」杜預認爲，「韓子所見，蓋周之舊典禮經也。」〔註82〕今本《春秋》紀年雖是始自魯隱公，不是始自周公，但《春秋》義例的最初模式是依據「周公之遺制」〔註83〕而建構的。我們可以藉由《左傳》標示的凡例，在很容易地找到《春秋》中的「周公之遺制」。《左傳》「發凡以言例，皆經國之常制，周公之垂法，史書之舊章」，杜預稱之爲「舊例」〔註84〕，即是孔穎達所謂「正例」，凡五十條，統稱「五十凡」。最早研究「五十凡」者爲《春秋五十凡義疏》二卷〔註85〕，見載於《隋書·經籍志》，不著撰人，但該書已佚，內容不可考。

楊向奎先生（1910～2000年）將「五十凡」分爲三類：一是史法類，「若其言『書』、『不書』，……是爲史官修史時法則，今簡謂之『史法』，凡例中屬于此者共九條。」二是書法類，「若其言『曰』、言『爲』，……爲修史時之屬辭，今簡謂之『書法』，凡例屬于此者共二十二條。」三是禮經類，「若其言『禮』、言『常』，……今簡謂之『禮經』，凡例中屬于此者共十九條。」〔註86〕

另陳槃先生將「五十凡」分爲十五類：氏族類二條、婚姻類五條、喪葬類七條、祭祀類一條、弑君類二條、朝聘會盟類五條、侯伯職責類一條、軍謀軍功類十條、出入逃奔類四條、得獲類一條、畜類一條、土功類三條、災異類五條、雲物類一條、從告而書類二條〔註87〕。

茲將「五十凡」依《左傳》出處先後順序表列如下：

〔註82〕 見杜預〈春秋序〉。〔唐〕孔穎達：《春秋左傳正義》，卷1，頁1。
〔註83〕 見杜預〈春秋序〉。〔唐〕孔穎達：《春秋左傳正義》，卷1，頁1。
〔註84〕 見杜預〈春秋序〉。〔唐〕孔穎達：《春秋左傳正義》，卷1，頁1。
〔註85〕 〔唐〕魏徵：《隋書》，卷32，頁13。
〔註86〕 楊向奎：〈略論「五十凡」〉，《繹史齋學術文集》（上海：上海人民出版社，1983年5月），頁216。
〔註87〕 陳槃：《左氏春秋義例辨》，綱要，頁17～20。

序號	凡　例	《左傳》出處	楊向奎先生分類	陳槃先生分類
1	凡諸侯同盟，於是稱名，故薨則赴以名，告終嗣也，以繼好息民，謂之禮經。	隱公七年春	禮經類	喪葬類
2	凡雨，自三日以往爲霖。平地尺爲大雪。	隱公九年春三月	書法類	災異類
3	凡諸侯有命，告則書，不然則否。師出臧否，亦如之。雖及滅國，滅不告敗，勝不告克，不書于策。	隱公十一年冬十月	史法類	從告而書類
4	凡平原出水爲大水。	桓公元年秋	書法類	災異類
5	凡公行，告于宗廟。反行，飲至、舍爵，策勳焉，禮也。特相會往來稱地，讓事也。自參以上，則往稱地，來稱會，成事也。	桓公二年冬	禮經類	朝聘會盟類
6	凡公女嫁于敵國，姊妹則上卿送之，以禮於先君；公子，則下卿送之；於大國，雖公子，亦上卿送之；於天子，則諸卿皆行，公不自送；於小國，則上大夫送之。	桓公三年秋	禮經類	婚姻類
7	凡祀，啓蟄而郊，龍見而雩，始殺而嘗，閉蟄而烝，過則書。	桓公五年秋	書法類	祭祀類
8	凡諸侯之女行，唯王后書。	桓公九年春	史法類	婚姻類
9	凡師，一宿爲舍，再宿爲信，過信爲次。	莊公三年冬	書法類	軍謀軍功類
10	凡師，敵未陳曰「敗某師」，皆陳曰「戰」，大崩曰「敗績」，得雋曰「克」，覆而敗之曰「取某師」，京師敗曰「王師敗績于某」。	莊公十一年夏	書法類	軍謀軍功類
11	凡天災，有幣無牲。非日月之眚，不鼓。	莊公二十五年秋	禮經類	災異類
12	凡諸侯之女歸寧曰「來」，出曰「來歸」；夫人歸寧曰「如某」，出曰「歸于某」。	莊公二十七年冬	書法類	婚姻類
13	凡邑，有宗廟先君之主曰都，無曰邑，邑曰築，都曰城。	莊公二十八年冬	書法類	土功類
14	凡馬，日中而出，日中而入。	莊公二十九年春	禮經類	畜類
15	凡師，有鐘鼓曰伐，無曰侵，輕曰襲。	莊公二十九年夏	書法類	軍謀軍功類

16	凡物，不爲災，不書。	莊公二十九年秋	史法類	災異類
17	凡土功，龍見而畢務，戒事也。火見而致用，水昏正而栽，日至而畢。	莊公二十九年冬十二月	禮經類	土功類
18	凡諸侯有四夷之功，則獻于王，王以警于夷。中國則否。諸侯不相遺俘。	莊公三十一年夏六月	禮經類	軍謀軍功類
19	凡侯伯救患、分災、討罪，禮也。	僖公元年夏	禮經類	侯伯職責類
20	凡諸侯薨于朝會，加一等；死王事，加二等。	僖公四年秋	禮經類	喪葬類
21	凡分、至、啓、閉，必書雲物，爲備故也。	僖公五年春正月	史法類	雲物類
22	凡夫人不薨于寢，不殯于廟，不赴于同，不祔于姑，則弗致也。	僖公八年秋	禮經類	喪葬類
23	凡在喪，王曰小童，公侯曰子。	僖公九年春	書法類	喪葬類
24	凡啓塞從時。	僖公二十年春	禮經類	土功類
25	凡諸侯同盟，死則赴以名，禮也。赴以名，則亦書之，不然則否，辟不敏也。	僖公二十三年冬十一月	史法類	喪葬類
26	凡師，能左右之曰「以」。	僖公二十六年冬	書法類	軍謀軍功類
27	凡君薨，卒哭而祔，祔而作主，特祀於主，烝嘗禘於廟。	僖公三十三年冬	禮經類	喪葬類
28	凡君即位，卿出並聘。	文公元年冬	禮經類	朝聘會盟類
29	凡君即位，好舅甥，脩昏姻，娶元妃以奉粢盛，孝也，孝，禮之始也。	文公二十九年冬	禮經類	婚姻類
30	凡民逃其上曰潰，在上曰逃。	文公三年春	書法類	出入逃奔類
31	凡會諸侯，不書所會，後也。後至不書其國，辟不敏也。	文公七年秋八月	史法類	朝聘會盟類
32	凡崩薨，不赴則不書，禍福不告亦不書。	文公十四年春	史法類	從告而書類
33	凡勝國，曰滅之；獲大城焉，曰入之。	文公十五年夏六月	書法類	軍謀軍功類
34	凡諸侯會，公不與不書，諱君惡也；與而不書，後也。	文公十五年冬十一月	史法類	朝聘會盟類
35	凡弒君稱君，君無道也；稱臣，臣之罪也。	宣公四年春	史法類	弒君類
36	凡師出，與謀曰「及」，不與謀曰「會」。	宣公七年夏	書法類	軍謀軍功類

37	凡諸侯之大夫遷，告於諸侯曰：「某氏之守臣某，失守宗廟，敢告。」所有玉帛之使者則告，不然則否。	宣公十年夏	禮經類	出入逃奔類
38	凡火，人火曰火，天火曰災。	宣公十六年夏	書法類	災異類
39	凡大子之母弟，公在曰公子，不在曰弟。	宣公十七年冬	書法類	氏族類
40	凡稱弟，皆母弟也。	宣公十七年冬	書法類	氏族類
41	凡自虐其君曰弒，自外曰戕。	宣公十八年秋	書法類	弒君類
42	凡諸侯嫁女，同姓媵之，異姓則否。	成公八年冬	禮經類	婚姻類
43	凡自周無出。	成公十二年春	禮經類	出入逃奔類
44	凡君不道於其民，諸侯討而執之，則曰：「某人執某侯。」不然，則否。	成公十五年春	書法類	軍謀軍功類
45	凡去其國，國逆而立之曰入，復其位曰復歸，諸侯納之曰歸，以惡曰復入。	成公十八年夏六月	書法類	出入逃奔類
46	凡諸侯即位，小國朝之，大國聘焉，以繼好結信，謀事補闕，禮之大者也。	襄公元年冬	禮經類	朝聘會盟類
47	凡諸侯之喪，異姓臨於外，同姓於宗廟，同宗於祖廟，同族於禰廟。	襄公十二年秋	禮經類	喪葬類
48	凡書「取」，言易也；用大師焉曰「滅」，弗地曰「入」。	襄公十三年夏	書法類	軍謀軍功類
49	凡克邑，不用師徒曰「取」。	昭公四年秋九月	書法類	軍謀軍功類
50	凡獲器用曰「得」，得用焉曰「獲」。	定公九年夏	書法類	得獲類

第三十九「凡」與第四十「凡」屬同一條，內容不異，實際上只有四十九條，所以杜預云：「稱『凡』者五十，其別四十有九。」〔註88〕。

第一「凡」下杜預注：

此言乃周公所制禮經也。十一年不告之例又曰「不書於策」，明禮經皆當書於策。仲尼脩《春秋》，皆承策爲經。丘明之《傳》，博采眾記，故始開凡例，特顯此二句，他皆放此。〔註89〕

〔註88〕〔晉〕杜預：《春秋釋例》，卷15，頁13。
〔註89〕〔唐〕孔穎達：《春秋左傳正義》，卷4，頁30。

又第三「凡」下杜預注：

> 命者，國之大事政令也。承其告辭，史乃書之於策；若所傳聞行言，
>
> 非將君命，則記在簡牘而已，不得記於典策。此蓋周禮之舊制。〔註90〕

所謂「二句」，是指第一「凡」的「謂之禮經」與第三「凡」的「不書於策」。第一句意謂某國國君去世、新君嗣位時，稱名赴告同盟諸侯，以繼續保持友好關係，是周公制訂的禮儀制度。第二句意謂國君發布大事政令赴告他國，即是屬於周公制訂的禮儀制度，必須由諸侯史官書於典策，孔子即依據典策修《春秋》；若非國君所發布，或發布而未赴告諸侯，皆不屬於禮儀制度，則不書於典策，而書於簡牘。杜預認為《左傳》即是由此「二句」始開凡例。

（二）孔子「新意變例」

杜預是主張孔子修《春秋》的。孔子並非魯國史官，為何要修《春秋》呢？因為「周德既衰，官失其守，上之人不能使《春秋》昭明，赴告策書，諸所記注，多違舊章」〔註91〕，所以孔子「因魯史策書成文，考其真偽，而志其典禮，上以遵周公之遺制，下以明將來之法。」〔註92〕亦即孔子修《春秋》不是故意侵越史官的職權，而是為了傳承「周公之志」〔註93〕。但孔子如何修《春秋》呢？可分為兩部分：一是經過考校，對於文字內容違反周公遺制與赴告策書的部分，「其教之所存，文之所害，則刊而正之，以示勸戒」〔註94〕；二是文字內容未違反周公遺制與赴告策書的部分，「則皆即用舊史，史有文質，辭有詳略，不必改也。」〔註95〕這一部經過孔子修改的《春秋》，杜預名之曰「仲尼《春秋》」〔註96〕，以別於魯史《春秋》。

杜預認為，孔子修《春秋》時，「據舊例而發義，指行事以正褒貶」，並經由《左傳》「微顯闡幽，裁成義類」，其義類計有「書」、「不書」、「先書」、「故書」、「不言」、「不稱」、「書日」七種形式，凡數百條，杜預稱之為「變例」〔註97〕：

〔註90〕〔唐〕孔穎達：《春秋左傳正義》，卷4，頁35。
〔註91〕見杜預〈春秋序〉。〔唐〕孔穎達：《春秋左傳正義》，卷1，頁2。
〔註92〕見杜預〈春秋序〉。〔唐〕孔穎達：《春秋左傳正義》，卷1，頁3。
〔註93〕見杜預〈春秋序〉。〔唐〕孔穎達：《春秋左傳正義》，卷1，頁3。
〔註94〕見杜預〈春秋序〉。〔唐〕孔穎達：《春秋左傳正義》，卷1，頁3。
〔註95〕見杜預〈春秋序〉。〔唐〕孔穎達：《春秋左傳正義》，卷1，頁3。
〔註96〕〔晉〕杜預：《春秋釋例》，卷15，頁13。
〔註97〕見杜預〈春秋序〉。〔唐〕孔穎達：《春秋左傳正義》，卷1，頁4。

1.「書」

如《春秋》文公二年夏六月：「公孫敖會宋公、陳侯、鄭伯、晉士穀，盟于垂隴。」《左傳》云：

> 書士穀，堪其事也。

2.「不書」

如《春秋》隱公「元年春王正月」，《左傳》云：

> 不書即位，攝也。

3.「先書」

如《春秋》桓公二年春正月戊申：「宋督弒其君與夷，及其大夫孔父。」《左傳》云：

> 君子以督爲有無君之心，而後動於惡，故先書弒其君。

4.「故書」

如《春秋》隱公三年春三月：「庚戌，天王崩。」《左傳》云：

> 壬戌，平王崩。赴以庚戌，故書之。

5.「不言」

如《春秋》隱公元年夏五月：「鄭伯克段于鄢。」《左傳》云：

> 不言出奔，難之也。

6.「不稱」

如《春秋》僖公「元年春王正月」，《左傳》云：

> 不稱即位，公出故也。

7.「書曰」

如《春秋》隱公四年多十二月：「衛人立晉。」《左傳》云：

> 書曰「衛人立晉」，眾也。

除了「變例」之外，杜預認爲孔子尚有「新意」，〈春秋序〉云：

> 然亦有史所不書，即以爲義者。此蓋《春秋》新意，故傳不言「凡」，
> 曲而暢之也。〔註98〕

所謂「新意」，即是孔子援魯史未書之例以闡發義理，如《春秋》宣公十年夏四月：「齊崔氏出奔衛。」《左傳》云：

> 書曰「崔氏」，非其罪也，且告以族，不以名。

〔註98〕〔唐〕孔穎達：《春秋左傳正義》，卷1，頁4。

崔氏無罪見逐，魯史書「崔氏」而未書其名，於是孔子修《春秋》援其例，凡見逐而不書名者，表示其人無罪。而且「新意」不言「凡」，否則便與「五十凡」混淆了。然而「新意」與「變例」的差別，在於前者是魯史未書，孔子無須修改即援以闡發義理；而後者則是孔子修改魯史之後，再闡發義理。其實從字面與內容來看，「新意」與「變例」二者都是相對於「舊例」而言的，「新意」即是「變例」，「變例」即是「新意」，杜預如此劃分並無必要。

另《左傳》尚有「雜稱」，孔穎達云：

> 《釋例》「終篇」云：「諸雜稱二百八十有五。」止有其數，不言其目，就文而數，又復參差。竊謂「追書」也、「言」也、「稱」也，亦是「新意」，序不言者，蓋諸類之中足以包之故也。〔註99〕

杜預《春秋釋例》所稱「雜稱」未見定義，條數亦與實際有出入，孔穎達認爲是指《左傳》中的「追書」、「言」、「稱」等形式，因爲已包括在「新意」之中，所以未別立一類：

1.「追書」

如《春秋》襄公元年春：「仲孫蔑會晉欒黶、宋華元、衛甯殖、曹人、莒人、邾人、滕人、宋人、薛人圍宋彭城。」《左傳》云：

> 非宋地，追書也。

2.「言」

如《春秋》昭公三十一年春正月：「公在乾侯。」《左傳》云：

> 言不能外內也。

3.「稱」

如《春秋》隱公元年夏五月：「鄭伯克段于鄢。」《左傳》云：

> 稱鄭伯，譏失教也。

（三）左氏「歸趣非例」

杜預所謂「非例」，有直言歸趣、隨文造義〔註100〕、記注常辭〔註101〕、

〔註99〕 〔唐〕孔穎達：《春秋左傳正義》，卷1，頁4。
〔註100〕 如杜預《春秋釋例》「蒐狩例」釋例曰：「紅之蒐，傳言『革車千乘』，所以示大蒐也，而經不書『大』，諸事同而文異，傳不曲言經義者，直是時史之闕畧。……劉、賈、潁云：『蒐于紅，不言「大」者，言公大失權在三家也。』十一年蒐于比蒲，經書『大蒐』，復云：『書「大」者，言大眾盡在三家。』隨文造意，以非例爲例，不復知其自違也。」〔晉〕杜預：《春秋釋例》，卷3，頁4。
〔註101〕 如杜預《春秋釋例》「遷降例」釋例曰：「邢遷於夷儀，則以自遷爲文。宋人

事同文異〔註102〕與其他〔註103〕五類。其中第二、三、四、五類都不是義例，所以稱爲「非例」；只有第一類直言歸趣是左丘明發明的義例。

按發凡正例與新意變例，是經有義例的部分；至於經無義例的部分，杜預認爲《春秋》「因行事而言」，《左傳》據以「直言其歸趣而已」，因爲直言歸趣既「非」正例，亦「非」變例，所以稱爲「非例」〔註104〕，孔穎達認爲「《春秋》此類最多」〔註105〕。杜預稱左丘明自發的義例爲「非例」，一方面表示推尊正例與變例的地位，另一方面則藉以保存《左傳》直言解經的義例形式。略舉如下：

1. 始通例

《春秋》隱公元年秋九月：「及宋人盟于宿。」《左傳》云：「及宋人盟于宿，始通也。」杜預注：

> 經無義例，故傳直言其歸宿而已。他皆倣此。〔註106〕

2. 入例

《春秋》桓公十五年秋九月：「鄭伯突入于櫟。」《左傳》云：「鄭伯因櫟人殺檀伯，而遂居櫟。」杜預注：

遷宿，齊人遷陽，則以宋、齊爲文。各從彼此所遷之實，記注之常辭，亦非例也。」又如杜預《春秋釋例》「土地名」釋例曰：「若二名當時並存，則直兩文互見，黑壤、犬邱、時來之屬是也。此皆經、傳起事之常，猶卿大夫名氏互見，非例也。」〔晉〕杜預：《春秋釋例》，卷4，頁3；卷5，頁1。

〔註102〕如杜預〈春秋序〉云：「或曰：『《春秋》以錯文見義，若如所論，則經當有事同文異而無其義也，先儒所傳，皆不其然。』荅曰：『《春秋》雖以一字爲襃貶，然皆須數句以成言，非如八卦之爻，可錯綜爲六十四也，固當依傳以爲斷。』」〔唐〕孔穎達：《春秋左傳正義》，卷1，頁5。

〔註103〕如《春秋》隱公元年秋九月：「紀裂繻來逆女。」杜預注：「逆女，或稱使，或不稱使，昏禮不稱主人，史各隨其實而書，非例也。他皆倣此。」又如《春秋》莊公二十五年冬：「公子友如陳。」杜預注：「公子友，莊公之母弟。稱公子者，史策之通言。母弟至親，異於他臣，其相殺害，則稱弟以示義；至於嘉好之事，兄弟篤睦，非例所興，或稱弟，或稱公子，仍舊史之文也。」又如《春秋》莊公二十八年冬：「築郿。」《左傳》云：「築郿，非都也。凡邑，有宗廟先君之主曰都，無曰邑。邑曰築，都曰城。」杜預注：「言『凡邑』，則他築非例。」又如《春秋》襄公十五年夏：「季孫宿、叔孫豹帥師城成郭。」杜預注：「備齊，故夏城，非例所識。」〔唐〕孔穎達：《春秋左傳正義》，卷2，頁16；卷10，頁77；卷10，頁80；卷32，頁257。

〔註104〕見杜預〈春秋序〉孔穎達疏。〔唐〕孔穎達：《春秋左傳正義》，卷1，頁3。

〔註105〕見杜預〈春秋序〉孔穎達疏。〔唐〕孔穎達：《春秋左傳正義》，卷1，頁4。

〔註106〕〔唐〕孔穎達：《春秋左傳正義》，卷2，頁16。

未得國，直書「入」，無義例也。〔註107〕

3. 滅例

《春秋》莊公十年冬十月：「齊師滅譚。」《左傳》云：「齊師滅譚，譚無禮也。」杜預注：

> 傳曰：「譚無禮。」此直釋所以見滅。經無義例，他皆放此。〔註108〕

4. 稱人例

《春秋》僖公十八年冬：「邢人、狄人伐衛。」《左傳》云：「邢人、狄人伐衛，圍菟圃。衛侯以國讓父兄子弟及朝眾，曰：『苟能治之，燬請從焉。』眾不可，而從師于訾婁。狄師還。」杜預注：

> 狄稱「人」者，史異辭，傳無義例。〔註109〕

5. 會例

《春秋》僖公二十八年冬：「公會晉侯、齊侯、宋公、蔡侯、鄭伯、陳子、莒子、邾人、秦人于溫。」《左傳》云：「是會也，晉侯召王，以諸侯見，……。」杜預注：

> 傳無義例，蓋主會所次，非褒貶也。〔註110〕

6. 稱字例

《春秋》宣公八年夏六月：「辛巳，有事于大廟，仲遂卒于垂。壬午，猶繹，萬入，去籥。」《左傳》云：「有事于大廟，襄仲卒而繹，非禮也。」杜預注：

> 既不書「公子」，而稱「仲遂」者，時君所嘉寵，故稱其字，非義例也。〔註111〕

7. 歸例

《春秋》成公十六年秋：「曹伯歸自京師。」《左傳》云：「曹人復請于晉。晉侯謂子臧：『反，吾歸而君。』子臧反，曹伯歸。」杜預注：

> 為晉侯所赦，故書「歸」。諸侯歸國，或書名，或不書名，或言「歸自某」，或言「自某歸」，無傳義例，從告辭。〔註112〕

〔註107〕 〔唐〕孔穎達：《春秋左傳正義》，卷7，頁56。
〔註108〕 〔唐〕孔穎達：《春秋左傳正義》，卷8，頁65。
〔註109〕 〔唐〕孔穎達：《春秋左傳正義》，卷14，頁107。
〔註110〕 〔唐〕孔穎達：《春秋左傳正義》，卷16，頁121。
〔註111〕 〔唐〕孔穎達：《春秋左傳正義》，卷22，頁171。
〔註112〕 〔唐〕孔穎達：《春秋左傳正義》，卷28，頁214。

8. 書名例

《春秋》襄公二十三年夏：「陳殺其大夫慶虎及慶寅。」《左傳》云：「陳侯如楚，公子黃愬二慶於楚，楚人召之，使慶樂往殺之，慶氏以陳叛。夏，屈建從陳侯圍陳，陳人城板隊而殺人，役人相命，各殺其長，遂殺慶虎、慶寅。」杜預注：

> 書名，皆罪其專國叛君。言「及」，使異辭，無義例。〔註113〕

9. 納例

《春秋》襄公二十六年春二月甲午：「衛侯衍復歸于衛。」《左傳》云：「衛侯入，書曰：『復歸國。』納之也。」杜預注：

> 復其位曰復歸。名與不名，傳無義例。〔註114〕

> 本晉納之夷儀，今從夷儀入國，嫌若晉所納，故發國納之例，言國之所納，而復其位。〔註115〕

10. 即位例

《春秋》定公元年六月：「戊辰，公即位。」《左傳》云：「戊辰，公即位。」杜預注：

> 定公不得以正月即位，失其時，故詳而日之，記事之宜，無義例。〔註116〕

（四）杜預「集解釋例」

杜預《春秋經傳集解》為孔穎達編撰《春秋正義》所本，今傳古注本三十卷、注疏本六十卷。杜預〈春秋序〉云：

> 專脩丘明之傳以釋經。經之條貫，必出於傳；傳之義例，揔歸諸『凡』。

> 推變例以正褒貶，簡二傳而去異端，蓋丘明之志也。〔註117〕

杜預專治《左傳》，並從《左傳》中歸納出凡例與變例，均已如前述。又云：

> 分經之年，與傳之年相附，比其義類，各隨而解之，名曰《經傳集解》。〔註118〕

〔註113〕〔唐〕孔穎達：《春秋左傳正義》，卷35，頁273。

〔註114〕〔唐〕孔穎達：《春秋左傳正義》，卷37，頁286。

〔註115〕〔唐〕孔穎達：《春秋左傳正義》，卷37，頁287。

〔註116〕〔唐〕孔穎達：《春秋左傳正義》，卷53，頁429。

〔註117〕〔唐〕孔穎達：《春秋左傳正義》，卷1，頁5。

〔註118〕〔唐〕孔穎達：《春秋左傳正義》，卷1，頁5。

《春秋經傳集解》將《春秋》與《左傳》分年相附，是杜預首創的體例〔註119〕。而所謂「比其義類」，則是將經、傳義理相近者進行排比，自發義例，以解釋經文，散見於諸條注文，葉政欣先生將之歸納爲四十一例：1.「天子之卿大夫，例書字而不名。」2.「天子三公，例不書字與名。」3.「王及諸侯之喪，魯會葬則書葬，不會則不書。」4.「魯公薨皆書其所詳凶變。」5.「魯公及卿大夫出皆但書如。」6.「諸魯事告廟則書，不告則否。」7.「魯大夫書卒不書葬。」8.「魯殺大夫書刺。」9.「諸侯先君既葬，嗣子稱君。」10.「諸侯篡立，列會稱君。」11.「諸侯盟會，主盟主會先書。」12.「諸侯聯兵征伐，主兵先書。」13.「諸侯出奔，書名不書名從赴告。」14.「執諸侯，書名不書名從赴告。」15.「諸侯命卿，名氏乃見於經。」16.「大夫卒而後賜族，賜族經乃書氏。」17.「執大夫稱人以執。」18.「公子爲賊亂者，非卿亦書。」19.「外事赴告乃書。」20.「外大夫貶稱人。」21.「盟會以國地，地主與盟與會。」22.「災害繫於所災所害，不繫國。」23.「大都以名通者，不繫國。」24.「不以日月爲例，獨卿佐之喪，記日見義。」25.「書時不書月，得與下事同月。」26.「經用周正。」27.「書時月，必具四時以成歲。」28.「書時書事，從赴告而書。」29.「記事舉重略輕。」30.「記事變文示義。」31.「記事直書見失。」32.「記事省略文辭。」33.「使各隨其實而書，經亦如之。」34.「記事因魯史成文，於魯事獨不在貶。」35.「史不書策，經亦不書。」36.「史冊所諱，經亦如之。」37.「史闕文，經因之。」38.「史異辭，經亦因之。」39.「史特書，經亦因之。」40.「史失之，經亦如之。」41.「史略文，經亦因之。」〔註120〕

其次，《春秋釋例》爲杜預闡釋《春秋》義例的專著，杜預「別集諸例及地名、譜第、厤數，相與爲部，凡四十部、十五卷，皆顯其異同，從而釋之，名曰《釋例》，將令學者觀其所聚，異同之說，釋例詳之也。」〔註121〕孔穎達正義：

> 其四十部次第，從隱即位爲首，先有其事，則先次之。惟世族、土地，事既非例，故退之於後；終篇宜最處末，故次終篇之前。終篇處其終耳。〔註122〕

〔註119〕 《春秋》、《左傳》本是分行。孔穎達云：「經、傳異處，於省覽爲煩，故杜分年相附，別其經、傳，聚集而解之。」〔唐〕孔穎達：《春秋左傳正義》，卷1，頁5。

〔註120〕 葉政欣：《杜預及其春秋左氏學》（臺北：文津出版社，1989年10月），頁105～126。

〔註121〕 見杜預〈春秋序〉。〔唐〕孔穎達：《春秋左傳正義》，卷1，頁5。

〔註122〕 〔唐〕孔穎達：《春秋左傳正義》，卷1，頁6。

孔穎達將《春秋釋例》依序分爲三部分，第一部分是釋諸例，第二部分是釋非例，最後是終篇。又據《四庫全書總目》「春秋釋例」云：

> 自明以來，是書久佚；惟《永樂大典》中尚存三十篇，並有唐劉賁原序。其六篇有釋例而無經傳，餘亦多有闕文。謹隨篇捃拾，取孔穎達《正義》及諸書所引《釋例》之文補之，校其訛謬，釐爲二十七篇，仍分十五卷，以還其舊。〔註123〕

《春秋釋例》經《四庫全書》就《永樂大典》殘篇增補，復經清儒孫星衍、莊述祖等人補刊及孫星華校勘傳世。其體例爲「先列經、傳數條，以包通其餘，而傳所述之『凡』繫焉，更以己意申之，名曰『釋例』。」〔註124〕

《春秋釋例》卷一至卷四爲諸例。凡四十二例：公即位例、會盟朝聘例、戰敗例、母弟例、弔贈葬例、大夫卒例、滅取入例、氏族例、爵命例、內外君臣逆女例、內女夫人卒葬例、侵伐襲例、災異例、崩薨卒例、書弒例、及會例、蒐狩例、廟室例、土功例、歸獻例、歸入納例、班序譜、公行至例、郊雩烝嘗例、王侯夫人出奔例、執大夫行人例、書謚例、書叛例、書次例、遷降例、以歸例、夫人內女歸寧例、大夫奔例、逃潰例、殺世子大夫例、作新門廄例、作主祔例、得獲例、執諸侯例、喪稱例、告朔例、戕殺例。其中「班序譜」無例之名，但所論爲諸侯會盟時的班爵次序，自是一例。諸例先按照時間順序排比經、傳原文，有杜預所謂凡例、變例及自發的義例，自數條至二十餘條不等，若未見經、傳原文者，應係《永樂大典》闕佚所致；後附以「釋例曰」云云，乃杜預藉以說明定義、分析義例、申以己意，或並駁斥劉、賈、許、穎等先儒之說。

至於卷五至卷十五爲「非例」（不是義例）。其中卷五至卷七爲〈土地名〉，卷八至卷九爲〈世族譜〉，卷十至卷十五爲〈經傳長曆〉，孔穎達認爲「三者雖《春秋》之事，於經、傳無例者繁多」，「特爲篇卷，不與諸例相同」，「不及例者，聚於終篇」〔註125〕。本文亦認爲三者不屬於義例模式，已另歸納爲緯史模式（詳見第九章第一節）。

《四庫全書總目》「春秋釋例」云：

〔註123〕《四庫全書總目》，卷26，頁11～12。
〔註124〕《四庫全書總目》，卷26，頁10～11。
〔註125〕見杜預《春秋序》孔穎達疏。〔唐〕孔穎達：《春秋左傳正義》，卷1，頁6。

《春秋》以《左傳》爲根本，《左傳》以杜《解》爲門徑，《集解》
又以是書爲羽翼，緣是以求筆削之旨，亦可云考古之津梁，窮經之
淵藪矣。〔註126〕

對於《春秋釋例》的重要性，可謂推崇備至。

第二節　取舍三傳類

依據《魏書·儒林列傳》記載，北魏劉獻之《三傳略例》三卷爲目前所
知最早爲《春秋》三傳同時作例的著作，其「每講《左氏》，盡隱公八年便止，
云義例已了，不復須解，由是弟子不能究竟其說」〔註127〕。由於該書已佚，
內容不可考，但其三傳弟子張思伯「善說《左氏傳》」〔註128〕，研判《三傳略
例》或許以發明《左傳》解經義例爲主。

唐代孔穎達奉詔編纂《五經正義》，其中《春秋正義》取杜預《春秋經傳
集解》，《春秋》三傳至此由杜預左氏學定於一尊，加上科舉制度推波助瀾，
以《春秋正義》爲標準本，學者只知有《左傳》，不知有《公羊傳》、《穀梁傳》，
甚至不識《春秋》。而杜預篤信《左傳》太過，雖云以《左傳》釋經，卻「多
強經以就傳」〔註129〕，以致弊端叢生，於是有啖助學派興起。

唐代啖助學派以啖助及其門生陸淳、友人趙匡三人爲代表，雖名「舍傳
求經」〔註130〕，實爲不專主一傳，變專門爲通學，首開取舍三傳以釋經義的
風氣，「三傳敘事及義理同者，但舉《左氏》，則不復舉《公》、《穀》；其《公》、
《穀》同者，則但取《公羊》；又《公》、《穀》理義雖同，而《穀梁》文獨備
者，則唯舉《穀梁》」〔註131〕；三傳所不釋者，則「悉於注中言之」〔註132〕。

〔註126〕《四庫全書總目》，卷26，頁14。

〔註127〕見《魏書·儒林列傳》。〔北齊〕魏收：《魏書》（臺北：臺灣中華書局，1965
年11月，《四部備要》本），卷84，頁6。

〔註128〕見《北齊書·儒林列傳》。〔唐〕李百藥：《北齊書》（臺北：臺灣中華書局，
1965年11月，《四部備要》本），卷44，頁8。

〔註129〕《四庫全書總目》，卷26，頁4。

〔註130〕《四庫全書總目》，卷26，頁15。

〔註131〕見《春秋啖趙集傳纂例·啖趙取舍三傳義例》。〔唐〕陸淳：《春秋啖趙集傳纂
例》（臺北：新文豐出版公司，1985年1月，《叢書集成新編》，冊108），卷
1，頁11。

〔註132〕見《春秋啖趙集傳纂例·重修集傳義》。〔唐〕陸淳：《春秋啖趙集傳纂例》，
卷1，頁13。

此後治《春秋》義例之學者，皆以會通、取捨三傳爲務，至宋代猶有遺風，如唐儒韋表微《春秋三傳總例》二十卷、陸希聲《春秋通例》三卷、李氏《三傳異同例》十三卷、五代唐姜虔嗣《春秋纂例》二十卷、宋儒丁副《春秋演聖統例》二十卷、周希孟《春秋總例》十二卷、孫立節《春秋三傳例論》（卷數不詳）、趙瞻《春秋經解義例》二十卷、陸緬《春秋統例》二十卷、劉敞《春秋傳說例》一卷、葉夢得《春秋指要總例》二卷、胡箕《春秋三傳會例》三十卷，但均已佚；其中劉敞《春秋傳說例》一卷雖佚，因清代四庫館臣有輯佚二十五條，尚可窺其梗概；至於流傳迄今者，則僅有宋儒崔子方《春秋本例》二十卷、《春秋例要》一卷。元代以後，學術環境丕變，諸儒治《春秋》雖亦有言例者，但已不再認爲聖人先設置義例再修作《春秋》，解經亦不囿於例，嚴格來說已跳脫傳統三傳義例模式的束縛，本文已於比例模式中另作探討（詳見第六章）。本節取捨三傳類爰列舉啖助學派、劉敞、崔子方所發明義例模式，依序考述如下：

一、啖助學派模式

唐儒啖助（724～770 年）對於《春秋》三傳釋義都相當不滿，云：

《穀梁》意深，《公羊》辭辨，隨文解識，往往鈎深；但以守文堅滯，泥難不通，比附日月，曲生條例，義有不合，亦復強通，躓駁不倫，或至矛盾，不近聖人夷曠之體也。夫《春秋》之文，一字以爲褒貶，誠則然矣，其中亦有文異而義不異者〔註133〕，二傳穿鑿，悉以褒貶言之，是故繁碎甚於《左氏》。《公羊》、《穀梁》又不知有不告則不書之義，凡不書者，皆以義說之；且列國至多，若盟會、征伐、喪紀不告亦書，則一年之中可盈數卷，況他國之事，不憑告命，從何得書？但書所告之事，定其善惡，以文褒貶耳。《左氏》言褒貶者又不過十數條，其餘事同文異者亦無他解，舊解皆言從告及舊史之文，若如此論，乃是夫子寫魯史爾，何名修《春秋》乎？故謂二者之說俱不得中。〔註134〕

〔註133〕陸淳注：「詳內以略外、因舊史之文之類是也。」〔唐〕陸淳：《春秋啖趙集傳纂例》，卷1，頁4。

〔註134〕見《春秋啖趙集傳纂例・三傳得失議》。〔唐〕陸淳：《春秋啖趙集傳纂例》，卷1，頁4。

啖助認爲《公羊傳》與《穀梁傳》的缺失有三：一是「比附日月，曲生條例，義有不合，亦復強通」；二是穿鑿文義，「悉以褒貶言之」；三是「不知有不告則不書之義」。而《左傳》的缺失則在「從告及舊史之文」解經，不知孔子是修《春秋》而非寫魯史。但啖助說《春秋》，仍是選擇以義例模式爲途徑，「務在考三家得失，彌縫漏闕」〔註135〕。所著《春秋集傳集註》已佚；又「撮其綱目，譔爲《統例》三卷，以輔《集傳》」〔註136〕。啖助去世後，其門生陸淳（？～806年）與其子啖異裒錄遺文，請趙匡（生卒年不詳）損益，定爲十卷、四十篇，始改以《纂例》爲名〔註137〕。陸淳又作《春秋微旨》三卷、《春秋集傳辨疑》十卷，前者列舉三傳異同，參以啖助、趙匡之說，而斷其是非；後者依據啖助、趙匡攻駁三傳之說，將《纂例》所刪傳文的缺失一字一句予以辨正。

《春秋啖趙集傳纂例》四十篇中，第一篇至第八篇爲全書總義，第九篇爲魯十二公譜幷世緒，第三十六篇至第四十篇爲經傳文字脫謬及人名、國名、地名，發明筆削之例者只有中間二十六篇（公即位例、告月視朔例、郊廟雩社例、婚姻例、崩薨卒葬例、朝聘如例、盟會例、用兵例、都敍會例、軍旅例、蒐狩例、賦稅例、興作例、改革例、慶瑞例、災異例、殺例、執放例、奔逃例、諸叛例、至歸入納例、姓氏名字爵諡義例、名位例、雜字例、諱義例、日月爲例義）。茲考述如下：

（一）知體以推例

趙匡認爲《春秋》「褒貶之指在乎例，綴敍之意在乎體」，但三傳義例的缺失有二：一是「宏意大指，多未之知，褒貶差品所中無幾」；二是「分析名目，以示懲勸，乖經失指，多非少是」，必須「知其體，推其例，觀其大意，然後可以議之耳」〔註138〕。所以趙匡將《春秋》的體裁作了分類，列舉其「大槩有三，而區分有十」〔註139〕。「大槩」三類如下：

1. 有關周王與諸侯即位、崩薨、卒葬、朝聘、盟會等事件，是常典所當記載，所以《春秋》「悉書之，隨其邪正而加褒貶」。

〔註135〕《四庫全書總目》，卷26，頁15。
〔註136〕〔唐〕陸淳：《春秋啖趙集傳纂例》，卷1，頁5。
〔註137〕《四庫全書總目》，卷26，頁15～16。
〔註138〕見《春秋啖趙集傳纂例‧趙氏損益義》。〔唐〕陸淳：《春秋啖趙集傳纂例》，卷1，頁7。
〔註139〕見《春秋啖趙集傳纂例‧趙氏損益義》。〔唐〕陸淳：《春秋啖趙集傳纂例》，卷1，頁7。

2. 有關祭祀，婚姻、賦稅、軍旅、蒐狩等國之大事，也是常典所當記載。但其中合於禮法者，屬於《春秋》常事不書的範圍；而不合於禮法者，以及「合於變之正者」，則夫子取而書之，並「增損其文，以寄褒貶之意」。

3. 有關慶瑞、災異、國君被殺、被執，以及奔放逃叛、歸入納立等事件，非屬於常事，也是史冊所當記載，所以夫子「因之而加褒貶」。

至於「區分」十類如下：

1.「悉書以志實」。如朝聘用兵之類。

2.「略常以明禮」。如祭祀、婚姻等合於禮法者，屬於常事，《春秋》不書。

3.「省辭以從簡」。如帥師不言君使之類。

4.「變文以示義」。如經文將常例變更一字者，必有褒貶之義。

5.「即辭以見意」。如《春秋》僖公二十六年春「公追齊師至巂」，文公十五年夏「齊人歸公孫敖之喪」之類，雖不成例，但辭中可見褒貶之義。

6.「記是以著非」。如《春秋》桓公六年秋九月丁卯「子同生」，書葬諸侯之類。

7.「示諱以存禮」。如內惡諱而不書。

8.「詳內以異外」。如內卿卒皆書，被伐皆書「鄙」之類。

9.「闕略因舊史」。如魯宣公、成公以前人名及甲子多不具。

10.「損益以成辭」。如《春秋》隱公六年春「鄭人來渝平」，若書「鄭伯使人來渝平」則不成言辭，經文爲損文；又哀公十四年春「西狩獲麟」，若書「西狩」則屬常事，經文爲益文。

（二）三傳義例無益於教者不取

三傳義例有異有同，啖助對於三傳「意趣可合者，則演而通之」，若雖意趣不可合，但「各有可取者，則並立其義」，並訂立了幾項取舍原則，如：

1.「義指乖越，理例不合，浮辭流遁，事跡近誣，及無經之傳，悉所不錄。」

2.「其辭理害教，並繁碎委巷之談，調戲浮侈之言，及尋常小事，不足爲訓者，皆不錄；若須存以通經者，刪取其要。」

3.「諫諍謀猷之言，有非切當，及成敗不由其言者，亦皆略之；雖當存而浮辭多者，亦撮要。」

4.「凡敘戰事，亦有委曲繁文，并但敘其戰人身事；義非二國成敗之要，又無誠節可紀者，亦皆不取。」

5.「凡論事，有非與論之人，而私詳其事，自非切要，而皆除之。」

6.「其巫祝、卜夢、鬼神之言皆不錄。」

7.《公羊》、《穀梁》以日月爲例，一切不取；其有義者，則時或存之，亦非例也。」〔註140〕

趙匡損益啖助之說，對於三傳義例無益於教者亦不取，如：

1.「《公》、《穀》說經，多云『隱之』、『閔之』、『喜之』之類，且《春秋》舉經邦大訓，豈爲私情悲喜生文乎，何待《春秋》之淺也，如此之例並不取。」

2.「《左氏》所記，以一言一行定其禍福，皆驗若符契，如此之類，繼踵比肩，縱不悉妄，妄必多矣。悉棄之乎，則失於精深勸戒之道；悉留之乎，則多言者無懼，而詭妄繁興。固當擇其辭深理正者存之，浮淺者去之，庶乎中道也。」

3.「《左氏》無經之傳，其有因會盟、戰伐等事而說忠臣義士，及有讜言嘉謀與經相接者，即略取其要；若說事迹，雖與經相符，而無益於教者，則不取。」

4.「《左氏》每盟下皆曰『尋某年之盟』，每聘下則云『報某人之聘』，侵伐下多云『報某之役』。凡此類，但檢前以符後，更無他義，今考取其事相連帶，要留者留之。」

5.「《左氏》亂記事迹，不達經意，遂妄云『禮也』，今考其合經者留之，餘悉不取。」〔註141〕

另趙匡云：「《公羊》災異下悉云『記災也』、『記異也』，予已於例首都論其大意，自此即觀文知義，不復縷載，其有須存者，乃存之耳。」〔註142〕經檢閱今本《春秋啖趙集傳纂例·災異例》，趙匡「辭亡」〔註143〕，所論大義雖已不復見，但所存義例乃是其認爲有益於教者，其餘未存者當屬無益於教者，自不待言。

此外，啖、趙二人對於三傳義例如何取舍，分歧較大者有二：

一是《左傳》無經之傳的取舍問題。這個問題的癥結在於《左傳》無經之傳是否傳《春秋》。《春秋啖趙集傳纂例·啖趙取舍三傳義例》引或問：「無

〔註140〕見《春秋啖趙集傳纂例·啖趙取舍三傳義例》。〔唐〕陸淳：《春秋啖趙集傳纂例》，卷1，頁10～11。

〔註141〕見《春秋啖趙集傳纂例·啖趙取舍三傳義例》。〔唐〕陸淳：《春秋啖趙集傳纂例》，卷1，頁12。

〔註142〕見《春秋啖趙集傳纂例·啖趙取舍三傳義例》。〔唐〕陸淳：《春秋啖趙集傳纂例》，卷1，頁12。

〔註143〕〔唐〕陸淳：《春秋啖趙集傳纂例》，卷6，頁143。

經之傳，有仁義誠節、知謀功業、政理禮樂、讜言善訓多矣，頓皆除之，不亦惜乎？」啖助答曰：

> 此經，《春秋》也。此傳，《春秋》傳也。非傳《春秋》之言，理自不能錄耳，非謂其不善也。且歷代史籍，善言多矣，豈可盡入《春秋》乎！其當示於後代者，自可載於史書爾。今左氏之傳見存，必欲耽玩文彩、記事迹者，覽之可也；若欲通《春秋》者，即請觀此傳焉。〔註144〕

由於啖助認為《左傳》無經之傳不傳《春秋》，所以即使其義例益於教者，也不符合收錄的條件。但趙匡認為《左傳》無經之傳是傳《春秋》的，仍以「無益於教者不取」為取舍原則，「其有因會盟、戰伐等事而說忠臣義士，及有讜言嘉謀與經相接者，即略取其要；若說事迹，雖與經相符，而無益於教者，則不取。」〔註145〕

二是《公羊傳》、《穀梁傳》時月日例的取舍問題。這個問題的癥結在於如何處理時月日例的既存事實。啖助不承認時月日例，理由是「美惡在於事迹，見其文足以知其褒貶，日月之例復何為哉！」〔註146〕所以對於「《公羊》、《穀梁》以日月為例，一切不取；其有義者，則時或存之，亦非例也。」〔註147〕可見即使在收錄其他義例時可能同時出現時月日例的原文，並不表示承認時月日例。但趙匡收錄時月日例，收錄的理由不是和啖助唱反調，而是排除時月日例的褒貶作用，回歸原文的真正意涵。如《春秋》僖公十年春正月：「公如齊。」何休注：「月者，僖公本齊所立，桓公德衰見叛，獨能念恩朝事之，故善錄之。」〔註148〕依據何休的解釋，「公如齊」書月是褒善。但趙匡回歸原文，云：

> 凡公如京師及如他國，合書月，或不書者，因舊史也，故夫子存其書月者以示義也。〔註149〕

〔註144〕〔唐〕陸淳：《春秋啖趙集傳纂例》，卷1，頁11。

〔註145〕見《春秋啖趙集傳纂例‧啖趙取舍三傳義例》。〔唐〕陸淳：《春秋啖趙集傳纂例》，卷1，頁12。

〔註146〕見《春秋啖趙集傳纂例‧日月為例義》。〔唐〕陸淳：《春秋啖趙集傳纂例》，卷9，頁190。

〔註147〕見《春秋啖趙集傳纂例‧啖趙取舍三傳義例》。〔唐〕陸淳：《春秋啖趙集傳纂例》，卷1，頁11。

〔註148〕〔唐〕徐彥：《春秋公羊傳注疏》，卷11，頁59。

〔註149〕見《春秋啖趙集傳纂例‧日月為例義》。〔唐〕陸淳：《春秋啖趙集傳纂例》，卷9，頁192。

所以「公如齊」書月不是褒善，而是舊史如此。又如《春秋》文公元年冬十月丁未：「楚世子商臣弒其君髡。」何休注：「日者，夷狄子弒父，忍言其日。」〔註150〕依據何休的解釋，「楚世子商臣弒其君髡」書日是貶惡。但趙匡回歸原文，云：

> 凡弒君皆書日，大其事也。〔註151〕

所以「楚世子商臣弒其君髡」書日不是貶惡，而是「大其事」。

（三）改定經傳文字以合例

《春秋啖趙集傳纂例》改定經傳文字有下列原因：

1. 統一三傳經文

趙匡云：「凡三傳經文不同，故傳文亦異，今既纂會詳定之，則傳文亦悉改定以一之，庶令學者免於疑誤也。」〔註152〕如《公羊傳》及《穀梁傳》載《春秋》隱公元年春三月：「公及邾儀父盟于眛。」「眛」，《左傳》作「蔑」，統一改定為「眛」字〔註153〕。

2. 改易吳王、楚王偽號

趙匡云：「《左氏》集諸國史為傳，序吳、楚之君，皆稱為王，此乃本國臣民之偽號，不可施於正傳，故皆改為『吳子』、『楚子』。若敘其君臣自相答對之語，則非我褒貶之意，且令後代知其僭偽，故仍舊耳。」〔註154〕但《纂例》未見此例。

3. 刊正楚縣大夫僭稱

趙匡云：「《左氏》序楚縣大夫，皆稱曰『公』，此乃僭偽之辭，皆刊正之。」〔註155〕但《纂例》亦未見此例。

此外，趙匡尚有不暇改定者：

〔註150〕〔唐〕徐彥：《春秋公羊傳注疏》，卷13，頁72。

〔註151〕見《春秋啖趙集傳纂例・日月為例義》。〔唐〕陸淳：《春秋啖趙集傳纂例》，卷9，頁196。

〔註152〕見《春秋啖趙集傳纂例・啖趙取舍三傳義例》。〔唐〕陸淳：《春秋啖趙集傳纂例》，卷1，頁12。

〔註153〕見《春秋啖趙集傳纂例・盟會例》。〔唐〕陸淳：《春秋啖趙集傳纂例》，卷4，頁77。

〔註154〕見《春秋啖趙集傳纂例・啖趙取舍三傳義例》。〔唐〕陸淳：《春秋啖趙集傳纂例》，卷1，頁12。

〔註155〕見《春秋啖趙集傳纂例・啖趙取舍三傳義例》。〔唐〕陸淳：《春秋啖趙集傳纂例》，卷1，頁12。

1.「《左氏》序諸國之君，皆稱曰『公』，此皆依彼國之史成辭，殊失魯史之體，今爲繁多，不可改易，學者宜知之。」〔註156〕

2.「凡有德之人，人敬其名，故稱其字。《左傳》追修前史，足得正名，而敘罪惡之人亦舉其字，乖褒貶之意甚矣。爲此例極多，不暇悉改，學者宜知之。」〔註157〕

3.「凡諡者，所以褒貶善惡，其有罪之人而加美諡，今不改削者，以見當時政教之廢也，後代宜戒之。」〔註158〕

然而經傳文字本不宜隨意改易，誠如陸淳云：「夫文所以傳義理也，若改易之，則失其義理矣。」〔註159〕可見啖助學派對於改定經傳文字的意見是不一致的。

二、劉敞模式

宋儒劉敞（1019～1068 年）治學以《春秋》爲主，著作有《春秋權衡》十七卷、《春秋傳》十五卷、《春秋意林》二卷、《春秋傳說例》一卷。宋儒陳振孫（約 1183～1262 年）《直齋書錄解題》云：「劉敞……始爲《權衡》，以平三家之得失，然後集眾說，斷以己意，而爲之《傳》，《傳》所不盡者，見之《意林》。」〔註160〕所以按照成書時間而言，最早的是《春秋權衡》，《四庫全書總目》稱之爲劉敞《春秋》學的根柢，其中「進退諸說，往往依經立義」〔註161〕。其次是《春秋傳》，內容節錄三傳事迹，斷以己意，褒貶義例多取《公羊傳》與《穀梁傳》。再其次是《春秋意林》，爲隨筆劄記，尚未脫稿，「好雕琢其詞，使在可解不可解之間」，但「其間正名分，別嫌疑，大義微言灼然，得聖人之意者亦頗不少」〔註162〕。而《春秋傳說例》是《春秋傳》說經的綱領，世上

〔註156〕見《春秋啖趙集傳纂例·啖趙取舍三傳義例》。〔唐〕陸淳：《春秋啖趙集傳纂例》，卷1，頁12～13。

〔註157〕見《春秋啖趙集傳纂例·啖趙取舍三傳義例》。〔唐〕陸淳：《春秋啖趙集傳纂例》，卷1，頁13。

〔註158〕見《春秋啖趙集傳纂例·啖趙取舍三傳義例》。〔唐〕陸淳：《春秋啖趙集傳纂例》，卷1，頁13。

〔註159〕見《春秋啖趙集傳纂例·重修集傳義》。〔唐〕陸淳：《春秋啖趙集傳纂例》，卷1，頁14。

〔註160〕〔宋〕陳振孫：《直齋書錄解題》（臺北：臺灣商務印書館，1968 年 3 月），卷3，頁56。

〔註161〕《四庫全書總目》，卷26，頁26。

〔註162〕《四庫全書總目》，卷26，頁28。

罕見，所以宋代至元代諸儒說經皆未徵引，惟明代《永樂大典》雜引其文，「似尚屬宋刻之舊」，經清代四庫館臣詳加綴輯，仍釐爲一卷，得零篇斷句二十五條：公即位例、雩例、災例、盟會例、遇例、來朝例、使來例、蒐狩例、師行例、侵伐例、納例、降例、奔例、歸入例、以歸例、還復例、卒葬例、內女卒葬例、世子例、大夫帥師例、大夫奔例、大夫歸入例、殺大夫例、逐例、弗不例。其中公即位例、遇例、使來例、師行例、大夫奔例、殺大夫例、弗不例七條係原文標目，餘則說存而標目佚，四庫館臣亦詳釋本文，倣原存諸條體例爲之校補〔註 163〕。茲考述如下：

（一）據義考例折衷三傳

劉敞「爲《春秋》，知經而不廢傳，亦不盡泥傳，據義考例，以折衷之，經傳更相發明，雖閒有未然，而淵源已正。」〔註 164〕其所據之義，所考之例，多出自三傳，再以己義折衷之。姑舉二例：

1. 災例

《春秋》宣公十六年夏：「成周宣榭災。」《左傳》以爲「凡火，人火曰火，天火曰災。」《公羊傳》以爲「大者曰災，小者曰火。」〔註 165〕《穀梁傳》以爲「國曰災，邑曰火。」〔註 166〕三傳說法互異。劉敞《春秋傳說例》云：

> 《春秋》記災不記火。火者，人所爲也；災者，天所爲也。天所爲，故大之而記之。人所爲，則被其焚者，火之性耳，是何足記也？〔註 167〕

顯然劉敞採用《左傳》之說，但爲折衷三傳，又衍生「《春秋》記災不記火」，因此《左傳》引經文「災」作「火」，劉敞以爲「非是」〔註 168〕。又《春秋》昭公九年夏四月：「陳災。」因爲「《春秋》記災不記火」，而《公羊傳》與《穀梁傳》引經文「災」均作「火」，所以劉敞以爲「亦非是」〔註 169〕。

〔註 163〕《四庫全書總目》，卷 26，頁 28～29。
〔註 164〕見清儒納蘭成德（1655～1685 年）〈劉公是春秋序〉引葉夢得曰。〔宋〕劉敞：《春秋劉氏傳》（臺北：臺灣大通書局，1969 年 10 月，《通志堂經解》，冊 19），卷首，頁 1。
〔註 165〕見《春秋》襄公九年春下。
〔註 166〕見《春秋》昭公九年夏四月下。
〔註 167〕〔宋〕劉敞：《春秋傳說例》（臺北：新文豐出版公司，1985 年 1 月，《叢書集成新編》，冊 108），頁 1。
〔註 168〕〔宋〕劉敞：《春秋傳說例》，頁 1。
〔註 169〕〔宋〕劉敞：《春秋傳說例》，頁 1。

2. 蒐狩例

《春秋》桓公六年秋八月壬午：「大閱。」《左傳》云：「大閱，簡車馬也。」《公羊傳》云：「大閱者何？簡車徒也。何以書？蓋以罕書也。」《穀梁傳》云：「大閱者何？閱兵車也。脩教明諭，國道也。平〔註170〕而脩戎事，非正也。其日，以爲崇武，故謹而日之，蓋以觀婦人也。」《春秋》「大閱」僅此一見，意爲校閱軍隊，三傳皆同。但《春秋》爲何記載此事？《左傳》無說，《公羊傳》認爲因爲此事罕見，《穀梁傳》認爲因爲此事非舉行於田獵無事之時，說法不一。又《春秋》莊公八年春正月：「師次于郎，以俟陳人、蔡人。」甲午：「治兵。」《左傳》云：「春蒐，夏苗，秋獮，冬狩，皆於農隙以講事也。三年而治兵，入而振旅，歸而飲至。」〔註171〕《公羊傳》引經文「治兵」作「祠兵」，云：「祠兵者何？出曰祠兵，入曰振旅，其禮一也，皆習戰也。何言乎祠兵？爲久也。曷爲爲久？吾將以甲午之日，然後祠兵於是。」《穀梁傳》云：「出曰治兵，習戰也。入曰振旅，習戰也。治兵而陳、蔡不至矣，兵事以嚴終。」《春秋》「治兵」（「祠兵」）亦僅此一見，意爲作戰演練，三傳皆同。但《春秋》爲何記載此事？《左傳》無說，《公羊傳》認爲因爲作戰演練時間太久，《穀梁傳》認爲因爲作戰演練使陳、蔡不敢來犯，說法不一。劉敞《春秋傳說例》云：

> 春田曰蒐，因以振旅；夏田曰苗，因以茇舍；秋田曰獮，因以治兵；
> 冬田曰狩，因以大閱。不得其地則書之，不得其時則書之。桓公大
> 閱，不得其時也。莊公治兵，亦不得其時也。〔註172〕

劉敞採用《左傳》之說，爲折衷三傳，又衍生「不得其地則書之，不得其時則書之」。因此大閱應於冬天舉行，魯桓公卻於秋天舉行；治兵應於冬天舉行，魯莊公卻於春天舉行，所以《春秋》書之。

（二）說例多出新意

劉敞「說《春秋》，頗出新意，而文體則多摹《公》、《穀》，諸書皆然」，而《春秋傳說例》「尤爲簡古」〔註173〕。亦姑舉二例：

〔註170〕鍾文烝《春秋穀梁傳注疏》引范邵曰：「平，謂不因田獵無事而脩之。」〔清〕
　　　　鍾文烝：《春秋穀梁傳注疏》，卷3，頁97～98。
〔註171〕見《春秋》隱公五年春下。
〔註172〕〔宋〕劉敞：《春秋傳說例》，頁3。
〔註173〕《四庫全書總目》，卷26，頁29。

1. 雩例

《春秋》記載「大雩」凡二十次，《左傳》以爲「旱也」〔註174〕，《公羊傳》以爲「旱祭也」〔註175〕，《穀梁傳》亦云：「得雨曰雩，不得雨曰旱。」〔註176〕雩是旱祭，殆無疑義；但「大」字如何解釋，三傳均無說。劉敞《春秋傳》云：

> 其言「大」何？大雩，非諸侯之雩也。曷爲非諸侯之雩？天子雩主上帝，諸侯雩主星辰山川；魯，王禮也，祀上帝。〔註177〕

《春秋傳說例》亦云：

> 諸侯之雩主星辰山川，天子之雩主上帝。魯用天子之禮，故曰「大雩」也。〔註178〕

魯爲諸侯國，諸侯雩祭以星辰山川爲主，只有周天子才能祭上帝。但周公因輔佐成王有功，所以受賜得以舉行天子的禮樂與祭祀。劉敞認爲，《春秋》記載魯國雩祭爲「大雩」，多一個「大」字，表示與天子一樣以祭祀上帝爲主。

2. 遇例

劉敞《春秋傳說例》云：

> 公與諸侯遇，志也；外遇，不志也，其志者，以我有事接之也。所以謂外遇不志者，遇者小事，小事不志。〔註179〕

《春秋》魯君與諸侯遇，凡三見：一是隱公四年夏「公及宋公遇于清」，清爲衛地；二是莊公二十三年夏「公及齊侯遇于穀」，穀爲魯地；三是莊公三十年冬「公及齊侯遇于魯濟」，魯濟爲魯地。其中後二者均遇於魯地，不是外遇，只有前者遇于清是外遇。劉敞認爲，遇爲小事，只有遇於魯地才記載；但遇於外地則不記載，若有記載，表示另有要事。所以「公及宋公遇于清」，《公羊傳》云：「遇者何？不期也，一君出，一君要之也。」〔註180〕是針對外遇而言。《春秋》記載魯隱公前往衛地，受宋殤公邀請而相遇，必是另有要事；若非另有要事，則《春秋》不必記載外遇。

〔註174〕見《春秋》襄公五年秋、襄公八年秋九月、襄公二十八年秋八月、昭公三年秋八月、昭公六年秋七月、昭公十六年秋九月、昭公二十四年秋八月下。

〔註175〕見《春秋》桓公五年秋下。

〔註176〕見《春秋》僖公十一年秋八月下。

〔註177〕〔宋〕劉敞：《春秋劉氏傳》，卷2，頁5。

〔註178〕〔宋〕劉敞：《春秋傳說例》，頁1。

〔註179〕〔宋〕劉敞：《春秋傳說例》，頁2。

〔註180〕見《春秋》隱公四年夏下。

據《四庫全書總目》指出，劉敞《春秋傳說例》瑕疵有二：一是大夫帥師例，稱魯不當有三軍，而以《周禮》爲後人附會，未免稍偏。二是引《春秋》宣公十八年冬：「歸父還自晉，至檉，遂奔齊。」「檉」字從《公羊傳》與《穀梁傳》；但其《春秋傳》引經文則從《左傳》作「笙」，自相牴牾。除此之外，「其餘則大致精核，多得經意」〔註181〕。

不過，劉敞說例雖多得經意，對於三傳的態度卻是不拘傳文，如《左傳》宣公二年秋九月：「趙宣子，古之良大夫也，爲法受惡，惜也，越竟乃免。」其《春秋傳》引文竟將「越竟乃免」改爲「討賊則免」〔註182〕，所以《四庫全書總目》評其「不盡從傳，亦不盡廢傳」〔註183〕，實際上是舉發其首開改竄傳文的風氣。

三、崔子方模式

宋儒崔子方（生卒年不詳）治《春秋》學，專以日月爲例，著有《春秋經解》十二卷，以爲「《左氏》之瞀也，《公羊》、《穀梁》之鑿也，持是三者以考《春秋》，適足以多惑而已矣」〔註184〕，因此「三家之論不去，則學者之疑不決，而聖人之經終不可復見，故度當時之事以情，考聖人之言以理，情理之不違，然後辭可明而例可通也。」〔註185〕又著《春秋本例》二十卷、《春秋例要》一卷，二者原本合併爲一〔註186〕，後來《春秋例要》傳鈔亡佚，幸「《永樂大典》尚多載其原文，雖分析爲數十百條，繫於各字之下，而尋其端緒，尚可相屬」〔註187〕，經四庫館臣「編綴前後，畧依《本例》次序，排纂成編」〔註188〕，改附於《春秋經解》之後。

崔子方將《春秋》義例分爲兩類：第一類是一般的書例，其作用在「比例而索辭」；第二類是時月日例，其作用在以日月爲本，彰明褒貶是非之意。

〔註181〕《四庫全書總目》，卷26，頁29。
〔註182〕〔宋〕劉敞：《春秋劉氏傳》，卷8，頁4。
〔註183〕《四庫全書總目》，卷26，頁27。
〔註184〕見崔子方〈春秋經解後序〉。〔宋〕崔子方：《春秋經解》（臺北：臺灣商務印書館，1986年7月，《景印文淵閣四庫全書》，冊148），卷末，頁6。
〔註185〕見崔子方〈春秋經解自序〉。〔宋〕崔子方：《春秋經解》，卷首，頁4。
〔註186〕《四庫全書總目》「春秋例要」云：「考《宋史・藝文志》載子方《春秋經解》十二卷、《本例例要》二十卷，以《本例例要》統爲卷數，知子方所著原本，此書與《本例》合併爲一矣。」《四庫全書總目》，卷27，頁4。
〔註187〕《四庫全書總目》，卷27，頁4。
〔註188〕《四庫全書總目》，卷27，頁5。

而時月日雖爲《春秋》的義例模式，卻有當畧而詳與當詳而畧者，參差不齊地出現。茲考述如下：

（一）比例而索辭

崔子方《春秋例要》云：

> 《春秋》之爲書，辭約而例繁。欲其嚴也，故其辭約；欲其明也，故其例繁。例者，辭之情也。然則學者當比例而索辭，然後可也。例不勝其多，故有與爲例，而疑於義者，著之；無與爲例，而不疑於義者，不著也。其要在是矣。〔註189〕

任何著作皆有書例，《春秋》自不例外。崔子方認爲，《春秋》書例的特色有二：一是辭約，二是例繁。辭約表示態度嚴謹，例繁在於彰明義理。凡有疑義者才以例說明之，若無疑義則無例。

《春秋例要》成書之旨，即在排比《春秋》書例，以利學者探索經文的內涵，如：「繼天曰天王。失其所以繼天則直曰王，不當位曰王某，王在曰王所，王之居曰京師。」〔註190〕首書「繼天曰天王」爲「天王」的定義，「天王」爲正常情形下的稱謂，「王」、「王某」則爲特殊情形下的稱謂，而「王在曰王所」、「王之居曰京師」皆爲延伸的相關名詞及定義。又如：「違國曰奔。自內曰出奔，外相奔亦曰出奔，奔我曰來奔，以地曰某以某來奔，於其國有奉而奔者曰自某奔。諸侯出奔者名，無罪不名，爲其臣所逐不名。稱官以奔，專也；稱子以奔，貴也；稱氏以奔，世也。」〔註191〕首書「違國曰奔」爲「奔」的定義，「出奔」、「來奔」、「某以某來奔」、「自某奔」爲「奔」的各種情形，諸侯出奔書名與否則代表有罪與否，而奔書稱謂代表其身分。餘不一一列舉。

崔子方對於《春秋》書例僅作簡要歸納，未有詳細解說。雖然《春秋》書例不是崔子方治《春秋》學的重點，但「不知例要，而欲知《春秋》，是猶舍舟楫之用，而以濟夫川瀆者也」〔註192〕，其重要性不容忽視。

（二）以日月為本

崔子方闡述時月日例，主要見於《春秋本例》，其〈序〉云：

〔註189〕〔宋〕崔子方：《春秋例要》（臺北：臺灣商務印書館，1986年7月，《景印文淵閣四庫全書》，冊148），頁1。

〔註190〕〔宋〕崔子方：《春秋例要》，頁1。

〔註191〕〔宋〕崔子方：《春秋例要》，頁8。

〔註192〕〔宋〕崔子方：《春秋例要》，頁1。

> 嘗論聖人之書，編年以爲體，舉時以爲名，著日月以爲例。《春秋》
> 固有例也，而日月之例蓋其本也，故號《本例》。嗚呼！學者苟通乎
> 此，則於《春秋》之義斯過半矣。〔註193〕

這一段文字在強調學者通曉日月之例的重要性，並說明書名《本例》是因爲
日月之例爲《春秋》之本。又云：

> 《春秋》之法，以爲天下有中外，侯國有大小，位有尊卑，情有
> 疏戚，不可得而齊也。是故詳中夏而略夷狄，詳大國而略小國，
> 詳內而略外，詳君而略臣，此《春秋》之義，而日月之例所從生
> 也。〔註194〕

這一段文字認爲，時月日例是由《春秋》之義產生的，而《春秋》之義則是
出自《春秋》之法。在《春秋》之法中，「天下有中外，侯國有大小，位有尊
卑，情有疏戚」，都是自然存在的一般現象。在《春秋》之義中，「詳中夏而
略夷狄，詳大國而略小國，詳內而略外，詳君而略臣」，也都是合乎情理的正
常價值。所以《春秋》日月之例是應運而生的。

《春秋本例》將《春秋》義例分爲十六門（王門、王后門、王臣門、凡
王事門、公門、子門、夫人門、內女門、內大夫門、宗廟郊祭門、內戎事門、
凡內事門、凡外事門、戎狄門、內災異門、外災異門），各門之下依序爲例日、
例月、例時，有著例，亦有變例，其下則列舉經文。如內女門，例日有卒，
例月有大夫爲君逆、歸、執、葬，例時有來納幣、大夫自逆、大夫致女、來
媵、來、來歸、歸、遇、來逆婦、來求婦、來朝子、來逆喪；其中「來歸」
列舉經文「文十五年十有二月齊人來歸子叔姬」、「宣十六年秋郯伯姬來歸」、
「成五年春王正月杞伯姬來歸」三條，第二條爲時例，第一、三條則係「加
月以見譏」，故爲著例一、變例二〔註195〕。

綜據上述，崔子方將《春秋》時月日例歸納出下列原則：

1. 時月日表時間之詳略，日詳於月，月詳於時，時略於月，月略於日。「著
日以爲詳，著時以爲略，又以詳略之中而著月焉，此例之常也。」〔註196〕

〔註193〕〔宋〕崔子方：《春秋本例》（臺北：臺灣大通書局，1969年10月，《通志堂
經解》，冊20），卷首，頁1。
〔註194〕〔宋〕崔子方：《春秋本例》，卷首，頁1。
〔註195〕〔宋〕崔子方：《春秋本例》，卷7，頁8。
〔註196〕〔宋〕崔子方：《春秋本例》，卷首，頁1。

2. 時月日表事之輕重，日重於月，月重於時，時輕於月，月輕於日。「然而事固有輕重矣，安可不詳所重而略所輕乎！其槩所重者日，其次者月，又其次者時，此亦易明爾。」〔註197〕

3. 聖人著例以明義，變例以盡義。「聖人豈敢以一辭之約，而使後世之人曉然知吾之所喻哉！故辭之難明者，則著例以見之；例不可盡也，則又有日月之例焉。又有變例以為言者，然後褒貶是非之意見矣。」〔註198〕

4. 崩薨卒葬與弒君無例。崩薨卒葬無例，是因為「人之善惡，必見於其行事，則亦無事於死而後為之褒貶也。」弒君無例，是因為「其惡不貶而自見，又奚區區以日月例為哉！」所以「自天子崩、公薨、大夫卒、內夫人、內女卒，中國、夷狄之弒君，與凡書葬者，必從而日焉，其尊卑、外內、輕重、大小，一皆同之，凡以見其不為例為爾。」除非「赴告之不備，史氏之闕遺」，才可能出現不書日的情形。「《左氏》不著日月之例，獨於公子益師卒則著之曰：『公不與小斂，故不書日。』」可見「《左氏》考聖人之例亦太疏畧矣」。而《公羊傳》與《穀梁傳》「不知崩葬卒薨與弒君之無例也，則又強為之說，是以其辭至於乖亂而不可信矣。」〔註199〕

崔子方反對《公羊傳》與《穀梁傳》穿鑿義例，卻專門發揚時月日例，因此陳振孫《直齋書錄解題》云：「其學辨三傳之是非，而專以日月為例，則正蹈其失而不悟也。」〔註200〕評價欠佳。但清儒皮錫瑞（1850～1908 年）《經學歷史》則云：「崔子方《春秋本例》，以日月為本，在宋儒中，獨能推明《公》、《穀》。」〔註201〕給予很高的評價。

（三）時月日例有當畧而詳與當詳而畧者

《春秋》時月日例的模式並非整齊劃一，而是參差不齊地出現，崔子方認為原因有二：

一是史籍原文闕遺。「史氏之記事有常體矣，其書必曰某時某月某日某事矣。其失日月者則闕之，亦必曰是闕日月者也。」〔註202〕如《春秋》桓公四年、七年無秋、冬，定公十四年無冬，桓公十四年書「夏五」而闕「月」字，

〔註197〕 〔宋〕崔子方：《春秋本例》，卷首，頁 1。
〔註198〕 見崔子方〈春秋經解自序〉。〔宋〕崔子方：《春秋經解》，卷首，頁 2～3。
〔註199〕 見崔子方〈春秋經解後序〉。〔宋〕崔子方：《春秋經解》，卷末，頁 1～2。
〔註200〕 〔宋〕陳振孫：《直齋書錄解題》，卷 3，頁 60。
〔註201〕 〔清〕皮錫瑞：《經學歷史》（臺北：漢京文化事業，2004 年 3 月），頁 251。
〔註202〕 見崔子方〈春秋經解後序〉。〔宋〕崔子方：《春秋經解》，卷末，頁 5。

莊公二十二年書「夏五月」而闕其事，僖公二十八年冬書「壬申」而闕月，桓公十七年書「五月」而闕夏，昭公十年書「十有二月」而闕冬，莊公二十四年冬書「郭公」而闕其事，定公六年冬「仲孫忌」應爲「仲孫何忌」，又日食屢不繫朔與日。

二是聖人所修。「惟聖人修經，然後立例焉。蓋曰天下有內外，國家有大小，位有尊卑，事有輕重，不可得而齊也。」〔註203〕雖然聖人修經「有當畧而詳與當詳而畧者」，但並非漫無目的、恣意而爲，而是「有寓於其間而後云爾」〔註204〕。聖人如何修《春秋》呢？方法如下：

1.「當日而不日。」〔註205〕

如《春秋》莊公十年春正月「公敗齊師于長勺」，莊公十年夏六月「公敗宋師于乘丘」，僖公八年秋七月「禘于太廟用致夫人」，昭公十二年冬十月「公子憖出奔齊」，隱公元年春三月「公及邾儀父盟于蔑」，莊公九年春「公及齊大夫盟于蔇」之類。

2.「不當日而日。」〔註206〕

如《春秋》襄公二十六年春二月甲午「衛侯衎復歸于衛」，襄公十四年夏四月己未「衛侯出奔齊」，定公四年冬十一月庚辰「吳入郢」，文公十六年夏六月戊辰「公子遂及齊侯盟于郪丘」，襄公二十年春正月辛亥「仲孫速會莒人盟于向」，襄公三十年夏五月甲午「宋災」，昭公十八年夏五月壬午「宋、衛、陳、鄭災」，隱公十年夏六月辛未「取郜」、辛巳「取防」之類。

3.「當月而不月。」〔註207〕

如《春秋》成公元年夏「臧孫許及晉侯盟于赤棘」，定公三年冬「仲孫何忌及邾子盟于拔」，成公十五年冬「許遷于葉」，昭公九年春「許遷于夷」，昭公十八年冬「許遷于白羽」，定公四年夏「許遷于容城」，文公四年秋「楚人滅江」，僖公十二年夏「楚人滅黃」，昭公二十四年冬「吳滅巢」，僖公十七年夏「滅項」，莊公二十二年冬「公如齊納幣」，莊公二十三年夏「公如齊觀社」，莊公二十四年夏「公如齊逆女」，昭公二年冬、十二年夏、十三年冬、二十一年冬「公如晉至河乃復」之類。

〔註203〕見崔子方〈春秋經解後序〉。〔宋〕崔子方：《春秋經解》，卷末，頁2。
〔註204〕見崔子方〈春秋經解後序〉。〔宋〕崔子方：《春秋經解》，卷末，頁3。
〔註205〕見崔子方〈春秋經解後序〉。〔宋〕崔子方：《春秋經解》，卷末，頁3。
〔註206〕見崔子方〈春秋經解後序〉。〔宋〕崔子方：《春秋經解》，卷末，頁3。
〔註207〕見崔子方〈春秋經解後序〉。〔宋〕崔子方：《春秋經解》，卷末，頁3。

4.「不當月而月。」〔註208〕

如《春秋》僖公十九年春三月「宋人執滕子嬰齊」，文公十五年春三月「宋司馬華孫來盟」，文公十二年春正月「郕伯來奔」，宣公十五年夏五月「宋人及楚人平」，僖公二年春正月「城楚丘」，昭公四年秋九月「取鄶」，昭公元年春三月「取鄆」之類。

5.「事有同日，而後事屬先事，則于先事加日。」〔註209〕

如《春秋》襄公三十年夏五月甲午「宋災」、「宋伯姬卒」之類。

6.「兩事皆當日，先事故不日，則後事亦不復日。」〔註210〕

如《春秋》閔公二年秋九月「夫人姜氏孫于邾」、「公子慶父出奔莒」之類。

7.「同月，先事不當月，而後事當月，則於先事月之。」〔註211〕

如《春秋》隱公四年春二月「莒人伐杞取牟婁」、戊申「衛州吁弑其君完」，宣公十四年秋九月「楚子圍宋」、「葬曹文公」之類。

8.「兩事，先事當月，固自書月，後事故不月，雖繼月，不嫌也。」〔註212〕

如《春秋》文公十年夏「自正月不雨至于秋七月」、「及蘇子盟于女栗」，襄公十九年春正月「諸侯盟于祝柯」、「公至自伐齊」之類。

9.「兩事，先事故不月，後事雖當月亦不復月，不嫌也。」〔註213〕

如《春秋》莊公二十三年春「公至自齊」、「祭叔來聘」，莊公十九年秋「公子結媵陳人之婦于鄄遂及齊侯、宋公盟」、「夫人姜氏如莒」之類。

10.「事實異日，而嫌於同日，則各著日以別之。」〔註214〕

如《春秋》文公八年冬十月壬午「公子遂會晉趙盾盟于衡雍」、乙酉「公子遂會雒戎盟于暴」，隱公九年春三月癸酉「大雨震電」、庚辰「大雨雪」之類。

〔註208〕見崔子方〈春秋經解後序〉。〔宋〕崔子方：《春秋經解》，卷末，頁3。
〔註209〕見崔子方〈春秋經解後序〉。〔宋〕崔子方：《春秋經解》，卷末，頁3。
〔註210〕見崔子方〈春秋經解後序〉。〔宋〕崔子方：《春秋經解》，卷末，頁3。
〔註211〕見崔子方〈春秋經解後序〉。〔宋〕崔子方：《春秋經解》，卷末，頁4。
〔註212〕見崔子方〈春秋經解後序〉。〔宋〕崔子方：《春秋經解》，卷末，頁4。
〔註213〕見崔子方〈春秋經解後序〉。〔宋〕崔子方：《春秋經解》，卷末，頁4。
〔註214〕見崔子方〈春秋經解後序〉。〔宋〕崔子方：《春秋經解》，卷末，頁4。

11.「**事實同日，而嫌於異日，則先著日以見之。**」〔註215〕

如《春秋》莊公二十八年春三月甲寅「齊人伐衛」、「衛人及齊人戰」，成公九年冬十一月庚申「莒潰」、「楚人入鄆」之類。

12.「**事不當日，以書晦朔，則不得不日。**」〔註216〕

如《春秋》僖公十五年秋九月己卯晦「震夷伯之廟」，僖公十六年春正月戊申朔「隕石于宋五」之類。

13.「**一事而再見者，其於日月先畧而後詳。**」〔註217〕

如《春秋》文公三年冬「公如晉」、十二月己巳「公及晉侯盟」，襄公九年冬「公會晉侯、宋公、衛侯、曹伯、莒子、邾子、滕子、薛伯、杞伯、小邾子、齊世子光伐鄭」、十二月己亥「同盟于戲」之類。

14.「**以後事之例證先事。**」〔註218〕

如《春秋》成公四年夏四月甲寅「臧孫許卒」，又「公如晉」，「公如」云云疑似例月；但後書秋「公至自晉」，可知「公如」云云不月。

15.「**以先事之例證後事。**」〔註219〕

如《春秋》襄公十年夏五月甲午「遂滅偪陽」，又「公至自會」，「公至」云云疑似例月；但先書春「公會晉侯、宋公、衛侯、曹伯、莒子、邾子、滕子、薛伯、杞伯、小邾子、齊世子光會吳于柤」，可知「公至」云云不月。

以上崔子方歸納聖人修作《春秋》時月日例的十五種方法，「見聖人之用心，其謹且嚴而可畏也。彼曰無例云者，是未嘗深考乎春秋之例者也。」〔註220〕雖謂是聖人用心，其實亦是崔子方用心研究的成果。

第三節 小 結

本節續就《春秋》三傳義例模式的建構基礎，檢討諸家批判的合理性，合理者則同意其說，不合理者則略抒己見，並作小結。

〔註215〕見崔子方〈春秋經解後序〉。〔宋〕崔子方：《春秋經解》，卷末，頁4。
〔註216〕見崔子方〈春秋經解後序〉。〔宋〕崔子方：《春秋經解》，卷末，頁4。
〔註217〕見崔子方〈春秋經解後序〉。〔宋〕崔子方：《春秋經解》，卷末，頁4。
〔註218〕見崔子方〈春秋經解後序〉。〔宋〕崔子方：《春秋經解》，卷末，頁5。
〔註219〕見崔子方〈春秋經解後序〉。〔宋〕崔子方：《春秋經解》，卷末，頁5。
〔註220〕見崔子方〈春秋經解後序〉。〔宋〕崔子方：《春秋經解》，卷末，頁5。

一、例是否《春秋》之法？

　　歷來諸儒多有否定《春秋》有例者，如舊題「鄭樵」《六經奧論》「例（例非《春秋》之法）」條云：

> 《春秋》之法，重事而輕人，詳內而略外，無有所謂例也。……若以麟經在於片辭，名字、官爵各有榮辱，則皆如邾儀父書字以襃之，衛侯燬書名以襃之可也。今則祭一也，有曰公、曰叔、曰伯之不同；杞一也，有書侯、書伯、書子之不同。滕稱侯矣，而復稱子；薛稱侯矣，而復稱伯。此一人也，一國也，而前後稱號迭軒迭輊，賢否於此夫奚據？若以官為貴，而宰咺躬歸賵之役，有何貴而稱宰？以爵為榮，而祭公負私交之惡，有何榮而稱公？以名為貶辭，則息兵如趙武，何罪可貶？以字為襃辭，則不臣如祭仲，何功可襃？使其襃貶出於聖人，不應如是之無定也。若以麟經編次，貴在正名，書爵先後，各序尊卑，則皆如書公會衛子、莒慶盟于洮，所以先諸侯而後大夫；書公會齊侯、宋公、陳世子款盟于甯母，所以先列國而後世子可也。今則齊、宋會鄆，侯居公上；鄭、邢會淮，伯在侯先；盟于蟲牢，郯以子而先杞伯；盟于幽，許以男而先滕子；密之盟，杞大夫子帛反居莒子之上；蕭魚之會，齊世子光反居邾、莒、滕、薛之先；邾，男爵也，侵蔡之師則先曹伯；晉，侯邦也，黑壤之會則先宋公。使其編序出於聖人，不應如是之不倫也。意者或先或後，或大或小，無非因舊史之所以然者而錄之耳。〔註221〕

此說係對《春秋》襃貶與編序是否出於聖人的問題提出質疑，認為如果襃貶與編序出於聖人，名字、官爵各有榮辱，會盟先後各按尊卑名分，則《春秋》應有一套定例為標準，但事實上《春秋》沒有定例可言，可見《春秋》是「因舊史之所以然者而錄之」，所以「例非《春秋》之法」。

　　諸儒類似「例非《春秋》之法」的主張不少，如明儒郝敬（1558～1639年）《談經》云：

> 《春秋》無例，但據史所記之事，有慨於心者，提而書之，公道難揜，是非自見。時或創設新義，如正月稱王、王稱天、鄭棄其師、天王狩於河陽之類，與「凡」或書或不書，隨宜化裁，非為例也。

〔註221〕〔宋〕鄭樵：《六經奧論》（臺北：臺灣大通書局，1969年10月，《通志堂經解》，冊40），卷4，頁15～17。

其餘多因舊史，櫽括成文。而世儒謬起凡例，……皆後人強設，非
仲尼有明訓也。及其比儗不合，則又曰美惡不嫌同辭，又曰有變例、
有特筆，然則仲尼乃滑稽之雄，而《春秋》爲譸張幻語，豈聖人作
經之義！〔註222〕

此說以孔子據舊史作《春秋》，將內容區分爲三種型態：一是舊史所記事件表
彰公道、明辨是非，則孔子提而書之；二是舊史所記事件平鋪直敘，經過孔
子創設、刪改後，將大義凸顯出來；三是舊史未見大義者，則孔子將原文整
理後重新鈔錄。又云：

《春秋》詳畧多因舊史，或舊史佚之，或舊史載而聖人諱之，非例
也。所書大抵皆亂畧，或彼善于此，參差隨宜，亦非例也。〔註223〕

《春秋》文字有詳略、參差，都是舊史如此，不是孔子修作的結果，所以義
例是後人在《春秋》文字的詳略、參差之間所強設。

清儒姚際恆（1647～約1715年）〈春秋通論序〉則云：

嘅自三傳作俑以來，其流之斃大端有二：一曰例也，一曰常事不書
也。「例」之一字，古所未有，乃後起俗字，執此一字以說《春秋》，
先已誤矣，而謂孔子當執此一字以修《春秋》乎？使孔子執一例以
修《春秋》，孔子既不若是之陋，乃据其所爲例者求之，又多不合孔
子；又不若是之踈，孔子裁定舊史以取其義，不過數大端，而其事
已畢如造化之因物付物，自然合理，何嘗屑屑焉，如經生家著一書
執一例以從事哉！……〔註224〕

此說重點有二：一是「例」字古所未有，爲後起俗字，孔子不可能以例說《春
秋》；二是《春秋》義例既疏且陋，多與孔子的主張不合。《春秋通論》並附
〈春秋無例詳考〉一卷，計辨正四十例：1.「無隱無正之例」，2.「無桓無王
之例」，3.「無定元年無正之例」，4.「無王稱天不稱天之例」，5.「十二公無書
即位不書即位之例」，6.「無日不日之例」，7.「無來朝時與月之例」，8.「無諸
侯名不名之例」，9.「無諸侯滅同姓而名之例」，10.「無諸侯卒名不名之例」，
11.「無魯會書葬魯不會不書葬之例」，12.「無書外災爲魯弔之例」，13.「無諸
侯書葬不書葬之例」，14.「無君弒賊未討不書葬之例」，15.「無王不書葬之例」，

〔註222〕〔明〕郝敬：《談經》（上海：上海古籍出版社，2002年3月，《續修四庫全
書》，冊171），卷4，頁6～7。
〔註223〕〔明〕郝敬：《談經》，卷4，頁25～26。
〔註224〕〔清〕姚際恆：《春秋通論》，序，頁2。

16.「無予奪諸侯爵號之例」，17.「無盟與同盟之例」，18.「無圍與同圍之例」，19.「無歸與復歸之例」，20.「無入與復入之例」，21.「無入與歸之例」，22.「無公會與公及之例」，23.「無及與暨之例」，24.「無公及與及之例」，25.「無公會與會之例」，26.「無書公至與不書公至之例」，27.「無內書戰為敗之例」，28.「無稱爵稱人之例」，29.「無稱師之例」，30.「無稱師次之例」，31.「無稱國之例」，32.「無大夫稱名與字之例」，33.「無大夫稱氏不稱氏之例」，34.「無稱公子不稱公子之例」，35.「無稱公子與大夫公子之例」，36.「無稱公子與弟之例」，37.「無稱使不稱使之例」，38.「無殺大夫名不名之例」，39.「無殺大夫稱國稱官之例」，40.「無退中國進夷狄之例」。〔註225〕其中 32.「無大夫稱名與字之例」云：

> 或稱名，或稱字者，本舊史也，舊史本當日之赴告也。聖人初無所
> 褒貶于其間，否則某當褒而舊史但著其名，某當貶而舊史但著其字，
> 則聖人將奔走列國以求名與字而後可乎！其無毀譽之旨且無論矣。
> 〔註226〕

大夫或稱名，或稱字，是本於舊史、赴告書法不一所致，並無褒貶毀譽之旨，即表示《春秋》未制此例。

清儒石韞玉（1755～1837 年）《獨學廬初稿》「春秋論」亦云：

> 《春秋》無例，以例言《春秋》，而支離穿鑿之說紛紛矣。吾則曰：
> 「《春秋》者，魯史之舊文也。」《春秋》捃十二公之事，歷二百四
> 十年之久，秉筆而書者必更數十人，此數十人者，家自為師，人自
> 為學，則其書法豈能盡同。孔子有言矣，曰：「董狐，古之良史。」
> 以斯知史之不能盡良也。曰：「直哉！史魚。」以斯知史之不能盡直
> 也。魯史更數十人之手，其間謗者有之，佞者有之，豈能一一合於
> 天地之經哉！……或曰：「《左傳》嘗論書法矣，非例乎？」曰：「此
> 即魯史之例也，《左傳》據魯史而作，非据《春秋》也。」〔註227〕

此說亦以《春秋》本於魯史舊文，而魯史是由史官代代傳承，每位史官學養不同、品德不同、個性不同，當然書法不可能完全一致，所以魯史本身已無定例，何況《春秋》；並辨正《左傳》所論書法皆是魯史之例，魯史有例而《春秋》無例。

〔註225〕 〔清〕姚際恆：〈春秋無例詳考〉，《春秋通論》，頁 1～27。
〔註226〕 〔清〕姚際恆：〈春秋無例詳考〉，《春秋通論》，頁 21。
〔註227〕 〔清〕石韞玉：《獨學廬初稿》（上海：上海古籍出版社，2002 年 3 月，《續修四庫全書》，冊 1466），頁 16～17。

以上郝敬、姚際恆、石韞玉的說法，都是以義例屬魯史，否定孔子創設義例以修作《春秋》。但本文認為，三傳（尤其《公羊傳》與《穀梁傳》）自始即共同選擇義例模式為解經的途徑，應是其來有自，不宜等閒視之，理由如下：

第一，魯史舊文早已失傳，除了《公羊傳》「不脩《春秋》」〔註228〕明示之外，今本《春秋》與魯史舊文之間是否沒有其他差異，實不可考。因此，所謂魯史有例而《春秋》無例，尚難遽信。

第二，三傳對於修作《春秋》者是誰，缺乏直指孔子的證詞（詳見本文第二章第四節），但無論是孔子也好，不是孔子也好，我們怎知修作《春秋》者不曾設置義例加以整理呢？即使義例本屬魯史，修作《春秋》者何嘗不能效法魯史作例呢？

第三，前述「鄭樵」認為《春秋》沒有定例，「例非《春秋》之法」，其實只是修作《春秋》者設置義例周延與否的問題，若謂義例設置周延即是出於聖人，不周延則非出於聖人，恐失之主觀，流於臆測。

基於以上三個理由，本文主張應該尊重三傳（尤其《公羊傳》與《穀梁傳》）解經的創始地位，保留《春秋》義例存在的意義與價值；至於義例設置是否周延，以及是否出於聖人，留待他日繼續研究。

二、時月日是否為經例？

時月日例為諸多義例之一，但由於主張以義例治經的諸儒特別重視時月日例，仍有專予討論的必要。

魯史《春秋》本無時月日例，而是由後來修作《春秋》者所加。最早反對時月日例者，如東漢王充（27～97年）《論衡・正說》云：

> 《春秋左氏傳》桓公十有七年冬十月朔：「日有食之。不書日，官失之也。」謂官失之，言蓋其實也。史官記事，若今時縣官之書矣，其年月尚大，難失；日者微小，易忘也。蓋紀以善惡為實，不以日月為意。〔註229〕

此說乃就事論事，追溯史官記事的實況，年月大而易記，日小而易忘，史書未必以時月日為例。後儒同樣持反對意見者，如啖助云：「夫美惡在於事迹，

〔註228〕《春秋》莊公七年夏四月辛卯：「夜，恆星不見。夜中，星實如雨。」《公羊傳》云：「不脩《春秋》曰：『雨星不及地尺而復。』君子脩之曰：『星實如雨。』」
〔註229〕〔漢〕王充：《論衡》（臺北：臺灣中華書局，1965年11月，《四部備要》本），卷28，頁6。

見其文足以知其褒貶，日月之例復何爲哉！」〔註230〕朱熹亦云：「今要去一字兩字上討意思，甚至以日月、爵氏、名字上皆寓褒貶，……不解恁地細碎。」〔註231〕以上皆言之有理。但《春秋》經過後來的第三人以義例模式修作，並將時月日例解經模式藉由《公羊傳》與《穀梁傳》流傳下來，事實既成，已不容否認。所以討論時月日例的重點，已不在於《春秋》是否本無時月日例，而應轉移至修作《春秋》者如何以時月日例解經。

清代皮錫瑞對於時月日例解經模式曾作歸納，摘錄條列如下：

1.「《春秋》正變例以日月時爲最著明，正例日則變例時，正例時則變例日，而月在時、日之間。」

2.「《春秋》之例，討賊、侵伐常事，與不以日月計者，皆例時。以月爲變者，不以月計也。」

3.「《春秋》以月計時事，以月分尊卑，除二者之外，遂不以日月爲例。」

4.「《春秋》記事，大事記之詳，如：君夫人葬薨、大夫卒、天王崩、外諸侯卒、大異、宗廟災、祭事、盟、戰，所關者大，重錄之則詳，故記其日。小事則從略，如：來往、如致、朝聘、會遇、外盟、外戰，一切小事，皆例時。大事日，小事時，一定之例也，亦記事之體，應如是也。」

5.「輕事而重之，則變時而日月焉。重事而輕之，則變日而月時焉。」

6.「事以大小爲準，例以時日爲正，……；而月在時、日之中，爲消息焉。」

7.「凡月皆變例。大事例日，如盟例日；而桓盟皆不日而月，變也；柯之盟時者，變之至也。此日爲正、月爲變、時爲尤變之例也。小事例時，如外諸侯葬例時，月爲變，日爲變之甚。此時爲正、月爲變、日爲尤變之例也。」

8.「朝時也，變之則月，尤變則日；用幣時也，謹之則日；因其事之小，知其日、月之爲變。外諸侯卒例日，變之則月，尤變則時；因其事之大，知其月、時之爲變。」

9.「凡變則有二等，以差功過淺深。故月皆變例；從時而日，從日而時，皆變之尤甚者。」〔註232〕

以上諸條，以當今流行語爲喻，即是時月日例的「遊戲規則」，其中最基本的原則，就是「事以大小爲準」，善惡褒貶依此解讀。學者欲研究時月日例

〔註230〕〔唐〕陸淳：《春秋啖趙集傳纂例》，卷9，頁190。
〔註231〕〔宋〕黎靖德：《朱子語類》，卷83，頁1～2。
〔註232〕〔清〕皮錫瑞：《經學通論》（臺北：河洛圖書出版社，1974年12月），頁54～55。

的解經模式，可由皮錫瑞或他人所歸納的遊戲規則入手，若認為其中有疏漏、矛盾、欠周延，或與經文、傳意有扞格之處，當然可提出討論、補充、修正，或另自行歸納一套遊戲規則；若無法認同時月日例者，退出遊戲即可，不必否定遊戲規則存在的事實。

戴君仁先生研究時月日例有成，撰有〈春秋時月日例辨正總論〉〔註233〕、〈春秋公羊傳時月日例辨正〉〔註234〕、〈春秋穀梁傳時月日例辨正〉〔註235〕、〈春秋左氏傳時月日例辨正〉〔註236〕諸篇，以下謹就其研究成果作討論。

（一）《公羊傳》部分

首先討論《公羊傳》部分，戴君仁先生辨駁何休時月日例二十條，認為其「註日月為例，幾乎全無可取」〔註237〕。姑舉其中三條說明如下：

例一，《春秋》襄公三十年春正月：「楚子使薳頗來聘。」何休注：「月者，公數如晉，希見答；今見聘，故喜錄之。」〔註238〕戴君仁先生云：

> 這是極荒唐的！《春秋》大義，尊王攘夷。魯君屢次朝晉，很少見答，心中失望，遇到楚人來聘，便高興起來，這在平凡的魯君已不應該，孔子修《春秋》而表示喜意，這還成為孔子嗎？大害義理，亟須闢之。〔註239〕

按魯襄公於三年春、四年冬、八年春、十二年冬、二十一年春五度如晉，晉則遲於十二年夏、二十九年夏兩度使士（士彭、士鞅）來聘，若是孔子修《春秋》，對晉的表現覺得不滿是很正常的。而魯襄公於二十八年冬如楚，楚於三十年春使大夫薳頗來聘，兩相比較之下，楚為夷狄而有禮，何休認為孔子變例書月表示喜意，義理並無不當。戴君仁先生諒係誤解。

例二，《春秋》莊公三年春正月：「溺會齊師伐衛。」何休注：「月者，衛朔背叛出奔，天子新立衛公子留，齊、魯無憚天子之心而伐之，故明惡重於

〔註233〕 戴君仁：〈春秋時月日例辨正總論〉，《東海學報》第3卷第1期，頁27～37。
〔註234〕 戴君仁：〈春秋公羊傳時月日例辨正〉，《春秋三傳論文集》（臺北：黎明文化事業，1981年1月），頁307～336。
〔註235〕 戴君仁：〈春秋穀梁傳時月日例辨正〉，《春秋三傳論文集》（臺北：黎明文化事業，1981年1月），頁283～306。
〔註236〕 戴君仁：〈春秋左氏傳時月日例辨正〉，《春秋三傳論文集》（臺北：黎明文化事業，1981年1月），頁123～138。
〔註237〕 戴君仁：〈春秋公羊傳時月日例辨正〉，《春秋三傳論文集》，頁336。
〔註238〕 〔唐〕徐彥：《春秋公羊傳注疏》，卷21，頁119。
〔註239〕 戴君仁：〈春秋公羊傳時月日例辨正〉，《春秋三傳論文集》，頁330。

伐，故月也。」〔註240〕《春秋》桓公十五年冬十一月：「公會齊侯、宋公、衛侯、陳侯于侈，伐鄭。」何休注：「月者，善諸侯征突，善錄義兵也。」〔註241〕《春秋》僖公四年春正月：「公會齊侯、宋公、陳侯、衛侯、鄭伯、許男、曹伯侵蔡。」何休注：「月者，善義兵也。」〔註242〕戴君仁先生云：

> 善之用月，惡之亦用月。固然他可以說據傳文「美惡不嫌同辭」，但這究竟是否孔子定的，大成問題。我們總覺得善惡不分，恐非《春秋》明是非之意。〔註243〕

按以上三條均爲侵伐之事，侵伐例時，由於後二條爲義兵，所以變例書月，應無異議。問題在第一條，齊、魯伐衛並非義兵，爲何書月呢？解決這個問題必須回歸時月日例的遊戲規則上，皮錫瑞已指出「事以大小爲準」，衛侯朔於魯桓公十五年冬十一月因得罪於周天子，而出奔齊國尋求政治庇護，周天子新立衛君，齊、魯竟出兵討伐衛國新君，完全不把周天子放在眼裡。齊、魯伐衛爲惡事小，例書時，但因「無憚天子之心」，「惡重於伐」，罪加一等，所以變例書月，表示事大，並非表示善之。接下來再看後二條，既然「事以大小爲準」，不是以善惡爲準，諸侯伐鄭、侵蔡事小，本應書時，但諸侯以義兵伐鄭、侵蔡則事大，所以變例書月。戴君仁先生可能未仔細研究過時月日例的遊戲規則，才會覺得善惡不分。

例三，《春秋》莊公五年冬：「公會齊人、宋人、陳人、蔡人伐衛。」《公羊傳》云：「此伐衛何？納朔也。曷爲不言納衛侯朔？辟王也。」《春秋》莊公六年秋：「公至自伐衛。」《公羊傳》云：「得意致會，不得意致伐。衛侯朔入于衛，何以致伐？不敢勝天子也。」何休注：「與上『辟王』同義。久不月者，不與伐天子也，故不爲危錄之。」〔註244〕戴君仁先生云：

> 按何氏，「致例時，凡公出滿二時月，危公之久。」此役伐衛，冬出秋歸，例應月以錄危；可是經文不如此。何氏乃說不與伐天子，（魯與諸侯伐衛，王人救衛。）故不爲危錄之。伐天子當然更可危了，何以不爲危錄之？若說伐天子罪大，已到了不能爲之危的地步，那實在太曲折了。〔註245〕

〔註240〕〔唐〕徐彥：《春秋公羊傳注疏》，卷6，頁31。
〔註241〕〔唐〕徐彥：《春秋公羊傳注疏》，卷5，頁28。
〔註242〕〔唐〕徐彥：《春秋公羊傳注疏》，卷10，頁55。
〔註243〕戴君仁：〈春秋公羊傳時月日例辨正〉，《春秋三傳論文集》，頁331。
〔註244〕〔唐〕徐彥：《春秋公羊傳注疏》，卷6，頁34。
〔註245〕戴君仁：〈春秋公羊傳時月日例辨正〉，《春秋三傳論文集》，頁333。

魯莊公親自率兵伐衛，出國已滿二時，返國告廟例應書月以錄危，但經文書時而不書月，原因何在？因為當周天子派兵救衛時，莊公「辟王」，未參與伐天子，可危的程度降低了，所以恢復書時而不書月。戴君仁先生既知「何氏乃說不與伐天子」，卻反批何休「不為危錄之」，令人不解。

（二）《穀梁傳》部分

其次討論《穀梁傳》部分，許桂林撮舉《穀梁傳》時月日大綱凡三十一條，戴君仁先生辨正其中二十條，將「所引二十類例全駁掉了」〔註246〕。姑舉其中三條說明如下：

例一，《春秋》桓公二年秋七月：「紀侯來朝。」《穀梁傳》云：「朝時，此其月，何也？桓內弒其君，外成人之亂，於是為齊侯、陳侯、鄭伯討，數日以賂，己即是事而朝之，惡之，故謹而月之也。」戴君仁先生云：

> 劉敞《春秋權衡》卷十四云：「非也。六年冬，紀侯來朝。猶是前紀侯耳，猶是此桓公耳，行不加進，惡不差減。而紀侯過而不改，是謂過矣，其責宜深，反書時，何哉？是豈《春秋》不惡之乎？」駁得很對。〔註247〕

魯桓公助宋成亂又貪取宋賂，事後紀侯卻於二年秋七月與六年冬兩度來朝，前者書月為惡之，但後者為何書時不書月呢？這個問題仍須回歸時月日例的遊戲規則上。按《穀梁傳》時月日例的遊戲規則，凡已「有所見」之事，則恢復常例，不再重複出現變例。如《春秋》莊公三十二年冬十月乙未：「子般卒。」《穀梁傳》云：「子卒日，正也；不日，故也。有所見則日。」子卒書日為常例，不書日為變例，子般繼魯莊公之位未踰年而遭弒，本應變例不書日，但因後來閔公繼子般之位不書即位，已表示子般遭弒，所以恢復常例書日，不再變例不書日。接下來看「紀侯來朝」之事，諸侯來朝書時為常例，書月為變例，紀侯第一度來朝變例書月已見其惡，第二度來朝則恢復常例書時。這一條遊戲規則不在皮錫瑞歸納的範圍內，卻是《穀梁傳》所有。劉敞不明遊戲規則，妄發議論，戴君仁先生自不宜從之。

例二，《春秋》莊公十年春正月：「公敗齊師于長勺。」《春秋》莊公十年夏六月：「公敗宋師于乘丘。」《春秋》僖公元年秋九月：「公敗邾師于偃。」《穀梁傳》皆云：「不日，疑戰也。疑戰而曰敗，勝內也。」又《春秋》莊公

〔註246〕戴君仁：〈春秋穀梁傳時月日例辨正〉，《春秋三傳論文集》，頁304。
〔註247〕戴君仁：〈春秋穀梁傳時月日例辨正〉，《春秋三傳論文集》，頁295。

十一年夏五月戊寅：「公敗宋師于鄑。」《穀梁傳》云：「內事不言戰，舉其大者。其日，成敗之也。」戴君仁先生云：

> 此四戰《穀梁》都不載事跡，《公羊》亦同。《左氏》長勺之戰，記齊人三鼓，可證並不是魯對齊行詐。乘丘之戰，《左氏》記公子偃蒙皐比先犯宋，可算是詐戰。鄑之戰，《左氏》記宋師未陳而薄之，這明是詐戰，而《穀梁》反說是成敗。《左氏》記事，較二傳為可信。則《穀梁》所謂成敗詐戰，實有顛倒誤認者。其日不日之例，自不能成立。這由于《穀梁》根本不知這幾次戰爭事實如何，而先立例以揣測其戰之成或詐，以致與事實不合。〔註248〕

按《穀梁傳》所謂「疑戰」，即是《公羊傳》所謂「詐戰」。范甯注：「疑戰者，言不剋日而戰，以詐相襲。」〔註249〕何休注：「詐，卒也。齊人語也。」〔註250〕「卒」即是「猝」字。所以「詐戰」與「疑戰」指雙方非經約定日期而戰，是趁人不備之際發動襲擊，即軍事上的偷襲戰術，不是行使詐騙之術。戴君仁先生誤以齊人語「詐」的意思為「行詐」（行使詐騙之術），導致解說有所偏差，不足以推翻時月日例的成立。

例三，《春秋》昭公十九年夏五月戊辰：「許世子止弒其君買。」《穀梁傳》云：「日弒，正卒也。正卒，則止不弒也。不弒而日弒，責止也。」戴君仁先生云：

> 傳意認為許世子止並無弒君之事實，《公羊》、《左氏》都說藥殺，也以為並非真弒。非弒而書弒，孔子責人太深刻了。許桂林在他書中附駁顧棟高〈許世子止弒其君論〉替許止申冤，固然宅心忠厚，可是孔老聖人豈不太狠了嗎？若云許止雖書弒君，事終可明，當孔子作《春秋》時，又焉知將有三傳替他說明非真弒呢？《公羊》、《左氏》根據進藥傳說，還不是空話；《穀梁》從日卒以見非弒，這完全出于推測。聖人仁慈之心，豈會輕加弒字於人子？〔註251〕

誠然，聖人不會輕加「弒」字於人子，但《春秋》的「弒」字已經加上去了，我們無法將這個「弒」字塗改掉，只能設法為聖人加上這個「弒」字提出解釋。但《公羊傳》與《左傳》根據進藥傳說為聖人提出解釋，被戴君仁先生

〔註248〕　戴君仁：〈春秋穀梁傳時月日例辨正〉，《春秋三傳論文集》，頁297。
〔註249〕　〔唐〕楊士勛：《春秋穀梁傳注疏》，卷5，頁19。
〔註250〕　〔唐〕徐彥：《春秋公羊傳注疏》，卷5，頁25。
〔註251〕　戴君仁：〈春秋穀梁傳時月日例辨正〉，《春秋三傳論文集》，頁303～304。

批評爲空話；《穀梁傳》從日卒以見非弑爲聖人提出解釋，亦被戴君仁先生批評爲出於推測。反觀戴君仁先生對於聖人爲何加了一個「弑」字於人子，並沒有提出任何解釋，怎能說服後學不要相信時月日例呢？

以上《公羊傳》與《穀梁傳》部分限於篇幅，所以各討論三條，其餘諸條亦均有待商榷，他日將另闢專文討論。研究時月日例最忌不明其遊戲規則，即一味否定其價值，對於研究工作並無裨益。

（三）《左傳》部分

最後討論《左傳》部分，《左傳》大夫卒與日食雖以時月日爲例，但歷來對於《左傳》是否以時月日例解經，仍有正反兩面意見。漢代劉、賈、許、穎諸儒即仿《公羊傳》與《穀梁傳》，爲《左傳》發明時月日例；而王充則持反面意見，均已略如前述。到了東晉杜預，是強力反對時月日例的代表性人物，其《春秋釋例》「大夫卒例」釋例曰：

> 案《春秋》朝聘、侵伐、執殺大夫、土功之屬，或時或月，皆不書日；要盟、戰敗、崩薨卒葬之屬，亦不皆同，然已頗多書日。自文公已上，書日者二百四十九；宣公已下，亦俱六公，書日者四百三十二。計年數畧同，而日數加倍，此則久遠遺落，不與近同也。承他國之告，既有詳畧，且魯國故典，亦又參差，去其日月，則或害事之先後，備其日月，則古史有所不載，故《春秋》皆不以日月爲例。唯卿佐之喪，獨託日以見例者，事之得失既未足褒貶人君，然亦非死者之罪，無辭可以寄文，而人臣輕賤，死日可畧，故特假日以見義。日食，《傳》曰：「不書朔與日，官失之也。」甲乙者，歷之紀也；晦朔者，日月之會也，日食不可以不存晦朔，晦朔須甲乙而可推。故日食，必以書朔日爲例；于大夫之卒，唯以不存甲乙爲義。邱明之傳，月無微文；日之爲例者，二事而已，其餘詳畧皆無義例也。而諸儒溺于《公羊》、《穀梁》之說，橫爲《左氏》造日月褒貶之例。經傳久遠，本有其異義者，猶尚難通，況以他書驅合《左氏》？引二條之例，以施諸無例之日月〔註252〕，妄以生義，此所以乖誤而謬戾也。〔註253〕

〔註252〕 「施諸無例之日月」，原作「施諸日無例之月」。劉師培先生云：「疑『日』字當在『之』下。」從其校改。劉師培：《春秋左氏傳時月日古例考》，序目，頁1。

〔註253〕 〔晉〕杜預：《春秋釋例》，卷1，頁12。

這一段文字的重點有三：第一，強調《春秋》不以時月日爲例，因爲所據史籍年代久遠，時月日文字已有脫落，且他國赴告與魯國故典書時月日亦不一致，不可爲例。第二，認爲《左傳》大夫卒與日食以時月日爲例乃不得不然，但只是一種「異義」，並非通例，不可援引至他處「妄以生義」。第三，批評劉歆諸儒「溺于《公羊》、《穀梁》之說，橫爲《左氏》造日月褒貶之例」。其中對於公子益師（衆父）卒一事，杜預認爲唯有不書日才足以貶斥人君，否則「無辭可以寄文」，其實已經接受了時月日例的模式，只是不肯承認罷了。

對於杜預的說詞，劉師培先生提出二大理由駁斥之：第一，杜預「不知漢儒之說或宗師訓，或據傳文，即與二傳偶符，亦匪雷同勦說，……斯例不明，則別嫌明微之旨乖，懲惡勸善之誼失，而《左氏》不傳《春秋》之說亦將援是以生矣。」〔註254〕第二，「據杜預說，則經文所書時月日均承舊史，今考《公羊》隱元年『益師卒』，《傳》云：『何以不日？遠也。』杜襲彼文，復昧彼旨，不知昭、定之朝距修經未遠，乃昭公十年不書多，定十四年亦然，則久遠遺落之說非矣。」〔註255〕可見對於杜預「立異先儒，不以日月爲例」〔註256〕，其批評是相當嚴厲的。

劉師培先生以《左傳》學者的身分復倡《左傳》時月日例，仍遭戴君仁先生提出三大事證予以辨正：第一，其《春秋左氏傳時月日古例考》所揭二十五例，「所依據的都是經文，並用不著傳文，……只是漢人之說，不能算是左丘明之意，更談不到是孔子之意。」〔註257〕第二，「《公羊》本口耳相傳，後來才著竹帛，所以都是問答體，有『何以書』、『何以不書』等問句，下面接答書與不書的理由。《左氏》根本非問答體，這些『不書』、『書曰』，都是無問之答，……決非《左氏》書中原有。那麼，連僅有的日例二事，都非《左氏》原文，更有什麼隱隔反可說呢？」〔註258〕第三，杜預批評劉歆諸儒「溺于《公羊》、《穀梁》之說，橫爲《左氏》造日月褒貶之例」，「足可證諸儒的《左氏》例，乃倣效《公羊》、《穀梁》而造，……而並非本經大義。」〔註259〕戴

〔註254〕劉師培：《春秋左氏傳時月日古例考》，序目，頁1。
〔註255〕劉師培：《春秋左氏傳時月日古例考》，序目，頁2。
〔註256〕劉師培：《春秋左氏傳傳注例略》（臺北：華世出版社，1975年4月，《劉申叔先生遺書》，冊1），頁4。
〔註257〕戴君仁：〈春秋左氏傳時月日例辨正〉，《春秋三傳論文集》，頁131～132。
〔註258〕戴君仁：〈春秋左氏傳時月日例辨正〉，《春秋三傳論文集》，頁132。
〔註259〕戴君仁：〈春秋左氏傳時月日例辨正〉，《春秋三傳論文集》，頁132～133。

君仁先生對於《公羊傳》與《穀梁傳》時月日例的批駁雖然未臻周延，但對於《左傳》時月日例的辨正則是頗爲客觀而持平的。

三、《左傳》凡例是否出自《周禮》？

《左傳》隱公七年春：

> 滕侯卒。不書名，未同盟也。凡諸侯同盟，於是稱名，故薨則赴以名，告終、稱嗣〔註260〕也，以繼好息民，謂之禮經。

以上是「五十凡」的第一「凡」。第一「凡」表示，某國國君去世、新君嗣位時，稱名赴告同盟諸侯，以繼續保持友好關係，謂之「禮經」。杜預注：

> 此言凡例乃周公所制禮經也。〔註261〕

又杜預《春秋釋例》「終篇」釋例曰：

> 邱明之《傳》，有稱周禮以正常者，諸稱『凡』以發例是也。〔註262〕

杜預主張凡例出自「周公所制禮經」、「周禮」，諸儒多認爲所謂「禮經」、「周禮」是指《周禮》一書，如孔穎達云：

> 「凡」是周公之禮經，今案《周禮》竟無凡例，爲當禮外別有凡？爲當凡在禮內？〔註263〕

顯然孔穎達是將「周禮」二字當作書名，所以有此質疑。其後趙匡亦持相似見解，云：

> 杜預云：「凡例皆周公之舊典禮經。」按其《傳》例云：「弒君稱君，君無道也；稱臣，臣之罪也。」然則周公先設弒君之義乎？又云：「大用師曰『滅』，弗地曰『入』。」又周公先設相滅之義乎？又云：「諸侯同盟，薨則赴以名。」又是周公令稱先君之名以告鄰國乎？雖夷狄之人，不應至此也。又云：「平地尺爲大雪。」若以爲災沴乎，則尺雪豐年之徵也；若以爲常例須書乎，不應二百四十二年唯兩度大雪。凡此之類，不可類言。〔註264〕

〔註260〕「稱」字原脫。阮元〈挍勘記〉云：「《石經》、宋本、岳本、足利本『終』下有『稱』字是也。」據補。〔唐〕孔穎達：《春秋左傳正義》，卷4，頁36。

〔註261〕〔唐〕孔穎達：《春秋左傳正義》，卷4，頁30。

〔註262〕〔晉〕杜預：《春秋釋例》，卷15，頁13。

〔註263〕見杜預〈春秋序〉孔穎達疏。〔唐〕孔穎達：《春秋左傳正義》，卷1，頁3。

〔註264〕〔唐〕陸淳：《春秋啖趙集傳纂例》，卷1，頁8～9。

趙匡之說應是受到孔穎達的影響，後人多據以反駁杜預凡例說；皮錫瑞亦云：
「《春秋》凡例必不出自周公。周公時，天子當陽，諸侯用命，必不容有伐、
滅、圍、入等事。」〔註265〕又云：「謂凡例乃周公遺法，然則伐、滅、圍、入，
周公之時已有之乎？」〔註266〕意見與趙匡雷同。但分析孔穎達、趙匡之言，
必須探討以下三個問題：

第一個問題，杜預所謂「禮經」、「周禮」，是否指《周禮》一書？按第一
「凡」內容分明不是介紹一部書，而是敘述一種國際禮儀制度，若是指《周
禮》一書，則義不可通。楊伯峻先生注：

> 禮經猶言禮之大法。隱十一年《傳》云：「恕而行之，德之則也，禮
> 之經也。」襄二十一年《傳》云：「會朝，禮之經也。」《樂記》云：
> 「著誠去偽，禮之經也。」此「禮經」即「禮之經也」之意。〔註267〕

此說認爲，「禮經」即「禮之經也」，是指禮之大法，並非指《周禮》一書，
不但立論有據，且與第一「凡」內容吻合。再對照上揭杜預的兩條說詞，可
知所謂「周禮」，是「周公所制禮經」的略稱，不是一部書的名稱。何況杜預
已明白表示：

> 諸「凡」雖是周公之舊典，邱明撮其體義，約以爲言，非純寫故典
> 之文也，蓋具古文覆逆而見之，此邱明會意之微致。〔註268〕

凡例是左丘明依據周公之舊典「撮其體義，約以爲言」而改寫的，不是原文
照抄的。所以杜預於第一「凡」稱「凡例乃周公所制禮經」，宜按照楊伯峻先
生的解釋：「禮經猶言禮之大法。」孔穎達雖然發現「《周禮》竟無凡例」，懷
疑杜預所謂「禮經」應該不是指《周禮》一書，卻仍誤將「周禮」二字當作
書名，以致無法釋疑。

第二個問題，杜預所謂「禮經」（「周禮」）的範圍爲何？按《左傳》昭
公二年春韓宣子適魯，見《易》象與魯《春秋》而後知周公之德，杜預云：
「韓子所見，蓋周之舊典禮經也。」〔註269〕可知此處杜預所謂「周之舊典
禮經」（略稱「周禮」），是指韓宣子所見的《易》象與魯《春秋》。又杜預
認爲，《左傳》「發凡以言例，皆經國之常制，周公之垂法，史書之舊章。」

〔註265〕〔清〕皮錫瑞：《經學通論》，頁83。
〔註266〕〔清〕皮錫瑞：《經學通論》，頁84。
〔註267〕楊伯峻：《春秋左傳注》（臺北：洪葉文化事業，1993年5月），頁54。
〔註268〕〔晉〕杜預：《春秋釋例》，卷15，頁13。
〔註269〕見杜預〈春秋序〉。〔唐〕孔穎達：《春秋左傳正義》，卷1，頁1。

〔註270〕可知「禮經」（「周禮」）不僅指韓宣子所見的《易》象與魯《春秋》而已，舉凡「經國之常制」、「周公之垂法」、「史書之舊章」，都是「禮經」（「周禮」）的範圍，也就是凡例的來源。

第三個問題，趙匡之說是否合理？趙匡之說是以凡例出自周公之舊典禮經（《周禮》一書）為前提，若是如此，周公之時固無伐、滅、圍、入等事，但自古多有弒君與相滅的事件，禮本是治國大法，周公以禮法治國，先設弒君與相滅的罪刑以防範國家安定的基礎遭受破壞，乃是理所當然，亦屬先見之明，豈待發生弒君與相滅事件之後再圖亡羊補牢？又先君去世，稱名以赴告同盟諸侯乃是應有的禮儀，周公納入禮制的規範亦是合情合理，怎可以夷狄之人相比？至於第二「凡」謂「平地尺為大雪」，是為「大雪」一詞下定義，趙匡質問二百四十二年兩度大雪是屬於灾沴或常例，與凡例之旨無關。所以趙匡之說無法成立，何況其前提有誤，不足以反駁杜預凡例說。

綜據以上三個問題，杜預所稱《左傳》凡例出自「周禮」，是指周代的禮制，非指《周禮》一書。

四、《左傳》「凡」與「不凡」有無新舊例之分？

孔穎達云：

> 先儒之說《春秋》者多矣，皆云丘明以意作傳，說《春秋》之經，「凡」與「不凡」無新舊之例。〔註271〕

自杜預揭示《左傳》發凡言例五十條之後，諸儒反對「五十凡」者不少，都認為《春秋》未曾以「凡」與「不凡」作為舊例、新例之分。其中論證較詳盡者，如劉敞將「五十凡」分為兩類：第一類是史書舊章，如第二十一「凡」經無文，《左傳》云：「朔，日南至。公既視朔，遂登觀臺以望。而書，禮也。凡分、至、啟、閉，必書雲物，為備故也。」《春秋權衡》云：

> 然則舊史蓋記公之書雲物矣。傳所言「凡」，是解舊史者也。仲尼脩《春秋》而去之，以謂常事不足書也。以是觀焉，常事不書，於三傳為通。〔註272〕

〔註270〕見杜預〈春秋序〉。〔唐〕孔穎達：《春秋左傳正義》，卷1，頁1。
〔註271〕見杜預〈春秋序〉孔穎達疏。〔唐〕孔穎達：《春秋左傳正義》，卷1，頁3。
〔註272〕〔宋〕劉敞：《春秋權衡》（臺北：臺灣大通書局，1969年10月，《通志堂經解》，冊19），卷4，頁5。

杜預認爲凡例是解經模式，但第二十一「凡」無經文可解；劉敞認爲第二十一「凡」是舊史所有，是解舊史而非解經文，因爲《春秋》常事不書，所以孔子刪除了。第二類是左丘明推己意以解經，如第二「凡」，《春秋》隱公九年春三月：「癸酉，大雨震電。庚辰，大雨雪。」《左傳》云：「癸酉，大雨霖以震，書始也。庚辰，大雨雪，亦如之。書時失也。凡雨，自三日以往爲霖。平地尺爲大雪。」《春秋權衡》云：

> 按《左氏》諸言「凡」者，皆史書之舊章。然則此大雨霖、大雨雪，亦皆舊章，常例所必書者也，則《春秋》固應書此二者，宜甚多矣。何以言之？三日雨，平地尺雪，皆非可怪者也，曷爲二百四十二年之間獨此而一歲！用此推之，《左氏》凡例亦不必皆史書之舊也，乃丘明推己意以解經爲「凡」爾。其合於道者，則周公之典，又仲尼所取也；其考之不合於經如此類者，則其臆議，而復斷之，加「凡」於其首云爾，非周公之典、仲尼本意也。〔註273〕

經無「霖」字而傳有之，可見第二「凡」解傳而不合於經，所以劉敞認爲是左丘明推己意以解經，既不是史書舊章，也不是周公之典或孔子本意。

劉師培先生對於杜預凡例說亦提出若干理由予以駁斥：1. 杜預將《左傳》解經義例區分爲新、舊二例，舊例出自史官成法；但「經文始末既出孔修，史法所宗，禮文所約，均歸經例，匪屬史文」，《春秋》經文都經過孔子修訂，舊有的史法已不存在，所以「『凡』與『不凡』無新、舊之別也」。2.《左傳》昭公三十一年冬云：「三叛人名，以懲不義，數惡無禮，其善志也。」所謂「善志」，杜預〈春秋序〉認爲是周公之志，「五十凡」即是周公之遺制，其實「善志」是「讚經之詞」，與周公之志無關，「五十凡」亦非周公之遺制。3.「傳發眾『凡』，或弗隸經，臨廟之屬是也。」如第五、十三、二十七、四十七「凡」是臨廟的義例，《春秋》俱無文。4.「或二『凡』同例，克邑書『取』、同盟赴名、不與會不書之等是也。」所舉克邑書「取」，指第十、四十八、四十九「凡」同例；同盟赴名，指第一、二十五「凡」同例；不與會不書之，指第三十一、三十四「凡」同例。5.杜預將《左傳》解經義例區分爲新、舊二例，二者即不應混淆，但事實並非如此，「乃傳凡五十，有云『不書其國』、『不書所會』、『赴名則書』者，有云『稱弟』、『稱臣』、『稱會』、『稱地』者」，即第三、七、八、二十一、二十五、四十八「凡」有「書」例，第三、十六、三十一、三十二、

〔註273〕〔宋〕劉敞：《春秋權衡》，卷2，頁4。

三十四「凡」有「不書」例，第一、五、三十五、四十「凡」有「稱」例，新、舊二例混淆不清。以上大致歸納爲五項理由，足證「杜於孔經以私智相逆臆」〔註274〕。

陳槃先生亦認爲，凡例說「實杜氏一人之私意，《左傳》中固無是說也，即歆輩亦無是說也」〔註275〕，且「『五十凡』中又未必盡爲筆削大義」，如《春秋》僖公四年夏：「許男新臣卒。」秋八月：「葬許穆公。」《左傳》云：「許穆公卒于師，葬之以侯，禮也。凡諸侯薨于朝會，加一等；死王事，加二等。於是，有以衰斂。」此爲第二十「凡」，許男卒、葬的書法與其他諸侯無殊，是當時王朝的禮制，非一字褒貶之例。又如《春秋》襄公十二年秋九月：「吳子乘卒。」《左傳》云：「吳子壽夢卒，臨於周廟，禮也。凡諸侯之喪，異姓臨於外，同姓於宗廟，同宗於祖廟，同族於禰廟。」此爲第四十七「凡」，性質是《左傳》「臨於周廟禮也」一句的註腳，而不是《春秋》義例。所以「『五十凡』中多有與一字褒貶之義例完全無關者，只因自杜氏註《左傳》加以附會之後，後來學人遂皆深信不疑耳。」〔註276〕

楊向奎先生則指出：「夫所謂『凡』者，全稱肯定或否定之辭，有一例外，即難言『凡』。」並經逐一檢視「五十凡」，發現其中第一、二、三、九、十、十三、十五、二十一、二十三、二十五、三十二、三十三、三十五、三十六、三十九、四十、四十一、四十四、四十八、四十九「凡」均有例外，竟達二十條之多。由此可知「非特孔子未本之修《春秋》，即修《左傳》者亦不曉何所謂『凡』也。杜預所謂爲例之情有五者，亦杜預之說已耳。」〔註277〕

以上諸說，本文均表同意，「凡」與「不凡」並無舊例、新例之分，應係杜預自說自唱之詞。

本章探討各家以義例解經的模式，概分爲二類：

第一類是原創類，以《公羊傳》、《穀梁傳》、劉賈許穎諸儒、杜預爲代表。

《公羊傳》解經義例多以問答、「《春秋》云云」、「君子云云」、「親師曰」四種形式呈現。並以變例爲《春秋》大義所在，若以不書爲常例，書則屬變例；以書爲常例，不書則屬變例。而諸義例中，以時月日例最爲重要，其中

〔註274〕劉師培：《春秋左氏傳古例銓微》（臺北：華世出版社，1975年4月，《劉申叔先生遺書》），頁6～7。
〔註275〕陳槃：《左氏春秋義例辨》，綱要，頁17。
〔註276〕陳槃：《左氏春秋義例辨》，綱要，頁19～20。
〔註277〕楊向奎：〈略論「五十凡」〉，《繹史齋學術文集》，頁216～223。

有幾項特點：1. 除「首時過則書」爲《春秋》編年體例，無關《春秋》大義之外，其餘皆於變例見義；2. 常例與變例的轉化無一定軌跡；3. 以時月日例爲褒貶已初具雛形；4. 時月日例無法獨立存在，必須與其他義例相結合才有義可說；5. 時月日例的作用在藉詳略加強褒貶的效果，時略於月，月略於日，日詳於月，月詳於時；6. 「皆以日月爲例」，《春秋》各條若非時月日的常例，即爲時月日的變例。

　　《穀梁傳》解經義例多以問答、「《春秋》云云」、「君子云云」、「親師曰」、「傳曰」、「或曰」六種形式呈現。並以變例爲《春秋》大義所在，若以不書爲常例，書則屬變例；以書爲常例，不書則屬變例。又特別強調以正與不正釋例，所謂正與不正，在意義上是以禮與非禮爲判斷的標準；且認爲《春秋》稱許「變之正」，即是以權變爲正的作法。而諸義例中，以時月日例最爲重要，其中有幾項特點：1. 除「無事必舉正月」與「無事不遺時」爲《春秋》編年體例，「決日義再稱日」是說明《春秋》將魯史「即書」與「追書」並舉，均無關《春秋》大義之外，其餘皆於變例見義；2.《穀梁傳》歸納得二十八例，不僅較《公羊傳》歸納得十四例多出一倍，且釋例亦較《公羊傳》精密； 3. 以時月日例爲褒貶已初具雛形，且較《公羊傳》爲多；4. 時月日例無法獨立存在，必須與其他義例相結合才有義可說，否則即是空談，與《公羊傳》同；5. 時月日例的作用在藉詳略表達謹愼其事的態度，時疏於月，月疏於日，日謹於月，月謹於時；6.《公羊傳》部分只作反面方式陳述，《穀梁傳》則皆兼顧正反兩面陳述，義例較爲肯定、明確；7. 「皆以日月爲例」，《春秋》各條若非時月日的常例，即爲時月日的變例，與《公羊傳》同。

　　西漢劉、賈、許、潁諸儒爲《左傳》解經義例的創始者，著作亡佚已久，賴杜預《春秋經傳集解》、《春秋釋例》徵引及孔穎達《春秋左傳正義》轉引而保存部分內容。但杜預對於劉、賈、許、潁諸儒解說的義例相當不滿，目前僅能在殘存的六十餘條中，篩檢歸納諸儒義例模式主要有三：一是爲傳文生例，對於《左傳》有意義相同但文字不同的辭句，即「錯綜傳辭以生義類」；二是仿《公羊傳》、《穀梁傳》設置義例，其中尤以實月日例最爲杜預大力批判；三是考合《周官》、《禮記》與《呂氏春秋》月令制度以制義例。其他尚有《左傳》無說者，或與《左傳》相違者，杜預徵引的目的，不是爲了保存文獻，而是爲了批判，已難以窺其全貌及原意。

晉代杜預發明的解經義例，主要見於所作《春秋經傳集解》及《春秋釋例》二書；其中《春秋釋例》已佚，殘存於《永樂大典》中。杜預將《左傳》義例分為「發凡正例」、「新意變例」、「歸趣非例」三種，通稱為「三體」；再加上自發義例部分，本文稱之為「集解釋例」，併計即為四種。又說明《左傳》義例形成的情形有五種：一曰微而顯，二曰志而晦，三曰婉而成章，四曰盡而不汙，五曰懲惡而勸善，通稱為「五情」。上列四種義例中，第一種「發凡正例」，杜預稱之為「舊例」，是依據「周公之遺制」、「周之舊典禮經」而建構的，凡五十條，統稱「五十凡」；第二種「新意變例」，是孔子修《春秋》時，「據舊例而發義，指行事以正褒貶」，並經由《左傳》「微顯闡幽，裁成義類」而成；第三種「歸趣非例」，是《左傳》依據經無義例的部分「直言其歸趣」，因為直言歸趣既「非」正例，亦「非」變例，所以稱為「非例」；第四種「集解釋例」，所作《春秋經傳集解》將《春秋》與《左傳》義理相近者進行排比，自發義例，以解釋經文，散見於諸條注文；又所作《春秋釋例》「別集諸例及地名、譜第、厤數，相與為部，凡四十部、十五卷，皆顯其異同，從而釋之」，依序分為三部分，首先是釋諸例，其次是釋非例，最後是終篇。以上是目前左氏學類保存最為完整的義例模式。

第二類是取舍三傳類，略舉啖助學派、劉敞、崔子方為代表。

唐代啖助學派首開以信經駁傳為例。啖助認為，《公羊傳》與《穀梁傳》的缺失有三：一是「比附日月，曲生條例，義有不合，亦復強通」；二是穿鑿文義，「悉以褒貶言之」；三是「不知有不告則不書之義」。而《左傳》的缺失則在「從告及舊史之文」解經，不知孔子是修《春秋》而非寫魯史。但啖助說《春秋》，仍是選擇以義例模式為途徑；其門生陸淳與其子啖異哀錄遺文，請趙匡損益，定為十卷、四十篇，定名為《春秋啖趙集傳纂例》。趙匡亦認為《春秋》「褒貶之指在乎例，綴敘之意在乎體」，但三傳義例的缺失有二：一是「宏意大指，多未之知，褒貶差品所中無幾」；二是「分析名目，以示懲勸，乖經失指，多非少是」，必須「知其體，推其例，觀其大意，然後可以議之耳」。而三傳義例有異有同，啖助對於三傳「意趣可合者，則演而通之」，若雖意趣不可合，但「各有可取者，則並立其義」，並訂了幾項取舍原則；趙匡損益啖助之說，對於三傳義例無益於教者亦不取。此外，啖、趙二人對於三傳義例如何取舍，分歧較大者有二：一是《左傳》無經之傳的取舍問題，啖助認為《左傳》無經之傳不傳《春秋》，所以即使其義例益於教者，也不符合收錄

的條件；但趙匡認爲《左傳》無經之傳是傳《春秋》的，仍以「無益於教者不取」爲取舍原則。二是《公羊傳》、《穀梁傳》時月日例的取舍問題，啖助不承認時月日例，對於「《公羊》、《穀梁》以日月爲例，一切不取」；趙匡雖收錄時月日例，但排除時月日例的褒貶作用，回歸原文的眞正意涵。

宋儒劉敞作《春秋傳說例》一卷，世上罕見，經清代四庫館臣依據明代《永樂大典》所引詳加綴輯，得零篇斷句二十五條。其所據之義，所考之例，皆是出自三傳，再以己義折衷之；又說《春秋》頗出新意，文體多摹仿《公羊傳》、《穀梁傳》」，說例尤爲簡古，大致精核。

宋儒崔子方治《春秋》學，專以日月爲例，著有《春秋經解》十二卷、《春秋本例》二十卷、《春秋例要》一卷，以爲「三家之論不去，則學者之疑不決，而聖人之經終不可復見，故度當時之事以情，考聖人之言以理，情理之不違，然後辭可明而例可通」。其將《春秋》義例分爲兩類：第一類是一般的書例，其作用在「比例而索辭」，意即學者可經由排比《春秋》書例，以探索經文的內涵；而《春秋》書例的特色是辭約而例繁，辭約表示態度嚴謹，例繁在於彰明義理，凡有疑義者才以例說明之，若無疑義則無例。第二類是時月日例，其作用在以日月爲本，彰明褒貶是非之意；時月日例是由《春秋》之義產生的，而《春秋》之義則是出自《春秋》之法。致於時月日雖爲《春秋》的義例模式，卻有當署而詳與當詳而署者，參差不齊地出現，原因有二：一是史籍原文闕遺，二是聖人所修；於是崔子方歸納聖人修作《春秋》時月日例的十五種方法，以見聖人之用心，其態度謹嚴，值得敬畏。

《春秋》本爲魯史，魯史出自歷代眾史官之手，書法必然不一，雖然後來經過修作《春秋》者以義例模式加以整理，並藉由《公羊傳》與《穀梁傳》流傳世人，仍嫌瑣碎，難臻周延，諸儒解經功力又各有不同，歸納義例當然五花八門，問題叢生。但一部《春秋》人人可解，不是孔子的專利，孔子是否以義例模式解經，已不可得知，而義例模式只是諸多解經途徑之一，孔子可以自由選擇解經途徑，學者亦可另闢與孔子不同的解經途徑，唯有兼容並蓄，不斷求同存異，學術才能持續蓬勃發展，歷久彌新。